国|学|大|观|丛|书

主 编◎陈志良 徐兆仁

中国阴阳家

陆玉林 唐有伯◎著

中国人民大学出版社

·北京·

图书在版编目（CIP）数据

中国阴阳家/陆玉林，唐有伯著．—北京：中国人民大学出版社，2019.6
（国学大观丛书/陈志良，徐兆仁主编）
ISBN 978-7-300-27022-7

Ⅰ．①中… Ⅱ．①陆… ②唐… Ⅲ．①阴阳家－介绍－中国 Ⅳ．①B227

中国版本图书馆CIP数据核字（2019）第109083号

国学大观丛书
主编　陈志良　徐兆仁
中国阴阳家
陆玉林　唐有伯　著
Zhongguo Yinyangjia

出版发行	中国人民大学出版社			
社　　址	北京中关村大街31号		**邮政编码**	100080
电　　话	010-62511242（总编室）		010-62511770（质管部）	
	010-82501766（邮购部）		010-62514148（门市部）	
	010-62515195（发行公司）		010-62515275（盗版举报）	
网　　址	http://www.crup.com.cn			
经　　销	新华书店			
印　　刷	天津鑫丰华印务有限公司			
开　　本	720 mm×1000 mm　1/16		**版　次**	2019年6月第1版
印　　张	17.75		**印　次**	2024年12月第3次印刷
字　　数	222 000		**定　价**	42.00元

出版者言

中国正在奔向现代化，奔向文明和富裕。

不管我们是否能够清晰地意识到这一点，事实是，中国的现代化模式不同于世界其他国家的一个显著的特点，就是中国悠久而灿烂、源远而流长的传统思想文化，始终是中国现代化进程的强大推动力。

传统思想文化始终奔流在中华儿女的血液里，融汇于中华儿女的骨髓之中。我们中国人，小至黎民百姓的日常思维方式、行为举止、价值追求，大到国家的治国安邦策略，外交军事战略的选择、制定，等等，都深深地打着中华传统思想文化的烙印。

由于历史和时代的原因，今天的我们，对于和自我生命已经融于一体的传统思想文化，从感情到意识层面，都变得疏离和陌生了。对于中华传统文化的认识，大部分人都是停留在饮食男女的物质层面，道听途说、人云亦云的多，真正沉下心来认真学习、深刻了解的少，那些真实体会到其内在价值意蕴并从中受益良多的人更是少之又少。这是令人非常遗憾的。

中华文化的一个重要特点就是强调兼容并包，对于世界多元文化保持开明开放的心态，似滔滔江河不弃涓流，博采众长，为我所用。这个特点使中华民族和中华文化穿越五千多年的时空阻隔，历尽艰险，保存至今。中华文明是世界四大文明中唯一延续至今而未曾中断的，这一点也是中华传统思想文化强劲生命力和巨大社会整合作用的明证。

对于中华文化，无论我们是赞美还是诋毁它，它始终沉淀在我们的社会意识底层，成为中国人的集体无意识，影响甚至决定着我们做出的所有选择。

看待中华传统思想文化，既要看到其超越时空价值的精华内容，也要看到其中不合时宜、僵化落后的部分。事实上，中华传统思想文化始终处于不断变化发展、不断突破时代局限、不断汇集涓流而滚滚向前的动态发展过程中。对于我们来说，传统思想文化既不是梦魇，也不是光环，把我们今天的成败得失归罪或者归功于传统文化，给它差评抑或点赞，都不是学习和认识传统文化的正确态度。

传统思想文化是祖宗创造的，它代表的是逝去的一代代中国人的智慧和创造力，而我们的价值在于我们自己的智慧和创造，我们不必妄自菲薄，更不应狂妄自大。

我们需要了解中华传统思想文化，是因为我们需要了解自己。

"认识你自己"，这句镌刻在古希腊神庙上的箴言，揭示了我们寻找所有人生问题答案的途径，小到一个人，大到一个民族、国家，只要足够真诚勇敢，当经历过重重风雨磨难后，痛定思痛，一定会反观自身，从自己身上寻找力量和出路。

马克思曾经说"反思"，也就是反身而思，这是一道"普照的光"，它是唯一把人类从混沌的畜群意识中超拔出来的力量。在今天的中国，物质文化日渐发达，人们对精神文化生活也日渐提出更高的要求。富而不贵的痛苦在全社会弥漫的时候，我们更需要"反思"，需要"认识你自己"，从中华传统思想文化中寻找智慧，从中西思想文化融合中发掘力量，从而建设出属于时代精华的有着高远意境和价值追求的中华新文化。

今天，随着中国国力和影响力的增强，随着国家"一带一路"倡议的逐步实施，世界各国越来越关注中国，它们在关注中国、惊叹于中国奇迹的同时，也一定会对产生和创造中国奇迹的中国传统思想文化产生兴趣。而我们作为中国人，为了认识自己，认识我们生于斯长于斯的这片土地，更应该了解自己的传统文化，尤其是蕴藏在我们日常饮食起居之中同时又超乎其外的传统文化的内核系统，即文化价值观念系统。在传统文化热重新兴起的今天，这套书的出版应该说适逢其时。

目前传统文化类的书籍出版正热，但是大部分内容局限于饮食男女等物质层面，其次就是诗歌文学类的图书居多。这比较容易理解，因为古文和我们今天使用的语言文字差别太大，单是古文阅读，除了大学中文、历史系的学生，一般人都已经很费劲了。市面上流行的一些对传统文化仅作心灵鸡汤式解读的图书，对传统文化普及有一定益处，但是已经大大降低了传统文化历史意蕴和价值水准，如果让人们误以为这就是传统文化的全部内容，反而不利于人们认识和了解传统文化。所以，我们需要出版一套既有较高学术水准又能让普通读者看得懂的传统思想文化丛书，全面展现中国传统文化的内核系统即文化价值观念系统。要用通俗的笔法、优美的文体，向寻常百姓人家系统、通俗、酣畅地展现中国传统文化的绚丽多彩和博大精深。

这套丛书体现出了对中国传统思想文化的自信，写出了各家思想的亮点，可以与现实共参，启发现代。历史走到今天，多年中西文化交流交融的结果，使我们对于很多问题都看得比较清楚了，对于东方和西方思想文化的优缺点和未来世界文化发展走向，都大体有了新的理解，所以这套丛书体现出了我们对中华文化的自信，这种自信不是说我们老祖宗的一切都好，而是说它可以而且应该成为我们时代新的思想文化建设的起点。

本套丛书共计十本，包括《中国儒家》《中国道家》《中国佛家》《中国墨家》《中国法家》《中国名家》《中国阴阳家》《中国纵横家》《中国农家》《中国兵家》，可以说是对中华传统思想文化的全景式展示。

本套丛书作者在撰写书稿之时，大多还是在读或者刚毕业不久的博士，如今，他们均为各自专业领域的知名专家、学者。高水准的专业作者队伍，保证了丛书的学术质量。

读者诸君，藉此以往，因枝以振叶，沿波以讨源，必能深入国学堂奥，获取真知灼见，锻造无量智慧。

中国人民大学出版社

2018年7月

上 篇

下 篇

上篇

　　阴阳家指以邹衍为代表的阴阳五行学派，也指以择日、星相、占卜、风水为职业的术数家（阴阳生、阴阳或阴阳先生）。在中国古代哲学史、思想史、学术史研究领域，人们所讲的阴阳家一般就是阴阳五行学派。阴阳五行学派和术数之学，按《汉书·艺文志》的观点，同出于观象授时的"羲和之官"，两者密不可分。儒术独尊之后，阴阳五行学派逐渐消亡，《汉书·艺文志》著录的阴阳家之书，在汉代之后全部亡佚。但是，阴阳五行思想渗透到学术思想和社会生活的诸多方面，而天文、术数之类也绵延不绝。

　　阴阳家的理论基础是阴阳五行学说，而术数的要旨也不外乎阴阳五行生克制化。阴阳观念和五行观念都起源较早，至战国时期发展为阴阳学说和五行学说。阴阳家的代表人物邹衍将阴阳学说和五行学说糅合为一，提出阴阳五行学说，其代表性理论是五德终始说。在秦一统天下的前夕，《吕氏春秋》采纳这一学说，初步建构起融自然社会于一体、以阴阳五行为骨架的世界图式。至西汉，经《淮南子》和董仲舒的发展，这一图式成为人们的普遍信仰和表意符号系统。

　　本篇主要讨论阴阳五行学说的产生、发展和变化，以及人们运用这一学说的大体情况，关注的是阴阳五行学说，而不限于阴阳家。换言之，是透过阴阳家核心理论的发展状况来看阴阳家，而不是就阴阳家这一流派本身来讲阴阳家。

第一章　阴阳五行观念的起源

> 阴阳五行，是阴阳和五行的合称。阴阳和五行在起源上相互独立，并有不同的发展路径，两者的合流直到秦汉时期方才完成。阴阳和五行各自表征着不同的文化观念和解释世界的方式，两者的合流标志着一种新的文化观念的产生。

第一节　阴阳观念的起源

阴阳是中国传统文化中非常重要的概念，在春秋初期已经用来解释自然现象和社会人事。阴阳观念可能肇自远古，但具体是什么时候、在哪个地域产生的，已难以确考。

甲骨文中有"阳"字，写作" "。这个象形字的意义很明显，日高悬，光芒四射，日光照射之处便是阳。"阴"，甲骨现未确认为哪个字。金文中的"阴"，或作" "（《济阴圜币》）等等，从字形上看与"日"并没有什么联系。后人以"阴"为背日或日光照不到的地方，都是取与阳相反的意思。现在所见的甲骨文和金文中都没有见到"阴""阳"二字连属，现在能看到的最早"阴""阳"连属的情况是《诗·大雅·公刘》所载"既景乃冈，相其阴阳"，即在山冈上测日影，看它是向阳还是背阳。这里的"阴阳"二字只是普通的概念，是对自然现象之观察。在《易经》和《尚书》中都不见"阴""阳"二字连属的用例，也没有以"阴""阳"解释社会和自然现象的情况。

《国语·周语上》记载，周幽王二年（公元前780年），"西周三川皆震"，周太史伯阳父在解释地震产生的原因时讲："阳伏而不能出，阴迫而不能烝，于是有地震。今三川实震，是阳失其所而镇阴也。阳失而在阴，川源必塞。源塞，国必亡。夫水，土演而民用也。土无所演，民乏财用，不亡何待！"如果我们不怀疑这段话是出自伯阳父之口，那么就可以说阴阳观念在西周时就已出现。但是，有些学者认为这段话是很值得怀疑的，因为它和汉代以阴阳五行言灾异有着惊人的相似性。不过，这段话其实只是解释自然现象，以及自然现象所导致的社会后果。伯阳父推论的立足点是客观的因果链，即地震导致水源堵塞，使得土地干枯，从而使民众缺乏财物用度，人民穷困，国家就会灭亡。这与后世的灾异之说有所不同。再者，西周的天道观念具有天人相感的色彩。用阴阳解释自然现象并由此推及社会事务的阴阳观念在西周时出现是完全可能的。在此，关键不是它出现了，而是它竟然出现了。

从原初的以阳为日光照射之处，到阴阳连属讲向阳和背阳，再到以阴阳解释自然和社会现象，这种思维发展过程到底是由什么推动的？这才是真正的起源问题。但是，这个问题很难说清。因为留下来的材料实在太少，而且几乎没有任何线索。从原初的阳乃至阴与日的相关性上看，可能与先民对日的态度有关。据神话传说，日为帝俊之妻羲和所生，源于雌性。羲和生十日，日中有乌（甲骨文中"阳"字圆圈中的一点可能就代表乌），十乌九雌一雄。尧时十日并出，羿射十日，中九雌，而一雄得独全。有关日的神话传说，主要的梗概就是如此。这里折射出的观念是对日既敬畏又恐惧。在把日视为万物生长的力量的同时，又视日为致使万物死亡的力量。可能是因为这种观念的推动，人们开始用阴阳来解释自然现象和社会现象。当然这只是不讲求学术逻辑的一种推测。

春秋时期，阴阳观念得到很多人的认同，谈阴阳的人也多了起来。《左传·僖公十六年》记载，这年春天发生了陨石和六鹢退飞的怪现象，被认为是天的谴告。宋襄公问周内史叔兴："是何祥也？吉凶焉在？"叔兴在跟宋襄公讲了一通吉凶之后，退而告人曰："君失问。是阴阳之事，非吉凶所生也。吉凶由人。吾不敢逆君故也。"叔兴认为宋襄公问吉凶之兆和吉凶所在之境，是失其所问，而他讲吉凶也是因为不敢违逆君上之意。其实，他并不认为六只水鸟退着飞之类昭示吉凶，即天象与人事并无必然的关联。叔兴对陨石和六鹢退飞的解释与伯阳父对地震的解释有相通之处，都是以阴阳为两种对待的势力或气，阴阳的矛盾运动导致了某种自然现象的发生；不同之处则在于伯阳父由天象而推及人事，叔兴则否定天象和人事吉凶的关联，即反对从天象来推导人事的吉凶。但是，当人们也用阴阳来讲人事的成败得失和人体的生理机能与疾病时，通过阴阳而将人事与天象有机地联系起来，也就顺理成章了。

阴阳在春秋时期不仅被用来解释自然，还被用来推论人事，而且被作为解释人事的基础。《国语·周语下》载伶州鸠论乐言："夫政象乐，乐从和，和从平，声以和乐，律以平声。金石以动之，丝竹以行之，诗以道之，歌以咏之，匏以宣之，瓦以赞之，革木以节之。……于是乎气无滞阴，亦无散阳，阴阳序次，风雨时至，嘉生繁祉，人民和利，物备而乐成，上下不罢，故曰乐正。"阴阳二气的观念，显然是伶州鸠论乐的基础。乐之正，符合阴阳的序次，故能使气无积滞之阴，消散不藏之阳。

阴阳既是自然之运行，也是人事之基础，因而可以成为联结天道与人事的中介。《国语·越语下》载范蠡言用兵之道曰："天道皇皇，日月以为常，明者以为法，微者则是行。阳至而阴，阴至而阳，日困而还，月盈而匡。古之善用兵者，因天地之常，与之俱行。后则用阴，先则用阳，近则用柔，远则用刚。后无阴蔽，先无阳察，用人无艺，往从其所。刚强以御，阳节不尽，不死其野。彼来从我，固守勿与。若将与之，必因天地之灾，又观其民之饥饱劳逸以参之，尽其阳节，盈吾阴节而夺之。宜为人客，刚强而力疾，阳节不尽，轻而不可取。宜为人主，安徐而重固，阴节不尽，柔而不可迫。"用兵要以天道为法则，因顺天道。天道之体现，在阴阳、日月之运行。阴阳、日月的运行规律，就是天道。用兵是先动还是后动等等，都有用阴用阳之别。在此，阴阳与天道、日月，与先后、刚柔、主客，都有对应的关系。阴阳不再是具象化的概念，而是能够用来解释天道与人事各个方面的抽象化的范畴。

春秋时期，人们用阴阳来解释自然现象和人事，也用其解释人的生理疾病。《左传·昭公元年》记医和论疾病之生云："天有六气，降生五味，发为五色，征为五声。淫生六疾。六气曰阴、阳、风、雨、晦、明也，分为四时，序为五节，过则为灾：阴淫寒疾，阳淫热疾，风淫末疾，雨淫腹疾，晦淫惑疾，明淫心疾。"阴、阳是六气中的二气。六气与五味、五色、五声、四时、五节都是相联系的，阴气、阳气的过度，都会导致疾病的产生。

阴阳观念至春秋末叶应当说已经有了比较大的发展，阴阳逐渐由普通的名词上升为概念和范畴。春秋及此前的阴阳概念，归结起来主要有这样几层意思：阴阳的区分在于阳光能否照射到；阴阳是天地之中的二气；阴阳二气是对待统一的，其运动变化有自身的秩序，如果失序则会产生异常的自然现象和生理疾病；阴阳的运动变化是天道的体现，可以通过阴阳的变化来把握天道，并用之于人事；阴阳与远近、刚柔、男女等存在着对应关系，与五味、五色、五声、四时、五节都是相联系的。因而，阴阳观念在春秋时期已经具有比较丰富的内容。

先秦诸子中，儒、道两家较为重视阴阳问题。墨家只讲到"阴阳之和，莫不有也"（《墨子·辞过》），"四时调，阴阳雨露也时"（《墨子·天志中》），对阴阳的理解还停留在一般层次上。道家，老子讲"万物负阴而抱阳，冲气以为和"（《道德经》第四十二章）。庄子认为，"阴阳者，气之大者也，道者为之公"（《庄子·则阳》）；阴阳对待统一，"交通成和"（《庄子·田子方》）而生成万物；强调"阴阳调和"（《庄子·天运》）；并认为人的喜怒哀乐之情、行事之成否，都与阴阳有关。儒家的《论语》《孟子》都未论及阴阳问题，但《易传》则是以阴阳学说为基础建立起来的。

《易传》，又称"十翼"，"翼"是"辅助"之意，即指用来解释《易经》的著述。《易传》共七种十篇，分别为《彖》上、下，《象》上、下，《文言》，《系辞》上、下，《说卦》，《序卦》和《杂卦》。司马迁《史记·孔子世家》中认为"十翼"是孔子所作，现代学人一般认为《易传》非一人一时所为，是战国时期陆续出现的解《易》之作。

《易传》以阴阳来说明卦象、爻象以及事物的根本性质，并且概括为"一阴一阳之谓道"。《彖》《象》《文言》以阴阳解《易》，但并未展开。《彖》所言阴阳，指刚柔，如在解释泰、否两卦卦象时说："内阳而外阴，内健而外顺"，"内阴而外阳，内柔而外刚"。《象》以阴阳解易，只见于乾、坤二卦，即"潜龙勿用，阳在下也"和"履霜坚冰，阴始凝也"，按文意阴阳指阴阳二气。《文言》所言阴阳，也系指阴阳二气，"阴疑于阳必战，为其嫌于无阳也"。《系辞》则用阴阳全面解《易》：以"阳卦多阴，阴卦多阳"，"阳卦奇，阴卦偶"，"阳一君而二民，君子之道也，阴二君而一民，小人之道也"解释八卦的性质；以乾坤为《易》之门户，而将乾坤归结为具有易简之义和易简之德；又通过对乾、坤两卦的解释，以阴阳对立说明六十四卦的形成，以阴阳变易说明卦爻变化，而将阴阳对待和变易的法则称为形而上之道。《说卦》则说得更干脆，"观变于阴阳而立卦"。总体上讲，《易传》阴阳说的特点有：一是将阴阳与气勾连起来；二是把阴阳视为两种对待互补的属性，如刚柔、健顺等；三是把阴阳作为立卦的根基；四是认为卦画隐含着阴阳变易的法则，是以有形之象彰显无形的阴阳之义。这种阴阳观念对此前的阴阳说有承接有突破，最关键的是阴阳说和占筮的结合，使阴阳的解释功能具体化而且成为可操作的东西。至此，阴阳观念也成为系统化的学说。

第二节　五行观念的起源

五行，通常是指水、火、木、金、土五种构成事物的元素和促使事物发展变化的动力；又指仁、义、礼、智、信五常即五种伦理道德规范。

关于五行的起源和最初的具体所指，可谓众说纷纭。在起始时间上，有远古时期说、伏羲说、战国说等各种观点；在来源上，有五数说、五方说、五祀说、五星说、五工说等不同的说法。《尚书·洪范》说"天乃锡禹洪范九畴"，九畴的第一项是水、火、木、金、土五行。五行是天赐的恩物，这在现代人看来不过是神话。

"五行"一词，就传世文献而言，始见于《尚书·甘誓》。《甘誓》云："有扈氏威侮五行，怠弃三正，天用剿绝其命！今予惟恭行天之罚。"这里的五行，究竟是指什么，现在已难以考定。虽然后世的注疏之人多以这里所说的五行为金、木、水、火、土，但《甘誓》本文并没有明说。同样，也不能由此断言五行观念起于夏初，它可能更早，也可能更晚。这里，最耐人寻味的是以"威侮五行"为剿绝有扈氏的理由。因为"威侮五行，怠弃三正"就要被剿绝，而且是要被天灭绝，五行是何等的神圣。这与《洪范》所言的五行出于天赐有着惊人的相似之处。五行出于天赐可以说是《甘誓》的潜在前提。按照《甘誓》的说法，可以得出这样的推论逻辑：五行出于天赐，你有扈氏威侮五行，就是威侮天，天就要让我来剿绝你。因此，如果说没有五行出于天赐这样的观念为前提，那么"行天之罚"云云则是以天为借口。由此，可以说《洪范》所记箕子陈述的五行出于天赐的观念与《甘誓》以"威侮五行"就要遭受天罚的观念是一致的。如果按照传统的说法，以《甘誓》为夏代的遗文，以《洪范》为周武王时期的作品，那么可以说五行出于天赐的观点自夏至周代代相传，也可以说五行观念在夏商时期就已经产生。

五行观念在《洪范》中第一次得到系统的阐释。按照传统的观念，公元前十一世纪末，周武王克商之后，向殷商贵族箕子讨教治理天下的大法，"访问箕子以天道，箕子以《洪范》陈之"。箕子说洪范九畴是天赐给禹的，禹以洪范九畴治水，治水成功，"彝伦攸叙"而天下大治。洪范九畴的第一畴是五行，而五行之排序以水为第一。"一曰水，二曰火，三曰木，四曰金，五曰土。水曰润下，火曰炎上，木曰曲直，金曰从革，土爰稼穑。润下作咸，炎上作苦，曲直作酸，从革作辛，稼穑作甘。""润下"等是五行之性，"咸"等是五行之味。由此看来，将天地万物归为五行的划分标准，不是由形貌，而是由属性。凡是具有"润下"之性的皆属水，凡是具有"炎上"之性的皆属火，凡是具有"曲直"之性的皆属木，凡是具有"从革"之性的皆属金，凡是具有"稼穑"之性的皆属土。所谓属性，不是不可以从直感上辨别的，而是都有一定的味，即咸、苦、酸、辛、甘等。这里，五行显然不是五种物质，而是五种元素。整个世界都是由这五种元素构成，人若把握了这五种元素，就把握了世界的规则。禹依五行治水、治天下都取得了成功。因此，五行的根本是用，五行观念的提出与经世致用是相关的。换言之，虽然并不能确证是谁提出了五行，是依据什么提出了五行，但是可以断言提出五行是为了解决现实活动中所遇到的问题。《洪范》第二畴列出与五行相对的五事就是明证之一。对此，我们还可以从神话传说中找到例证。

中国神话传说中的燧人氏、伏羲氏、神农氏都与火、水、木、金、土相关。如燧人氏钻木取火，人们把他视为火的发明者；伏羲氏教民渔畋，与水和木有关；神农氏制耒耜，耕而食，与从革之金和稼穑之土相关。可以说五行的源始，与中华民族文明同步。在文明的进一步发展中，人们越来越感到了五种东西的不可或缺，遂将水、火、木、金、土神圣化，视为天赐生民之物，生民用之而得以解决生存问题。谁"威侮"了五行，就是剥夺了生民生存的根本，就要遭受天的惩罚。王夫之曾说："五行者何？行之为言也，用也。天之化，行乎人以阴骘下民，人资其用于天，而王者以行其政者也。"（《尚书引义·洪范二》）因此，可以说原初的五行就是指五种与人的生存密切相关的事物，是在生民使用器物中产生的朴素的对器物依恋的观念。人们依恋器物，而且神化之，这在原始的自然崇拜中屡见不鲜。由依恋而崇拜，而视为天地万物的精灵，视为天地万物最基本的构成元素。或许，五行观念就是这样产生、发展的。人们依恋器物关键是因为器物有可用性（这里所说的用不仅是指把器物拿过来用，还指器物可以保佑人），器物不可用，人也就不会依恋，所以五行观念的基础是五行的可用性和有用性。

《洪范》的产生时间不易确定，其产生于战国初期或末期均有可能。然而，五行观念在西周末年和春秋时期已经流行则为事实。《国语·郑语》记史伯之言曰："夫和实生物，同则不继。以他平他谓之和，故能丰长而物归之，若以同裨同，尽乃弃矣。故先王以土与金木水火杂，以成百物。"史伯没说五行，但土、金、木、水、火之论，有五行之实。这用以生成百物的材料的五行，就是五种物质。如果确定史伯为周幽王时的太史，那么可以说五行观念在西周晚期已经由构成论而变为生成论。

五行是五种物质，《左传》中有相关记载。"六府三事，谓之九功。水、火、金、木、土、谷，谓之六府；正德、利用、厚生，谓之三事"（《文公七年》）；"天生五材，民并用之，废一不可"（《襄公二十七年》）；"譬之如天，其有五材，而将用之，力尽而毙之"（《昭公十一年》）。"五材"，即五行，而以五材论五行，则五行就是五种物质。《尚书大传》言："水火者，百姓之求饮食也；金木者，百姓之所兴作也；土者，万物之所资生也，是为人用。五行即五材也。"这五种物质材料加上谷，就是"六府"。五种物质，民并用之而废一不可。故《左传·昭公二十五年》记子产语曰"用其五行"。五行由天生，而属地，即史墨所谓"天有三辰，地有五行"（《左传·昭公三十二年》）。

五行为五种常用而重要之物质，故在祀典之列，且有专职的官员负责祀奉。《国语·鲁语上》载："凡禘、郊、祖、宗、报，此五者，国之典祀也。加之以社稷、山川之神，皆有功烈于民者也。及前哲令德之人，所以为明质也。及天之三辰，民所以瞻仰也。及地之五行，所以生殖也。及九州名山川泽，所以出财用也。非是不在祀典。"地之五行，是民众用以生产之物，而有功用于民，所以在祭祀之列。这种对五行的祭祀，其实就是自然崇拜。由自然崇拜而来的祭祀，在制度化之后，官守各司其职事，负责祭祀五行的官守，就是"五行之官"。《左传·昭公二十九年》记蔡墨之言曰："夫物物有其官，官修其方，朝夕思之，一日失职，则死及之。失官不食，官宿其业，其物乃至。……故有五行之官，是谓五官，实列受氏姓，封为上公，祀为贵神。社稷五祀，是尊是奉。木正曰句芒，火正曰祝融，金正曰蓐收，水正曰玄冥，土正曰后土。"五官是掌五行之官，五行方面的知识与事务为其所掌握。因而，五行观念的发展与官学，五行与术数、方技，都有密切的联系。

五行之间的关系，《左传》中所记较简略。史墨论日食，有言："火胜金，故弗克"（《昭公三十一年》）；史墨论是否可以伐齐救郑，说："水胜火，伐姜则可。"（《哀公九年》）这些解释，都不成系统，与后来的五行相生相胜的系统解释尚有一定的距离。值得注意的是，《左传》所记这两处，分别是与占梦、占卜有关。或许对五行关系的认识之深入，有赖于术数和方技。

五行为五种道德规范，是儒家的观点。战国时期儒家对五行说的发展，是思孟五行说。《荀子·非十二子》批评子思、孟轲"案往旧造说，谓之五行"，但未提到思孟五行说的具体内容。《孟子》中无对五行的解释，而《中庸》也未讲到五行。思孟五行说的内容，现在得由马王堆汉墓所出土帛书中《老子》甲本之后的一、四两篇古佚书（帛书《五行》）和郭店楚简中的《五行》篇而有所了解。思孟所说的五行，是仁、义、礼、智、圣（信、诚）五种德行。竹简《五行》谓："五行：仁形于内谓之德之行，不形于内谓之行。义形于内谓之德之行，不行于内谓之行。礼形于内谓之德之行，不形于内谓之（行。智）形于内谓之德之行，不行于内谓之行。圣形于内谓之德之行，不行于内谓之行。"仁、义、礼、智、圣内在于人心，化为人内在之德性，就是"德之行"；人未将其内化为德性，只依仁、义、礼、智、圣的规范与要求来做，只是"行"。这种观点，与思孟之重视内在心性的思想是一致的。当然，竹帛《五行》是否就是思孟五行说，还是他人之论，并不能完全断定。不过，可以肯定它是先秦儒家的作品，是儒家对五行理论的发展。然而，竹帛《五行》对仁、义、礼、智、圣与水、火、木、金、土的关系都没有作出说明，儒家如何理解两者的关系不得而知。孔子有"知者乐水，仁者乐山"之言，或许为仁、义、礼、智、圣与水、火、木、金、土对应之所本。

墨家论五行，侧重讲的是五行之间的关系。《墨子·经下》言："五行毋常胜，说在宜。"《墨子·经说下》释之曰："五：金、水、土、木、火。离。然火铄金，火多也。金靡炭，金多也。金之府水，火离木。若识麋与鱼之数，惟所利。"[①]金、水、土、木、火五者是相互独立的，其间的关系究竟如何，要视具体的环境与条件而定。火铄金，是金少火多，非火胜金；金靡炭，是金多炭费，并非是金克木。在不同条件下，五行的关系是不同的，唯求其所利而已。这可能是对五行相胜相生之说的驳斥。

第三节　阴阳五行的合流

阴阳观念与五行观念的结合构成阴阳五行观念，阴阳学说与五行学说的合流形成阴阳五行学说。

讲五行的《洪范》没有涉及阴阳，而讲阴阳的《易传》没有谈到五行。那么，是谁开始将阴阳与五行结合起来的呢？《史记·历书》说"黄帝考定星历，建立五行，起消息"。但是，黄帝就将阴阳五行统合一体，显然是一种虚构。然而，汉代人就是用这种虚构故神其说的，如《淮南子·览冥训》也这么讲。其实，如果说在原初的汉语言系统里就有阴阳、五行连在一起的用法，那么也不是没有可能。我们现在能见到的上古语言资料是少而又少的，几乎可以说没有，而且在

　　[①]《经说下》原文作："五合水土火火离然……合之府水，木离木"，从谭戒甫之校改。见谭戒甫：《墨辩发微》，292页，北京，中华书局，1964。

上古的书面语言中没有阴阳、五行连在一起的用法，甚至没有阴阳连属，也没有五行，但也并不能排除在日常语言中有此类的用法。但是，正如上文中提到的，用阴阳解释宇宙万物的运动和用五行解释宇宙万物的构成肯定不会在文明的曙光初露时就出现，而将阴阳与五行结合在一起解释宇宙万物和人事的观念系统更不可能在那时就出现。另外，就从术数的发展来看，原始的术数如龟卜也不是以阴阳五行为理论基础的，而只是简单的取象。这也表明阴阳、五行的观念那时并没有产生，阴阳和五行结合的阴阳五行观念更不可能已经出现。

梁启超在《阴阳五行说之来历》一文中说："春秋战国以前所谓阴阳，所谓五行，其语甚希见，其义极平淡。且此二事从未尝并为一谈。诸经及孔，老，墨，孟，荀，韩诸大哲皆未尝齿及。然则造此邪说以惑世诬民者谁耶？其始盖起于燕齐方士；而其建设之，传播之，宜负罪责者三人焉：曰邹衍，曰董仲舒，曰刘向。"①虽然梁启超的论断可能在很多方面有问题，但是他说将阴阳五行二事并为一谈可能起于燕齐之方士，而由邹衍等建设之、传播之则不是没有道理。关于邹衍其人及其学说以及稷下学者对阴阳五行的探究，我们将在下章讨论，此处先从理论和其他相关方面考察阴阳五行的结合。

从上面两节的研讨中可以发现，没有与阴阳学说结合的五行学说，着力从功用方面指示宇宙万物的构成元素和社会事务的依托，而这些元素的相互关系即后来所谓的相生相胜没有得到充分的说明，社会事务怎样依托于五行则是机械的取象。没有与五行学说结合的阴阳学说，着力从变易的角度揭示宇宙万物和人间事务的变化和推动力量，而这种变易借以发生的要素和具体的存在之所则没有得到说明。阴阳与五行的结合使五行结构有了运转的动力，而不是机械的构成图

---

① 梁启超.阴阳五行说之来历[M]// 顾颉刚.古史辨：第5册.上海：上海古籍出版社，1982：353.

式；阴阳则有了借以发生和推动的所在。简言之，两者的结合，能够使两者的弊端都基本上得以消除，更重要的是两者结合在一起就构成了可以系统地解说宇宙—社会—人生的理论图式。邹衍以五行相生相胜而主五德终始说，就是将阴阳与五行混合统一起来。

阴阳与五行结合的关键是一统观念，是在一统观念的主宰之下才去寻求宇宙—社会—人生的系统解释。中国人一统天下的思想形成于战国时期，如孟子讲天下"定于一"，荀子讲"一天下"。大抵在战国末期，一统的观念已经深入人心。这种一统的观念，既包括国家的统一，也包括社会制度和思想文化的一统。成书于秦统一中国前夕的《吕氏春秋》就是在一统观念的主宰下，以阴阳五行说为主导，"上揆之天，下验之地，中审之人"，构筑起一个把自然变化（气候、天象、物候）和社会活动（政令、农事、祭祀等）融为一体的整体系统。可以说阴阳五行在《吕氏春秋》中已结合成一体，到西汉中叶则成为一个融世界观、人生观、价值观、历史观等为一体的观念系统和表述体系。

第二章　阴阳家的产生和发展

　　阴阳家以阴阳五行为理论的根干，但是阴阳五行并不是阴阳家的专利，儒家、道家也讲阴阳、五行。阴阳五行观念的产生与阴阳家的诞生没有必然的关联，即不是有了阴阳五行观念就有了阴阳家。因此，在追溯阴阳五行观念的起源及早期发展之后，还需要对阴阳家的产生和对阴阳五行观念的运用与发展加以考察。

第一节　方士和术数

　　春秋战国时期，出现了各种各样的学说，形成了大大小小的一些学派。后来的史学家对此加以分类，而冠以各种名称，如道家、儒家、阴阳家等等，以示各学派之不同。这些学派的名称，有的在先秦时期就存在，其学派之存在名副其实，如儒家、墨家；有的就现在所能见到的文献而言则没有，如道家、名家、法家，这些"家"可能只是一些学术宗旨大体相同或相近的人的聚合。阴阳家的名称，在先秦时期也没有，但无论名称有没有，这个学派是存在的。现在所知的对先秦诸子学派加以系统分类的第一人是司马迁的父亲司马谈。按照司马谈的说法，阴阳家主要讲阴阳四时、八位、十二度、廿四节等数度之学。司马谈勾勒了阴阳、儒、道、名、法、墨六家之学的梗概，但是没有追溯各家的学术源流。司马谈之后，刘歆（前46？—公元23）对先秦诸子学说作了更为系统全面的划分。刘歆在司马谈所分的六家之上又加了纵横、杂、农、小说四家，共为十家。刘歆认为小说家很不重要，"诸子十家，其可观者，九家而已"。刘歆也是第一次系统描述各家的起源。刘歆的观点，就是"诸子出于王官"。

刘歆"诸子出于王官"的说法很有影响。后来的学者，如章学诚（1738—1801）、章炳麟（1869—1936）等都对它有所发挥。这一理论的要义是认为在诸子百家兴起以前，官师政教合一，学在官府。到了春秋末期，由于周室衰微、王纲解纽，王官散于民间，诸子之学兴起。诸子之学都由其王官之学而来，都各与某官有渊源关系。按班固《汉书·艺文志》所载刘歆的观点，儒家出于司徒之官，道家出于史官，阴阳家出于羲和之官，法家出于理官，名家出于礼官，墨家出于清庙之守，纵横家出于行人之官，杂家出于议官，农家出于农稷之官，小说家出于稗官。现代学人对刘歆等人主张的"诸子出于王官"说，提出了不同的观点。胡适认为刘歆完全错了，诸子之学都是立说以救时弊，与王官没有什么关系。冯友兰则持调和的观点，认为刘歆大体上不错，但也有不对的地方，如他把诸子之学各归一官，有时也是任意的。冯友兰认为春秋以前即周朝原来的社会政治制度是贵族政治社会，贵族养着一班专家即有专门知识的人才替他们办事，后来由于社会变动，贵族政治被破坏，贵族流为平民，而所养的专家则大多失业而散在民间。这些失业的专家原来都是官，有的是周王室的王官，有的是诸侯国的小官，失业之后在民间抱着自己的专门知识混饭吃，于是不同于官学的私学兴起。诸子之学就这样产生了。诸子之学出于混饭吃的职业，而这职业是出于官，所以诸子出于官。当然也有的职业与旧日的官不相应，是新职业，而诸子之学中有的是出于这新职业，所以不应该都具体指定某一家出于某一官①。

按照刘歆、班固的说法，阴阳家出于"羲和之官"，即主管天文历象的官员。冯友兰对此的修正是认为阴阳家出于方士。他认为古代贵族多养有巫祝术数专家，后来贵族政治崩坏，这些专家流落到民间，靠卖其技艺为生，就成了方士。司马迁说方士传阴阳家邹衍之术，实际邹衍之术也是出于方士。

方士是士的一种。方士的兴起，与春秋战国时期士阶层的兴起可能是同步的。士阶层的兴起问题，近代的研究可谓多而又多，这里不再一一介绍。可以肯定的一个历史事实是，士作为独立的社会阶层，始于春秋战国之交。因此，可以推断出方士阶层的出现也是在这时期，方士所做的事主要也就是巫祝术数之类。那么做这种职业的是否都是原来的贵族所养的专家呢？可以说是，也可说不是。可以说有一部分是原来贵族所养的专家即在政府里供事的官或职员，有一部分则是原来只是业余从事或者说兼职的人员，后来才以此为职业，成为了方士。

方士就是术数之士。关于术数的情况，《汉书·艺文志》根据刘歆的《七略·数术略》将数术（术数）分成六种即天文、历谱、五行、蓍龟、杂占和形法。又云："数术者，皆明堂羲和史卜之职也。"天文，是"序二十八宿，步五星日月，以纪吉凶之象"；历谱，是"序四时之位，正分至之节，会日月五星之辰，以考寒暑杀生之实"；五行，"其法亦起五德终始，推其极则无不至"；蓍龟，就是占筮和龟卜；杂占，"纪百事之象，候善恶之征"，就是根据物象来推吉凶，如梦占之类；形法，包括相术及堪舆等等。这六类术数，可以说已将当时和此前的种种都囊括在内。这些也确实是由某些职官

① 冯友兰.三松堂学术文集[M].北京：北京大学出版社，1984：369—373.

如史、卜之类的执掌的。这些职官后来流落民间而成为方士。当然，并不排除官府之外民间也有这方面的专家。

　　阴阳家出于方士，但方士并不等于阴阳家。《汉书·艺文志》将阴阳家置于《诸子略》，而又别为《数术略》，可能认为阴阳家与方士还是有区别的。宋代的陈振孙就关注到这一问题，他在《直斋书录解题》中说："自司马氏论九流，其后刘歆《七略》、班固《艺文志》，皆著阴阳家，而'天文'、'历谱'、'五行'、'卜筮'、'形法'之属，别为《数术略》。其论阴阳家者流，盖出于羲和之官，钦若昊天，历象日月星辰。拘者为之，则牵于禁忌，泥于小数。至其论数术，则又以为羲和卜史之流。而所谓《司星子韦》三篇，不列于天文，而著之阴阳家之首。然则阴阳之与数术，亦未有以大异也。不知当时何以别之。岂此论其理，彼具其术耶？"陈振孙虽未全然肯定论理与重术之别，但其论得到章学诚及现代学人余嘉锡等人的肯定。李零综合前人之说，认为"《汉书·艺文志》中的阴阳家是分为两类，凡自成一家言如邹衍之书者，多归入《诸子略》'阴阳家'，而'虽有其书而无其人'的实用书籍则归入《数术略》'五行类'，可见是属于同一来源。尽管汉以后阴阳家的书亡佚殆尽，但揆之遗文剩义，参以后世之书，证之考古发现，我们不难看出，它主要是以谈天道为主，根源是数术之学"[①]。依此，阴阳家与一般方士的区别也就能看清一二。阴阳家应该说是方士中出类拔萃的一类人。被称为"家"不仅是因为他掌握了某种技术如占梦、命相之类，并以私人身份传授这些技术；而且是因为他掌握或提出了一套理论，并且用这套理论解释宇宙—社会—人生，还希望用这套理论和技术去干预政治和社会事务。

①　李零．中国方术考[M]．北京：东方出版社，2000：16．

第二节　邹衍和他的学说

《汉书·艺文志》著录阴阳家书21种，其中先秦约为15种。这些书的作者即阴阳家分布在宋、齐、韩、魏、郑、楚等国。宋有景公之史子韦，是其中最早的阴阳家；齐国有邹衍、邹奭两人，在当时和后世的阴阳家中名气都比较大；楚国的阴阳家南公，曾讲过非常有名的话："楚虽三户，亡秦必楚"。战国时期阴阳家的代表人物是邹衍。

邹衍，据《史记·孟子荀卿列传》，是齐国（今山东省中部）人，生卒年月不详，约在孟子之后，著书十余万言，《汉书·艺文志》著录《邹子》49篇，《邹子终始》56篇，现均已亡佚。清人马国翰辑录《邹子》一卷，编入《玉函山房辑佚书》，可资参考。虽然邹衍的著作都散佚了，难以得见其学术的全貌，但《史记》里还是记载了一些他的生平事迹和学术大要，可以窥见其人其说的一斑。

邹衍活动的时期，与公孙龙等的相同，正是处士横议达到高潮的时候。邹衍以他杰出的宏论，受到王公贵族的推重。可谓轰动一时，名重当世。据《史记·孟子荀卿列传》，邹衍在齐国非常受重视，周游列国更是受到很高的礼遇。他到梁国的时候，梁惠王亲自到郊外迎接，双方执宾主之礼。当然这在礼贤的战国时期，也是家常便饭。他到赵国的时候，特别喜欢宾客的名公子平原君赵胜，也予以特别的礼敬，不敢正坐当宾主之礼。他到燕国的时候，燕昭王恐尘埃落于长者而拿着扫帚退着扫地在前引路，又请他收自己为弟子。燕昭王为邹衍修了碣石宫，还亲自去师从他学习。邹衍在碣石宫写下了《主运》。对邹衍所得到的种种礼遇，司马迁曾大发感慨，认为与孔子困于陈蔡，脸呈菜色（七天没有吃到用火烧好的东西所致），以及孟子困于齐梁，不为王公所重，真是不知道要好多少倍。可能也是看到邹衍在当时的无限风光，同是齐国人的邹奭也大量吸收邹衍的学说，在当时也很轰动，齐人称为"谈天衍，雕龙奭"。后来刘向解说"谈天"和"雕龙"，认为是邹衍讲五德终始，天地广大，讲的都是天事，所以称"谈天"，邹奭修邹衍之文，饰若雕镂龙文，故称"雕龙"。但是，历史上令人难以捉摸的是，邹衍及邹奭名动一时，也写了不少东西，却都没有流传下来，这不能不说是一件憾事。邹衍的人生结局，《史记》里没有说，我们也不敢妄断。不过，我在读《史记·孟子荀卿列传》的时候，看到邹衍一节，总是联想到现在的一些"气功大师"。"气功大师"们在各地游说的时候也很风光，平民百姓也很崇拜，可后来就进了监狱。据传，燕昭王去世之后，邹衍事继位的燕惠王竭尽忠心，但燕惠王的左右进谗言陷害他，遂被下狱。邹衍在狱中仰天大哭，时当夏五月，天为之下霜。不过，这是邹衍中年时期的事情，其晚年的情况不得而知。

邹衍名动一时，是因其"深观阴阳消息"而来的思想言论。邹衍十分看不上所谓儒墨"显学"，认为他们不知道宇宙之大、天地之广，所说实为小道。"邹子疾晚世之儒墨不知天地之弘，昭旷之道，将一曲而欲道九折，守一隅而欲知万方，犹无准平而欲知高下，无规矩而欲知方圆也。"（《盐铁论·论邹》）这可以说是邹衍的思想或者说阐述他的思想的动机，就是告诉人们什么叫"规矩"或者说历史演变的规律。

邹衍讲述自己观点的方法，是"必先验小物，推而大之，至于无垠"（《史记·孟子荀卿列传》），相当于现在所说的类推法。即以已知的事物为证明自己学说的例证，推及未知的事物；由直接的经验的事物，推及未经验的或不能直接经验的事物，以至于人的想象力所能及的边际。邹衍用这种类推法来阐述自己的观点，主要是从历史和地理两个方面，即"先序今以上至黄帝"和"先列中国名山大川"。由历史和地理，言及"五德转移，治各有宜，而符应若兹"。

关于地理，据司马迁所载，邹衍认为儒者所谓的中国，只是天下的八十一分之一。"中国名曰赤县神州。赤县神州内自有九州，禹之序九州是也，不得为州数。中国外如赤县神州者九，乃所谓九州也。于是有裨海环之，人民禽兽莫能相通者，如一区中者，乃为一州。如此者九，乃有大瀛海环其外，天地之际焉。"（《史记·孟子荀卿列传》）邹衍的这种"大小九州"说，与当时盛行于齐燕之地的蓬莱神话有关。蓬莱神话源于上古西北部高原地区的昆仑神话，与昆仑神话不同的是海在仙境中占有十分重要的位置①。无论其来源如何，是否齐地早有类似的传说，邹衍的言论还是让闻者惊骇，引起王公大臣的高度重视，想要依其所言去做。我们不知道燕昭王等派人到海上求蓬莱、方丈、瀛洲三神山与邹衍的说法有没有必然的关联，但是想来这种说法在当时对入海求仙的浪潮有推波助澜的作用。但邹衍对地理方面的论述，可能主要是为了阐明"治各有宜"，强调仁义节俭，而不是让人到海上求仙。

在历史方面，邹衍不是讲历史故事，而是通过朝代的更迭，观时而说事，由"学者所共术"而"论著终始五德之运"，即说明五德转移。可惜的是，人们对邹衍论及宇宙变化、朝代更迭和治国之术及礼祥符瑞的学说现在已经不知其然，也不知其所以然。

邹衍学说理论的核心，可能是"深观阴阳消息而作怪迂之变"和"以阴阳主运"，将阴阳五行统合起来，形成以五行相生相胜为核心的五德终始说。据张立文先生搜求别书所载之佚文而归纳出的邹衍的思想，主要有三个方面：一是朝代的变易受土、木、金、火、水五德终始的制约，即虞土、夏木、殷金、周火，五德终而有始；二是五德主运说，即春、夏、季夏、秋、冬依五行法则运行；三是政教文质

---

① 有关昆仑神话和蓬莱神话，详见顾颉刚的《〈庄子〉和〈楚辞〉中昆仑和蓬莱两个神话系统的融合》，此文发表于《中华文史论丛》1979 年第 2 辑。

论，即政教应随五行的变化而变化，不能守一不变，守一不变是不能救治时弊的。①现在能考订出来的邹衍的思想大体上也只有这些。可以看出端倪的是，邹衍力图以阴阳五行为基础来解释历史的变迁、宇宙运行的法则和人事的兴废。如果我们以邹衍为战国时期阴阳家的代表，那么可以说阴阳家是要建构一套融宇宙—社会—人生于一体的运行法则和把握方法。

《汉书·艺文志》将邹衍归于阴阳家，大多数人也认为邹衍是战国末期阴阳家的代表，但是有些学者对邹衍是否为阴阳家是持怀疑态度的。有学者认为邹衍是儒家，理由是《史记》述邹衍事迹和学说于《孟子荀卿列传》，篇幅约占半数，且说"邹衍睹有国者益淫侈，不能尚德"，"要其归，必止乎仁义节俭"，而五德终始重在德字，都说明邹衍为儒家。有的学者认为邹衍属道家，理由是邹衍体系立黄帝为古史第一人，且以阴阳立说，故为道家。其实，命名本身就意味着割裂，就是将一事物与其他事物分别开来，如我们把一初生的婴儿起名叫张三，就是将这婴儿与其他婴儿区别开来，就是将他从婴儿整体中割裂出来。进而虽然我们也知道张三和其他婴儿有共同之处，但是谈起张三的时候还是讲他与其他婴儿的不同之处。对诸子学说的分类也与此相似。正如前文所言，阴阳五行不是阴阳家的专利，甚至术数也不是。根据邹衍的学说和古人的分类将邹衍归于阴阳家并不等于说邹衍与儒、道没有关系，而且仁义、阴阳也不是儒、道的专利，邹衍讲仁义、阴阳也不能就说他是儒家或道家。我们认为邹衍确为阴阳家，而且是阴阳家的代表，但他的学说和儒、道有千丝万缕的联系。

从历史渊源上讲，阴阳家所出之方士与儒家所出之儒士，关系十分密切。儒士是礼乐方面的专家，礼乐原来最大的用途，就是丧祭，

① 张立文.中国哲学范畴发展史（天道篇）[M].北京：中国人民大学出版社，1988：44.

丧祭用巫祝，也用礼乐专家，两者经常在一起共事，两种人干的又是同一种事。从职业的角度看，属于同一类型的职业。在秦汉时，儒士与方士之名，也通常混而不分。因此，阴阳家与儒家的关系本来就十分密切，后来自命为儒者的人用阴阳家之术，而阴阳家也讲仁义礼乐等。所以邹衍讲一些被后来视为儒家专利的东西并不奇怪，也不能说邹衍是儒家。邹衍曾在稷下活动，稷下是道家黄老派的温床。邹衍与黄老派的人在一起活动，相互切磋学问，所以与黄老道家一样立黄帝为古史第一人等也不奇怪。同样，也不能说邹衍就是道家。总而言之，我们还是认同旧说，以邹衍为阴阳家的代表。

第三节　稷下学者的阴阳五行思想

邹衍曾在稷下活动，而且在当时声势十分显赫。稷下是当时重要学派活动非常集中的地方，各种思想观点和学说纷呈，而有些学者对阴阳五行十分关注，阴阳与五行的合流也是在稷下学者的论述之中完成的。这些讲述阴阳五行的稷下学者，很可能属于阴阳家。

战国时期，统治齐国的田氏家族做了一件非常有历史意义的事，在齐国都城临淄稷下之地开创了一个相当于现在国家级社会科学院的高等学府，史称"稷下学宫"。稷下学宫是战国中后期诸子会聚之地，司马谈所说的阴阳、儒、法、名、墨、道德六家在当时的代表人物纷纷来此，蔚为大观。

稷下学宫的设立始于齐桓公田午，而贯穿于此后齐国的全部历史。齐威王时，曾下令："群臣吏民能面刺寡人之过者，受上赏；上书谏寡人者，受中赏；能谤议于市朝，闻寡人之耳者，受下赏。"（《战国策·齐策》）这种鼓励民主言论的做法，为稷下学宫的兴盛创造了十分有利的政治、社会条件。齐宣王"喜文学游说之士"，而且士的地位很高，于是天下贤士毕集，有数百千人，这是稷下学宫大盛之时。齐闵王时，稷下学宫走向衰落。闵王对学者态度很差，不听学者之谏议，给学者的生活待遇也很低下，甚至对有的多嘴的学者动了杀机。学者们既不得享有言论自由，而又冬天挨寒冻、夏日受暑伤，遂四散他去。齐闵王也致众叛亲离，身死国亡，齐都临淄也被燕军占领，直到五年后齐襄王复国。齐襄王复国之后，稷下学宫随之恢复。襄王虽然承旧规而尊学者为"列大夫"，并请荀卿三次担任学宫祭酒即学术领袖，但已难现往日盛况。秦灭齐，稷下学宫随之灰飞烟灭。

稷下学宫绵延150多年，战国诸子有名望者不少曾在此流连。稷下学者中有孟子、荀卿、公孙固、鲁仲连等儒家人物，有宋钘、兒说、田巴、尹文等名家人物，有慎到等法家人物，有邹衍、邹奭等阴阳家人物，有淳于髡、田骈、接子、环渊等道家人物，还有一些难以归为哪一家的一些游说之士。稷下学者思想主旨纷繁复杂，为战国时期百家争鸣之缩影。有学者认为："稷下学宫以它包容百家、宽松自由的学术气氛，成为了战国中后期华夏学术的中心和创造性思想产生的温床，古代的学术思想在这里得到了极大的发展，经历了它的黄金时代。"①

稷下学者中除邹衍外，论述阴阳五行的颇多。稷下黄老之学的集成之作《管子》中，阴阳学说和五行学说都有不同程度的发展，而阴阳五行学说也已正式出现。《管子》中涉及阴阳学说、五行学说和阴阳五行学说的各篇主要可分成三类。第一类，论阴阳而没有提到五行，主要是《乘马》《势》《侈靡》《形势解》四篇。这四篇的主旨，都是强调要顺从阴阳变化的规律，静作得时，赏罚合节。阴阳在

---

① 白奚.稷下学研究[M].北京：生活·读书·新知三联书店，1998：导言1.

不同的时令和季节，盈虚升降不同，而这正是为政令和定赏赐刑罚的依据。四时教令的阴阳思想在此发展得更为细致。第二类，论五行而没有提到阴阳，主要是《水地》和《地员》两篇。《水地》论水德，而提到五味、五脏、五内、五色等五行的范畴。《地员》篇则是以五行为本，将各类土质及适宜生长何种植物与农作物做了详细的分类。第三类，阴阳与五行并论，其中《宙合》《揆度》《七臣七主》《禁藏》部分渗透了阴阳五行思想，而《幼官》《四时》《五行》《轻重己》四篇则将阴阳学说与五行学说初步整合为一体。

　　《幼官》等四篇的阴阳五行说，是以阴阳学说为基础，配以五行相生为序的宇宙图式。《四时》篇言："阴阳者，天地之大理也；四时者，阴阳之大径也；刑德者，四时之合也。刑德合于时则生福，诡则生祸。"阴阳是天地的根本之理，四时体现了阴阳消长的规律。刑德的根本在阴阳，"阳为德，阴为刑"。德主春夏，刑配秋冬，刑德为四时之合，即"德始于春，长于夏，刑始于秋，流于冬"。春夏秋冬四时，分别与四方、四气、四德等相配，而每一季又各有"五政"。《五行》篇讲："通乎阳气，所以事天也，经纬日月，用之于民；通乎阴气，所以事地也，经纬星历，以视其离。通若道然后有行，然则神筮不灵，神龟不卜，黄帝泽参，治之至也。"以这种阴阳之说为根本，再以五行配五方、五时。这两篇，都是非常明确地将阴阳作为基础，而将时令和农事政教等按五行排列起来。《幼官》和《轻重己》虽然没有明确地讲阴阳是基础，但其纲领乃是四时教令的阴阳思想。

　　阴阳说与五行说结合的关键点，是五行与时令如何结合。时令的推移，是由于阴阳的消长盈虚，而五行如何能够体现阴阳的变化，需要通过五行与时令的关系来说明。《幼官》等四篇对五行与时令的结合，提出了两种不同的方式。《幼官》和《四时》是以方位与时令的结合来解决五行与时令结合的问题。据《幼官》各段中"此居于图……"，可看出全篇文字的安排是按方位分布为图形状的。东方配以"八举时节"的春季；南方配以"七举时节"的夏季；西方配以"九和时节"的秋季；北方配以"六行时节"的冬季；中央配以"五和时节"，不占天数。《四时》的基本图式是："东方曰星，其时曰春，其气曰风，风生木与骨。其德喜嬴，而发出节时。其事……""南方曰日，其时曰夏，其气曰阳，阳生火与气。其德施舍修乐。其事……""中央曰土，土德实辅四时入出，以风雨节，土益力。土生皮肌肤，其德和平，用均，中正无私，实辅四时……""西方曰辰，其时曰秋，其气曰阴，阴生金与甲。其德忧哀、静正、严顺，居不敢淫佚。其事……""北方曰月，其时曰冬，其气曰寒，寒生水与血。其德淳越、温怒、周密。其事……"这两个图式，大同小异，而存在的问题，都是五方的中央方位与四时的问题。两者对这一问题的解决方式具有共通性，就是以中央土为贯通于四时之中，或"辅四时入出"。《五行》篇的方式，不再是《幼官》《四时》的"播五行于四时"，以五行来合四时，而是将一年分成五个七十二日，由五行分掌："睹甲子，木行御，天子出令……七十二日而毕"；"睹丙子，火行御，天子出令……七十二日而毕"；"睹戊子，土行御，天子出令……七十二日而毕"；"睹庚子，金行御，天子出令……七十二日而毕"；"睹壬子，水行御，天子出令……七十二日而毕"。这种分法，形式上较为完整，但却打乱了人们通常的四时观念。

从《幼官》等四篇来看，阴阳学说与五行学说已经合流，而成为阴阳五行学说。这一结合，是在邹衍之前完成的，还是在邹衍之后完成的，抑或这四篇就是邹衍的遗文，现在都难有定论。不过，将这四篇视为邹衍的遗文，可能并不妥，因为邹衍的主要学说在《管子》中没有体现。《幼官》等讲阴阳五行说的四篇，从整体上看还是比较粗糙的，五行与时令的结合这一关键问题并没有处理妥当，因而可能是出现在邹衍之前或与其并时。

孟子也在稷下待过，当然他混得很不如意。孟子在稷下的时间在邹衍之前，据说他也讲五行，但现存的《孟子》中没有对五行的解释。说孟子接着他的老师子思（一说孟子的老师是子思的弟子）讲五行的，是在邹衍之后也曾在稷下活动的荀子。荀子讲子思"案往旧造说，谓之五行，甚僻违而无类，幽隐而无说，闭约而无解"（《荀子·非十二子》）。后来孟子也跟着子思讲，以为仲尼等可能会因为这而为后世所重。但是，《孟子》中没有对五行的解释，传说为子思所作的《中庸》中也没有。考虑到荀子在稷下曾"三为祭酒"，有人认为荀老先生可能是误把邹衍当成了孟子。其实，这种可能性不大。荀子在稷下活动的时间虽然靠后，但是也不会距孟子、邹衍的活动时间很久远，还不至于以讹传讹。当然，《非十二子》中没有提到邹衍，确实也有点奇怪，把邹衍之说视为孟子之言的可能性也有。

总而言之，从种种迹象上看，稷下学者讲论阴阳五行，而且持肯定态度的，不止邹衍一人，想来阴阳五行在当时是很有影响的观念。随着岁月更迭，阴阳五行的影响越来越大，在秦统一全国前夕，秦相吕不韦召集宾客作《吕氏春秋》，遂以阴阳五行为基本架构。

第四节　《吕氏春秋》和秦始皇对阴阳家的回应

《吕氏春秋》由秦相吕不韦主编，由吕门众多谋略之士参与，集体编写而成。《史记》说吕不韦有门客三千人，可以说是战国末期最大的学术中心。据牟钟鉴先生的考证，《吕氏春秋》成书于公元前

241年。其时秦王嬴政约18岁，欲亲政而未能，秦国大政握在吕不韦手中。吕不韦拥有雄厚的势力、众多的人才，并以辅佐帝业的功臣自居，因此有魄力、有条件组织一大批学者，编纂成《吕氏春秋》这样一部鸿篇巨制。后吕不韦被远贬西蜀并且自杀，其门客暗中为其送葬者，或被逐迁，或被夺爵，但人们同情吕不韦，《吕览》也得广泛流传于世[①]。关于《吕氏春秋》的主导思想是属儒家、道家还是阴阳家、杂家，迄今尚无定论，但阴阳五行说在书中占有显著地位，而且构成一个庞大的理论框架则是人们公认的。

《吕氏春秋》认为万物出于"太一"，"太一"生"两仪"即天地，天地形成则有阴阳，阴阳变化，生成万物，四时和天地万物又按五行生克的顺序运动。"太一出两仪，两仪出阴阳。阴阳变化，一上一下，合而成章。浑浑沌沌，离则复合，合则复离，是谓天常。天地车轮，终则复始，极则复反，莫不咸当。日月星辰，或疾或徐。日月不同，以尽其行。四时代兴，或暑或寒，或短或长，或柔或刚。万物所出，造于太一，化于阴阳。"（《吕氏春秋·大乐》）阴阳二气，运行于四时之中，而五行则与四时相配合。这里还没有明确阴阳生五行，但是通过四时将阴阳与五行连结起来。

《吕氏春秋》的阴阳五行图式，是以阴阳五行为基准，以十二纪为依据，以五行及其相对应的多项系统顺序排列，而构筑起的一个无所不包的纳自然变化和社会活动于一体的整体系统。按照十二纪的表述，就是将一年十二个月，每个月的阴阳气数、天象、日、帝、神、虫、音、律、味、臭、数、祀、祭、色、五行、五方、政令人事、物候一一排列组合，而最重要的是以四时配五行、五方、五色、五音、五帝、五神、五祀、五数，并以此来安排政令人事。这个系统是以阴

---

① 牟钟鉴.《吕氏春秋》与《淮南子》思想研究[M].济南：齐鲁书社，1987：2-3.

阳消长理论为轴心，结合五行的对应物，而构筑的宇宙—社会—人生的运行图式。

在这个现在看来既有神学迷信又有科学知识的时空结构中，阴阳消长和五行生克完整地结合在一起。按五行来说：木为春之德，草木滋生，色尚青，方位尚东；木生火，火为夏之德，万物生长，日丽中天，色尚赤，方位尚南；火生土，土为长夏之德，色尚黄，方位居中；土生金，金为秋之德，生物收成，日偏西，色尚白，方位尚西；金生水，水为冬之德，生物消杀，日落山，色尚黑，方位尚北。按阴阳来说：孟春之时，阳气始生；到季春，阳气发泄；孟夏之时，阳气继续增长；仲夏之时，阴阳相争；季夏之时，阴气始刑；再到仲秋、孟冬之时，阴阳不通，闭而为冬；仲冬之时，阴阳又相争；季冬之时，阴气大盛而秘阳发动。政令、人事都应该依此而行，如木为春，农耕开始，王布农事等等。这个一体化的封闭的框架，当然有它的合理性，如农事等不违时等等。其实，合理不合理，是科学还是迷信等都不重要，重要的是这个略显粗糙的框架后来成了中国人认识世界、把握世界和人自身及解决某些问题的基本框架。

《吕氏春秋》纳阴阳气数、物候、政令、人事等于一体，强调事物之间的统一性，这种统一性的具体表现就是同气相应、同类相感。事物方面，有"鼓宫而宫动"等；人事方面，也就有远方亲人死亡时，精神可以遥感等虚玄之事；有祥瑞之说、灾异之见，如认为帝王将兴的时候，天必示祥瑞于下民，而国家混乱、国君无道就会出现一些怪异现象。对于祥瑞、灾异，现代学者们批判的比较多，认为是迷信之言，愚惑百姓之论。但是，在传统社会中，皇帝是天之子，权力难受制约，而讲祥瑞、灾异等其实有制约君权、约束皇帝行为的正功能。《汉书·天文志》说彗星日食之类，"皆阴阳之精，其本在地，而上发于天者也。政失于此，则变见于彼，犹景之象形，响之应声。是以明君睹之而寤，饬身正事，思其咎谢，则祸除而福至，自然之符也"。这段话所值得注意者，就是讲异常的天象，实是对君王的警示。

在以阴阳五行纳自然变化和社会活动于一体的框架里面，还包含着对朝代更替的解释。在这里，邹衍五德终始的回响出现了。《吕氏春秋·应同》中说：黄帝时是土气胜，所以其色尚黄，其事则土；禹时是木气胜，故其色尚青，其事则木；汤王时，金气胜，所以其色尚白，其事则金；文王时，火气胜，故其色尚赤，其事则火。按土、木、金、火、水五行相胜的规律推断，代替火的必然是水，所以新的朝代，将是水气胜，故其色尚黑，其事则水。如果新朝不能以水为准则，数代以后又会转移到土气胜的朝代上去。说某一朝代是土德还是水德，不仅凭五行相胜的推论，而且有祥瑞为根据。黄帝时出现大蝼大蝼，是土德的标帜；禹之时出现草木秋冬都不凋零的现象，是木德的预兆；汤时金刃生于水，是金德的征兆；文王时火赤鸟衔丹书集于周社，是火德的预现。五德终始说把祥瑞之说和五行生克理论紧密结合在一起而以阴阳五行消长生克为基础，可以说就是将术数和阴阳五行理论结合在一起，阴阳五行术数化而术数阴阳五行化。

吕不韦虽然希望综罗百家为秦统一以后的治国方略做准备，但秦始皇稳稳掌握了大权之后还是很不客气地把他的这位仲父流放到蜀地。但是，秦始皇对五德终始的说法还是深信不疑的，认定了秦为水德。据说，秦始皇以秦为水德还与他的祖上秦文公曾经捕获黑龙有关，当然这就是秦为水德的符应。秦始皇以秦为水德，所以就依照水德办事；以十月为正月，朝贺皆从十月开始；衣服旌旗等等都以黑色为上；数字以六为准，符、法冠都是六寸高；轿子也要六尺，规定六尺称为步；乘坐六匹马拉车；改黄河名为"德水"。当然这些都没什么，关键是秦始皇以秦为水德，而水主阴，阴刑杀，从而实行严刑峻法。凡事一决于法，抽象地看也是对的，所谓"治道运行，诸产得宜，皆有法式"（《史记·秦始皇本纪》），看起来也很美。然而，在专制制度之下，一切都取决于皇帝的意志，而法令不过是皇帝意志的客观化，是随皇帝的意志而变的，是皇帝实现其意志的手段而已。始皇帝任刑自专，以刑杀为威，视群臣为草芥，禁百家之言，坑言论不合上意之儒生，于是乎"坑灰未冷山东乱"，秦二世而亡。通过秦始皇的所作所为，可以看到五德终始说对现实政治影响的双重性：它既可以成为改制的理由，又可以成为胡作非为的根据；它既可以对君权起到一定的制约作用，又是强化君权的利器。

按照水德来行事，还须祈祀四海名山大川、渊泽井泉之类，秦始皇也确实东奔西走做到了这一点。据《史记·秦始皇本纪》载，始皇听信齐人徐市的言论，以为海中有蓬莱、瀛洲、方丈三神山，其上有仙人，于是派徐市领数千名童男童女去寻仙。还命韩终、侯公、石生等求仙人不死之药。这是否与依水德行事有关联现已难以确证，但始皇的行为表明五德终始之类的阴阳学和神仙方术有内在的关联。

如果说当初邹衍讲五德终始的时候，王公贵族只是崇拜但没有实行的话，秦始皇可真是实实在在去做了。可以说，秦始皇也是一位阴阳家，是阴阳家的实践者。秦亡之后，反思秦何以短命速亡的代不乏人，然而直到帝制崩毁，各代在制度上都是沿袭秦的，专制制度没变，现实政治的内在精神也未有根本性变化。"秦的君臣所看出的水德，则成为刑的象征，成为秦政性格的象征，特别成为专制政治基本性格的永恒象征。"[1]因而在秦王朝之后，阴阳五行理论在政治领域内就扎下了根，在思想文化和社会生活各个领域更有广泛而深刻之影

---

① 徐复观.两汉思想史[M].上海：华东师范大学出版社，2001：84.

响。邹衍之后，基本上再也没有纯正的、以理论为主的阴阳家，但是阴阳家或者说阴阳五行的影响波及中国文化的方方面面。

第五节　黄老道家对阴阳家思想的融摄

秦王政在公元前221年扫灭六国，统一天下。始皇帝希望秦王朝能传至万世而不绝，可惜的是天不遂其愿，只有短短的十五年，秦就灭亡了。然而，秦始皇统一了全国的法令、文字、货币、度量衡，车同轨，书同文，度同制，行同伦，把一个幅员广阔、风俗各异的国家置于一人的统治之下，确定了中央集权的君主专制制度，为百代政法奠定了基础。吕不韦集宾客所作的《吕氏春秋》，试图以阴阳五行框架熔百家于一炉而为秦王朝提供统治思想和方略，虽然在整体上没有被秦始皇所采纳，但所提出的思想框架却被秦汉思想家所遵从，为汉代阴阳五行说的兴盛打下了基础。汉初，实行与民休养生息的政策，以黄老之术治天下，社会上流行的也是黄老之学。至武帝时，刘安和门下宾客编撰了以道家思想为主干而综罗百家的《淮南鸿烈》，构筑了以阴阳五行为基本骨架的宇宙图式。

黄老之学起于战国末期，兴盛于汉初，至汉武帝"独尊儒术"而式微。它假托黄帝的名义立言，实以老子的学说为宗旨，兼取儒、法、阴阳各家的学说，是道家学说的重要组成部分。黄老之学有广义、狭义之分：广义的黄老之学，泛指战国中期到汉武帝时期"绌黄老、刑名百家之言"之前在社会上流传的，以老子学说为主干，道法结合，以道论法，兼采百家的道家思潮；狭义是指正式托名黄帝、老子的学说。这里讲的是广义的黄老之学。

黄老之学在汉初盛行一时，但流传下来的著作不多。现在研究汉初黄老之学，最主要的依据是司马谈的《论六家要旨》和1973年长沙马王堆汉墓出土的四篇古佚书即《经法》等四篇[1]。

司马谈《论六家要旨》一句"因阴阳之大顺"已将黄老之学融摄阴阳家的实情和盘托出。司马谈认为阴阳家讲四时、八位、十二度、二十四节各有禁忌，顺之者昌，逆之者不死则亡。虽然不一定真的是逆之不死则亡，但也使人拘束时日而多忌畏。但春生夏长，秋收冬藏，是天道之"大经"，如果不顺从的话，就没有什么能作天下的纲纪，所以阴阳家讲的"四时之大顺"也是不能舍弃的。因此，道家也要因循阴阳家所序的四时变化的顺序，也就是采纳阴阳家用阴阳消长五行生克所构筑的宇宙图式。

黄老道家以道为根而吸收阴阳家的思想，在《经法》等四篇中就显出端倪，即"凡论必以阴阳大义"。书中列出天阳地阴、春阳秋阴等等各种事物和人事的阴阳属性，而凡是属阳的如大国、重国、有事、主、男、父、兄等要效法天，凡是属阴的如小国、轻国、无事、臣、女、子、弟等都要效法地。其中，《称》篇的以阴阳对待将事事物物排列起来的方式，显然是采纳了阴阳家的学说。当然，黄老之学采纳阴阳家的学说也是有所据的，《老子》《庄子》中都有关于阴阳

---

[1] 这四篇佚书的命名，唐兰先生认为就是《黄帝四经》(《马王堆出土〈老子〉乙本卷前古佚书的研究》，载《考古学报》1975年第1期。唐先生的观点此前即已提出，而此文考论较详)；裘锡圭先生认为这种说法依据很不充分，主张还是称为"马王堆《老子》乙本卷前佚书"或"《经法》等四篇"(《马王堆帛书〈老子〉乙本卷前古佚书并非〈黄帝四经〉》，见陈鼓应主编《道家文化研究》第三辑，上海古籍出版社，1993年)；此外还有《黄帝书》《黄老帛书》等说法。我们取裘先生之说，因为比较稳妥，也避免对号入座。关于成书的年代，有战国中期以前、战国中期左右、战国末期、秦汉之际至西汉初年等不同的观点，我们认为可能是战国末年的作品。《经法》等四篇的产生地域，有齐、楚、郑、韩、越等说。这四篇思想，确与范蠡思想有关(李学勤《范蠡思想与帛书〈黄帝书〉》，见《简帛佚籍与学术史》，江西教育出版社，2011年)，但产生地可能是齐。四篇之一的《十大经》，张政烺、裘锡圭认为应作《十六经》；《经法》中的第四章，发表时原题《六分》，李学勤认为当作《大分》。

的言论，谈论阴阳是道家思想的旧有之义，所以黄老之学吸收阴阳家学说可以说是理直气壮。

黄老之学的理论结晶是《淮南子》。《淮南子》，原名《淮南鸿烈》，《隋书·经籍志》始称《淮南子》。《淮南子》是淮南王刘安及其门下宾客所作。淮南王刘安文才甚佳，好读书鼓琴，喜宾客方术之士，广揽天下人才，在江淮之地形成了一个学术中心。为向统一的帝国提供较为完备、系统的统治理论，遂有《淮南鸿烈》。《淮南子·要略》称："故著书二十篇，则天地之理究矣，人间之事接矣，帝王之道备矣。"

《淮南子》以道家学说为基础而融摄各家，"其旨近老子，淡泊无为，蹈虚守静，出入经道"，而阴阳家的阴阳五行思想在被融摄的同时也得到了进一步发展。书中描绘宇宙和天地万物的起始与演化，推源于道而以阴阳为功，以五行为用，展示客观世界的多样性、复杂性而纳入阴阳五行之框架，论政务、农事等人事以无为为旨而实即顺阴阳五行之推移。可以说，阴阳五行作为其中解释宇宙—社会—人生的骨架，功能较之于《吕氏春秋》所载更为精细与内在。

《淮南子》以道为万物生成变化的根据。据《淮南子·天文训》，宇宙万物的生成变化过程是"道始于一，一而不生，故分而为阴阳，阴阳合和而万物生"。道分为阴阳而化生成万物，阴阳是道化生之工具，而此工具融于天地万物之中，故天地万物莫不有阴阳。这种说法，与先秦道家，特别是老子思想的不同在于：老子未将道生万物的过程进行具体的描述，而"万物负阴而抱阳"也未得到本体论阐明。在这里，万物皆具阴阳得到了本体论阐明。这就确证了道的本根地位，而天地万物等等也与阴阳五行密切地结合。《天文训》在讲述"阴阳合和而万物生，故曰一生二，二生三，三生万物"之后，接着说的就是"天地三月而为一时，故祭祀三饭以为礼，丧纪三踊以为节，兵重三军以为制。以三参物，三三如九，故黄钟之律九寸而宫音调。因而九之，九九八十一，故黄钟之数立焉。黄者，土德之色"。因此，整个世界，包括宇宙万物、四时、寒暑、十二月的演化和人事的法则等都可以依阴阳五行的骨架排列起来。在《淮南子·时则训》中，作者完全依照《吕氏春秋》之《月令》（后收入《礼记》，为《月令》篇），对整个世界进行排列，构筑起一个世界图式。这一图式与《吕氏春秋》中的基本相同。与《吕氏春秋》不同的是，《淮南子》是以阴阳气化为根据，而《吕氏春秋》没有给出这一根据。

道分阴阳，阴阳和合生万物，故从天地万物直接的生成原因上看，阴阳二气生成万物。如《天文训》称："积阳之热气生火，火气之精者为日；积阴之寒气为水，水气之精者为月；日月之淫气精者为星辰。"又如："夏日至则阴乘阳，是以万物就而死，冬日至则阳乘阴，是以万物仰而生。昼者阳之分，夜者阴之分，是以阳气胜则日修而夜短，阴气胜则日短而夜修。"如此等等，无不是说明阴阳气化生万物。如日、月、星辰是各类气的精华凝结而成，水、火、风、雨为各类气所生，雷、霆、雾是阴阳二气相争的结果，雨露、动物有毛羽者、白天和万物之生是阳气胜阴气的结果，霜雪、动物有介鳞者、黑夜和万物之死是阴气胜阳气的结果，而人也是乘天地合气的精华所生。以此阴阳气化为根，则以五行四时排列的世界图式具有了内在的推动力。因此，《淮南子》较之《吕氏春秋》在构筑的图式上基本相同，而对这一图式做了本体论的论证。这种本体论论证是依据道家学说，可以说在以道家融摄阴阳家思想的同时，《淮南子》又以道家学说为阴阳家做了本体论证明。

天地万物和人都是阴阳气化所生，两者木质上是相通的，宇宙—社会—人事都须依循五行生克的规律。《淮南子》关于人与天地万物相通的看法，在有的篇章着重于阴阳之气的相通，即本质上的共通性。人的精神是精气之一种，其导源于天，所以能与天相通。有的篇章着重讲的是人副天数，即人的"孔窍肢体，皆通于天"。如天有九重，人就有九窍；天有四时，以制十二月，人也就有四肢，以使十二节；天有十二月，以制三百六十日，人也就有十二肢，以使三百六十节。无论是从哪个方面论述天人相通，即无论从本质上或表象上讲天人相通，都是说明人做事要顺从天，即"法天顺情"。人做事要顺从天，特别是君主作为人间统治者其行为要顺从天。人主做事顺从天，政令清平，人事和顺，有正气达于天，则天象（天文）正常，否则就会发生异常的情况。因此，天人相通的推演就是天人感应，天人感应的渠道就是阴阳之气。《淮南子》不但保留了阴阳五行学说中固有的天人感应的观念，而且对此做了较此前更为深入的论证。

人做事要顺从天，就是顺从天意。天意通过天象表现出来，天象体现着天意。《天文训》又说："四时者天之吏也，日月者天之使也，星辰者天之期也，虹霓彗星者天之忌也。"人做事是否符合天意，天也通过天象来告知行事之人，所以天象与人类社会的治乱兴衰有密切的关系。进而，也就可以通过天象来预测人事的吉凶祸福和国家的兴衰，即从上面所谈到的人事和顺与否会在天象上有表现，顺理成章地推出天象正常与否可表明人事的和顺与否。如"岁镇行一宿，当居而弗居，其国亡土；未当居而居之，其国益地"等等。这两者，即从人事来推断天象会怎样和从天象来推测人事会发生什么样的变化，是二而一、一而二的一体两面。人事从大的方面来看有政务等等，从小的方面讲有个人的行为等等。因此，各类把握天象的术数，不但可以预测国家的兴废，也可以预测平民百姓个人的得丧祸福。当然，《淮南子》中论述天象和人事的关联，主要是讲如何治理国家，是讲人主的得失祸福，但也讲个人的得丧祸福如何才能搞清楚。可以说这是一个无所不包的庞大的理论体系，而阴阳五行也可以用之于宇宙、社会、人生的各个方面。

《淮南子》以道家思想为主干，以阴阳五行为骨架而力图将天道运行与人事活动沟通起来是对《吕氏春秋》的承接。如果联系到董仲舒是以儒家思想为主干，但也以阴阳五行为骨架，沟通天道运行与人事活动，那么可以说在当时以阴阳五行为骨架构建融自然—社会—人生于一体的世界图式已成为一种共识。人们都认可并自觉承接阴阳五行的组织架构和解释世界的功能，可以说阴阳五行已成为人们认识和描述世界的基本架构。

从《淮南子》理论结构来看，可以说从逻辑上讲道家是阴阳家的根。正是有了道家之根，阴阳家的阴阳五行才得以推及宇宙、社会、人生的各个方面。后世的各种方技、术数等等大都在"道家"（道教）内保存、发展的根本原因也在于此。虽然《淮南子》没有被汉武帝采纳，但它承接《吕氏春秋》以阴阳五行为框架而构筑的世界图式及其对这一图式的本体论阐明，为汉代儒学采纳阴阳五行学说提供了理论基础和现成的范式。因此，可以说道家对阴阳五行的融摄，是儒家思想阴阳五行化的先声。其实，《淮南子》虽然从总体上看批判儒家的仁义礼乐，但在讲治国方略的时候，也在效法天地的原则下，以阴阳五行之性为依据推演出人伦次第，认为仁义之道符合自然法则。如《淮南子·泰族训》所谓："乃澄列金木水火土之性，故立父子之亲而成家；别清浊五音六律相生之数，以立君臣之义而成国；察四时季孟之序，以立长幼之礼而成官。"这种观点，就是将儒家思想阴阳五行化，用阴阳五行来解释儒家的仁义礼乐之道。当然，真正系统地用阴阳五行来解释儒家思想，将儒家阴阳五行化的是董仲舒。

第三章　儒学的阴阳五行化

汉代秦兴，《易》《书》《诗》《礼》《春秋》之学复传于世。武帝时，采纳董仲舒的建议"罢黜百家，独尊儒术"。董仲舒在汉景帝时立为博士，以治《春秋》著称，其自视为儒家，其思想也确实是以儒家为根。然而，董仲舒的儒学与孔、孟思想颇为不同之处，就是建立了以阴阳五行为基础的宇宙图式，而以此论证儒家伦理的根基。这可以说是儒家的阴阳五行化。儒家的阴阳五行化，既不是自董仲舒开始，也不是到董仲舒而告终结。两汉时期的儒学，都与阴阳五行相关。东汉时盛行的和经学密不可分的谶纬之学，更是将阴阳五行思想神秘化而推及到各个方面。

第一节　汉初儒学对阴阳五行的运用

从先秦儒学到董仲舒阴阳五行化的儒学，中间的过渡环节是汉初七十年间的儒学。收入大量汉初儒家作品的《礼记》上承先秦儒学，而运用阴阳五行对礼乐制度进行论证，从而为董仲舒的儒学革命铺平了道路。

《礼记》以礼为一切社会活动和价值判断的准则，将它视为治国平天下的手段。饮食、服饰、宫室、车舆、器皿等物质生活的安排，君臣、父子、兄弟之间伦常关系的确定，以及朝廷、军旅、祭祀、死丧等制度的设立，都离不开礼。正是礼，使一切社会事务都井井有条。如果没有礼，整个社会生活都会陷于无秩序的混乱，人也就不知道该怎么做事。因此，《礼记》在将传统的天神、祖先崇拜的祭仪加以系统整理，而构筑起系统的祭仪制度的同时，又对天神和祖先崇拜加以理论的说明。在这理论说明过程中，《礼记》大量运用了阴阳五行学说。

《礼记》从天道和人情两个方面来探讨礼乐仁义的来源。从天道方面看，《礼记》运用阴阳五行学说，把天地、阴阳、五行、四时、十二月、八方等组织起来，构造了一个宇宙图式。这一宇宙图式与《吕氏春秋》和《淮南子》中的大致相同。简言之，《礼记》认为在天地产生之前，有一团混沌未判的大一之气，这大一元气是礼的根本。大一之气分化而为天地，运转而成阴阳，变化而成四时，排列而成鬼神。天是由阳气凝聚而成，以日星的光辉照临万物，地是阴气的凝聚，以山川为出气的窍穴。五行与四时搭配，形成十二月。它们按照自然的顺序周转运行，轮流做主，依次当令。色、声、味、律等等也是和它们相应地搭配在一起的。（《礼记·礼运》）天地有仁、义之气，义气也就是阴气，起于西南，往西向北运行，逐渐发展，到了西北最为旺盛。义气是天地尊严之气，而仁气是天地温厚之气。仁气，也就是阳气，起于东北，往东向南运行，到了东南最为旺盛。因此，东方与春天相配，南方与夏天相配，西方和秋天相配，北方和冬天相配。东方言春，就是万物蠢蠢欲动，是圣；南方言夏，就是养育、培养，就是仁；西方言秋，秋就是愁，就是依时察万物的愁苦，就是义；北方言冬，就是收藏万物而为中。（《礼记·乡饮酒义》）

《礼记》的这个宇宙图式，其实是依照伦常等级制度去构造、模铸自然，又是用被模铸了的自然世界来论证等级制度。天地、阴阳、四时与人类社会的仁义礼乐相互对应，一切自然现象都体现了宗法伦理的意义。春生夏长是仁，秋收冬藏是义。乐象征着"天地之和"，礼象征着"天地之序"。礼乐不是来源于人类社会本身，而是来源于天地阴阳，"乐由阳来者也，礼由阴作者也，阴阳和而万物得"（《礼记·效特牲》）。天地万物和人类社会之间联结的中心人物是天子，天子依据阴阳而制作礼乐。因此，天子的祭仪也被赋予了新的含义，也被用阴阳五行来解释。

　　天子与天地并立而为三，"德配天地，兼利万物，与日月并明，明照四海而不遗微小"（《礼记·经解》）。天子的祭仪也正是符合天地之性，是天地之性的表现。比如：天子在南郊祭天，因为天属阳，南郊是阳位；用陶匏之器扫地而祭，象征天的质朴；天子穿有日月星辰的衮袍，戴垂十二旒的王冠，象征天体的运行和四时的变化。祭地在北郊，因为地属阴。社坛不设遮盖，必须直接接触霜露风雨，使天地之气相通；至于亡国之祭则设遮盖，使它不能接受天的阳气。在举行郊祭（即祭天地）时还必须连带祭日月。在坛上祭日，在坎内祭月，以区别幽明上下；在东方祭日，在西方祭月，是因为日出于东，月生于西。天子祭天地的这些祭仪，目的在于使"阴阳长短，终始相巡以致天下之和"（《礼记·祭义》）。经过阴阳五行解释的祭仪，为此后历代的皇帝所遵从，也可以说是不得不遵从，否则就有违天意，就不能作为天在人间的代表即天子。时至今日，人们再也无缘看到所谓天子的祭祀活动，但如果知道这些，也就能明白，为什么天坛是设在故宫的南方，地坛是设在故宫的北方，日坛是在故宫的东方，月坛是在故宫的西方。这其中的道理，就是阴阳五行。

　　从人情方面看，礼乐仁义是顺乎人性而节制人的欲望。人禀受了阴阳之性，体现了五行的秀气，是万物之灵，是"天地之心，五行之端"。但人也有受外物刺激而产生种种欲望的一面，所以需要有礼乐仁义为节制。这种看法，其实也就是要通过礼乐仁义来节制人的种种欲望，同时引导人去自觉遵守礼乐仁义的种种规定，自觉维护宗法制度。所以，"凡治人之道，莫急于礼。礼有五经，莫重于祭。夫祭者，非物自外至者也，自中出生于心也，心怵而奉之以礼"（《礼记·祭统》）。如果说阴阳家讲四时、五行等使人拘束而多畏惧，畏的是天地之道，那么儒家运用阴阳五行让人拘束而多畏惧，不但是敬畏天地之道，也是对礼乐仁义等伦常规范要有虔诚的敬畏之心。

《礼记》依阴阳五行将天地、阴阳、春夏秋冬和仁义礼乐对应起来，自然、社会、人事以及个体人生，完全和谐、协调，构成一个系统。在这一系统中，世界万事万物依照同一模式和原理发挥各自的功能。如果这一系统中某一事物出现不协调的情况，如自然界出现异常情况，人间的伦常遭到破坏，也都与其他事物相关。如"男教不修，阳事不得，适见于天，日为之食；妇顺不修，阴事不得，适见于天，月为之食"（《礼记·昏义》）。这也就是天人感应，再进一步就是阴阳灾异。

从《礼记》来看，儒家对阴阳家思想的运用和道家对阴阳家思想的融摄是有所不同的。道家是在以道为根本的前提下融摄阴阳五行，在运用阴阳五行描述解释世界之际，也对阴阳五行做了本体论论证；儒家则是用阴阳五行来论证礼乐仁义的来源和合理性及必要性，它对阴阳五行说的发展就是将阴阳五行和仁义礼乐结合起来。因此，可以说儒家思想的理论深度难以与道家匹敌，换言之，《礼记》的思想深度难以与《淮南子》相抗衡。但是，儒家有它独到的长处，即在现实事务的处理上，它远比道家更为有用、有效，特别是在维护君权和宗法伦常制度方面。所以，虽然在汉初七十年，在统治理论和方略的探索过程中，道家黄老之学一直居于主导地位，儒家是在与之进行艰难的抗争中发展，但是，一旦这种探索已足够充分，牢固确立某种理论为统治理论和治国方略的时机成熟，儒家的优势就表现出来。汉初七十年，道家黄老之学一直占上风，但未能击破儒家，而儒家一旦占上风，就在政治事务领域将道家驱逐出去，原因也就在这里。

汉初儒者不但在《礼记》中用阴阳五行改造和发展先秦儒学，而且在治其他经典如《尚书》《诗经》时也努力用阴阳五行解释、论证儒家学说。如伏生所传《今文尚书》，当时最流行的是《洪范》篇，而伏生所作《尚书五行传》据说也是用阴阳五行论述儒家学说。辕固生所传《齐诗》，有五际六情之说，据后世注家所言也是如此。董仲舒正是顺应这种潮流，"以《春秋》灾异之变推阴阳所以错行"，将儒学阴阳五行化。阴阳五行化的儒学取得正统地位之际，阴阳家也就在取得正统地位之际被消化了。阴阳家消融于儒家之中，也被融摄于道家之中，从而可以说明阴阳家消融之际，也就是它的思想广泛地散布于中国文化的各个角落之时。

第二节　董仲舒的儒学革命

董仲舒（前179—前104）无疑是西汉时用阴阳五行论证儒家伦理，将儒学阴阳五行化的代表人物。董仲舒阴阳五行化的儒学，将儒家的基本理论与阴阳家的阴阳五行理论糅合为一，对于先秦儒学而言，是一场儒学的革命。正是经过这场革命，儒家思想得以复兴，并取得了独尊的地位。因此，虽然现代有些学者指斥董仲舒为阴阳家，但在传统社会里，大多数学者还是奉董仲舒为正统儒家，所谓"醇儒"。

董仲舒早年治《公羊春秋》，《汉书·董仲舒传》说他治学专心致志，"三年不窥园"。《史记·儒林列传》认为当时研究《春秋》，很难有人能与董仲舒匹敌，"汉兴至于五世之间，唯董仲舒名为明于《春秋》"。《汉书·五行志》言："汉兴，承秦灭学之后，景、武之世，董仲舒治《公羊春秋》，始推阴阳，为儒者宗。"汉景帝时，董仲舒为博士。其时，因尚以黄老之学为重，董仲舒并不受朝廷重用。在士林之中，董仲舒以治学专精，进退容止，非礼不行，而受人尊重，"学士皆师尊之"。

汉武帝时，选贤良文学之士，由武帝亲自册问，贤良们对策。董仲舒三上对策，即著名的"天人三策"，受到汉武帝的激赏，时年董仲舒三十九岁。以此为契机，董仲舒系统地提出他的以天人感应为主导的理论体系。在嗣后的三十多年中，董仲舒虽然也曾做过江都易王刘非、胶西王刘端之国相，也曾干过类似用土龙祈雨之事，但主要的精力还是放在治学著书方面。当然，朝廷里遇到一些大事，少不了向董仲舒征求建议，而董仲舒对朝中发生的大事如宫廷起火之类也要提一些自己的看法。董仲舒一生著述繁多，《汉书·艺文志》著录一百二十三篇，但流传至今的著作只有《春秋繁露》；并有言论文字散见于《史记·儒林列传》《汉书·董仲舒传》《汉书·五行志》《汉书·艺文志》《汉书·食货志》等，后人将这些材料编为《董子文集》。

董仲舒据汉武帝"垂问乎天人之应"的需要和自己"三年不窥园"苦心冥思的结果，建立了天人感应的理论体系。他在"对策"中说道："臣谨案《春秋》之中，视前世已行之事，以观天人相与之际，甚可畏也。"所谓《春秋》大义，在董仲舒看来，就是"屈民而伸君，屈君而伸天"。董仲舒所说的"天"是有喜怒，司赏罚，有绝对权威的至上神，也是与其他因素相配合、相联系的整体，这两者在董仲舒的思想体系里常常是连而为一的。天既是至上神，是整体，也是整体的一个组成部分。

董仲舒认为，作为至上神的整体的天，共由十大要素组成，即十端。"天有十端，十端而止已。天为一端，地为一端，阴为一端，阳为一端，火为一端，金为一端，木为一端，水为一端，土为一端，人为一端，凡十端而毕，天之数也。"（《春秋繁露·官制象天》）"天有十端"的"天"是作为整体的天，即有智力有意志的自然，而"天为一端"的"天"则是作为整体中的一项（端），是与"地"相对的物质。作为整体的天，包含了天、地、阴、阳、火、金、木、水、土、人十项。

构成天的这十项因素组合而成阴阳、五行、四时，"天地之气，合而为一，分为阴阳，判为四时，列为五行"（《春秋繁露·五行相生》）。关于阴阳之气，董仲舒说："天地之间，有阴阳之气，常渐人者，若水常渐鱼也，所以异于水者，可见与不可见耳，其澹澹也。"（《春秋繁露·天地阴阳》）这就是说，天地之间充满阴阳之气，并浸染着人，就像鱼在水中一样，人生活在阴阳二气之中，只是水看得见而阴阳之气却看不见。

关于五行，董仲舒认为："天有五行，一曰木，二曰火，三曰土，四曰金，五曰水。木，五行之始也。水，五行之终也。土，五行之中也。此其天次之序也。"（《春秋繁露·五行之义》）又说："行者，行也，其行不同，故谓之五行。五行者，五官也，比相生而间相胜也。"（《春秋繁露·五行相生》）天通过五行的次序来显示其意志。这里，五行有两种基本顺次：一是"比相生"，即木生火，火生土，土生金，金生水，水生木；二是"间相胜"，即金胜木，中间隔着水，水胜火，中间隔着木，木胜土，中间隔着火，火胜金，中间隔着土，土胜水，中间隔着金。

五行中的木火金水，分别代表春夏秋冬四时和东南西北四个方位，土则在中央策应。董仲舒认为："五行之随，各如其序，五行之官，各致其能。是故木居东方而主春气，火居南方而主夏气，金居西方而主秋气，水居北方而主冬气。是故木主生而金主杀，火主暑而水主寒。……土居中央，为之天润。土者，天之股肱也。其德茂美，不可名以一时之事，故五行而四时者，土兼之也。"（《春秋繁露·五行之义》）随着木火金水所代表的春夏秋冬之气的盛衰变化，四时就会发生循环变化；而春夏秋冬之气的盛衰变化，则是由阴阳变化而引起的，所以，阴阳之气变化引起五行及所代表的春夏秋冬之气的变化，最终引起四时（季）的不断变化循环。

董仲舒认为，天的运行规律是相反的两体事物不能同时出现。"阴与阳，相反之物也，故或出或入，或左或右。春俱南，秋俱北，夏交于前，冬交于后，并行而不同路，交会而各代理，此其文与？"（《春秋繁露·天道无二》）关于阴阳之气的位置及其变化，董仲舒认为："阳气始出东北而南行，就其位也；西转而北入，藏其休也。阴气始出东南而北行，亦就其位也；西转而南入，屏其伏也。是故阳以南方为位，以北方为休；阴以北方为位，以南方为伏。阳至其位而大暑热，阴至其位而大寒冻。"（《春秋繁露·阴阳位》）阴阳和五行相配合，导致四时的变化，"如金木水火，各奉其所主，以从阴阳，相与一力而并功。其实非独阴阳也，然而阴阳因之以起，助其所主。故少阳因木而起，助春之生也；太阳因火而起，助夏之养也；少阴因金而起，助秋之成也；太阴因水而起，助冬之藏也"（《春秋繁露·天辨在人》）。少阳和五行中的木相助，产生了春天，而有生发之功；太阳和五行中的火相助，产生了夏天，而有养育之功；少阴和五行中的金相助，产生了秋天，而有收成之功；太阴与水相助，产生了冬天，而有蓄藏之功。

天的十端"起于天，至于人而毕，毕之外，谓之物"（《春秋繁露·天地阴阳》）。所以，人超然于万物之上，为天下最可宝贵之存在。人之所以是天下最宝贵的，是因为天人相副。所谓相副，即相称、相同。人副天数，即人和天是相称的、相同的，人是天的副本。人受命于天。"为人者，天也。人之人本于天，天亦人之曾祖父也，此人之所以乃上类天也。人之形体，化天数而成；人之血气，化天志而仁；人之德行，化天理而义；人之好恶，化天之暖清；人之喜怒，化天之寒暑；人之受命，化天之四时。人生有喜怒哀乐之答，春秋冬夏之类也。喜，春之答也；怒，秋之答也；乐，夏之答也；哀，冬之答也。天之副在乎人，人之情性，有由天者矣。"（《春秋繁露·为人者天》）由于人的情性本于天，所以，天是有性情的："天无喜气，亦何以暖而春生育？天无怒气，亦何以清而秋杀就？天无乐气，亦何以疏阳而夏养长？天无哀气，亦何以激阴而冬闭藏？故曰：天乃有喜怒哀乐之行，人亦有春秋冬夏之气者，合类之谓也。"（《春秋繁露·天辨在人》）喜怒哀乐，是天和人所共有的。春天是喜气，夏天是乐气，秋天是怒气，冬天是哀气。

天和人一样有性情，人也和天一样，人形体构成等数目和天数相同。人的躯体有小节三百六十六块，和天的三百六十六日相同；人的躯体有大节十二块，和天的十二月相同；人体内的五脏，和天的五行数目相同；人有四肢，和天的四时数目相同。人的眼睛一睁一闭，像天的昼夜；人性情的刚柔，像天的冬夏；人的哀乐，像天的阴阳。而人的头像天容，眼睛耳朵像日月，呼吸像风气，等等，不一而足。总之，人本于天，天是人的曾祖父，人从形体到性情、意志等等都像天。一句话，就是人副天数。

人和天无论是在形体上，还是在意志、性情、品德等方面都相同，那么，天和人之间就存在着感应关系，天道和人事相通，二者构成一个具有互动、反馈功能的系统。由于天人存在感应关系，所以天会呈现某些物象，这些不是由人力造成而是自至的物象，是受命之符应，比如"西狩获麟"，是孔子受命于天的符应。

天和人作为一个反馈系统，其中间环节是帝王，董仲舒说："古之造文者，三画而连其中，谓之王。三画者，天地与人也，而连其中者，通其道也。取天地与人之中以为贯，而参通之，非王者孰能当是？是故王者唯天之施，施其时而成之，法其命而循之诸人，法其数而以起事，治其道而以出法，治其志而归之于仁。"（《春秋繁露·王道通三》）联系天人的是帝王，帝王受命于天，所以必须法天，遵从天的意志。天的春夏秋冬，就是人主的好恶喜怒，"人主立于生杀之位，与天共持变化之势，物莫不应天化。天地之化如四时。所好之风出，则为暖气而有生于俗。所恶之风出，则为清气而有杀于俗。喜则为暑气而有养长也，怒则为寒气而有闭塞也。人主以好恶喜怒变习俗，而天以暖清寒暑化草木。喜怒时而当则岁美，不时而妄则岁恶，天地人主一也"（《春秋繁露·王道通三》）。就是说，作为人主的帝的喜怒哀乐必须与天的春（暖）夏（暑）秋（清）冬（寒）相适合，才能岁美，否则将导致岁恶。总之，"与天同者大治，与天异者大乱"（《春秋繁露·阴阳义》）。

由于天人之间存在感应关系，如果人（尤其是作为人主的帝王）违背天的意志，天就会出现灾异来警告人，这些灾异可能是日食、地震、水灾、火灾，也可能是动植物的反常变例，如春天树木枯萎而秋天却长得茂盛等等。

董仲舒之所以深研《公羊春秋》，是因为其中记载很多灾异，而这些灾异之所以出现，乃是因为人的行为不当，有违天的意志，所以天才呈现这些灾异来警告人君（帝王）。在回答汉武帝的对策中，董仲舒系统论述了灾异说。如："国家将有失道之败，而天乃先出灾害以谴告之，不知自省，又出怪异以警惧之，尚不知变，而伤败乃至。"（《汉书·董仲舒传》）因此，灾异的原因是国家失道，天呈现灾害是因为天心仁爱人君而想阻止国家大乱。这就是董仲舒对

《春秋》所记载的灾异所做的解释。所以，他认为："孔子作《春秋》，上揆之天道，下质诸人情；参之于古，考之于今。故《春秋》之所讥，灾害之所加也；《春秋》之所恶，怪异之所施也。"（《汉书·董仲舒传》）

汉武帝建元六年（公元前135年），皇帝祭祖的地方长陵高园殿发生了火灾，不久，辽东的高庙发生火灾，董仲舒认为这是国家失道，所以天谴灾异。他不顾身患重疾，亲自给汉武帝写了一份奏章，奏章援引《春秋》记载的鲁定公和哀公时的灾异，论证忽视天谴灾异将导致亡国。定公二年五月两观发生火灾，是因为两观是僭越礼制之物。天火烧两观，就是说僭越礼制之臣可以除去。但是，定公毫不觉察。到哀公三年五月，桓宫、釐宫发生火灾，而哀公未觉察，因而四年六月，亳社又发生火灾。董仲舒认为："两观、桓、釐庙、亳社，四者皆不当立，天皆燔其不当立者以示鲁，欲其去乱臣而用圣人。"（《汉书·五行志》）高庙和高园殿之所以发生火灾，原因和鲁国的灾异相同，高庙于礼不应当建于辽东，高园殿于礼不应建在长陵旁边。虽然高庙和高园殿已经立了很久，但到了汉武帝，才到革除非礼、以顺天意的时机，所以，天在这时让高庙和高园殿发生火灾。董仲舒认为，这两起火灾，表明了这样的天意："当今之世，虽敝而重难，非以太平至公，不能治也。视亲戚贵属在诸侯远正最甚者，忍而诛之，如吾燔辽（东）高庙乃可；视近臣在国中处旁仄及贵而不正者，忍而诛之，如吾燔高园殿乃可。"（《汉书·五行志》）这份奏章被到董仲舒家的主父偃偷走，上奏武帝。武帝让诸儒讨论。董仲舒的弟子吕步舒不知道这是他老师写的，以为大愚。于是，武帝决定将董仲舒问罪处死，后又下诏赦免。

据《汉书·五行志》记载，其后汉朝果真有诸侯王和大臣谋乱。首先是淮南王刘安和武帝的舅舅太尉武安侯田蚡有叛逆之言。后来胶西于王、赵敬肃王、常山宪王都有违法行为，而淮南王、衡山王谋反，胶东王、江都王都知道，并暗中准备武器，以便策应。到元朔六年（公元前123年），才被发觉而伏诛。武帝想起董仲舒的奏章，觉得有道理，便让董仲舒的学生吕步舒主持审判淮南王，诸事先斩后奏，武帝一律加以肯定。

董仲舒不仅用阴阳五行学说论证君王的合法性，而且还用它对儒家伦理进行理论论证。儒家思想在它产生的时代及其以后的很长一段时间里，并不受君王的重视，与阴阳五行的流行恰成鲜明的对比。董仲舒为了宣扬儒家思想，利用流行的、为时人所接受的阴阳五行思想对儒家伦理的合法性、合理性进行论证。这样五行便由自然、人身之事而被推向政治和道德，道德政治化，而政治也道德化。

董仲舒认为："身之有性情也，若天之有阴阳也。言人之质而无其情，犹言天之阳而无其阴也。"（《春秋繁露·深察名号》）就是说，像天有阴和阳一样，人也有情和性。性与情蕴于内，性的外在表现是仁，情的外在表现就是贪，贪（其内为情）与仁（其内为性）正好与天的阴阳相对应，所谓"人之诚有贪有仁。仁贪之气，两在于身。身之名取诸天。天两有阴阳之施，身亦两有贪仁之性"。

值得注意的是，董仲舒分别在广狭两种意义使用"性"这一概念，广义的性即人性，包含人身上的情与性、贪与仁，这种人性观念，实融合了孟子的性善说和荀子的性恶说，而融合的方法是通过阴阳说来论证，情和性分别对应于天之阴阳。狭义上，性即孟子的性善论之性，即与情相对，对应于天之阳的性。

广义上的性包括为阳为仁的性和为阴为贪的情，"圣人之性"和"斗筲之性"分别代表广义的性中的两极，董仲舒认为："圣人之性不可以名性，斗筲之性又不可以名性，名性者，中民之性。"（《春秋繁露·实性》）圣人之性即狭义的为阳为仁的性，所以不是广义上的性；斗筲之性即为阴为贪的性，所以也不是广义上的性；中民之性既有为阳为仁的一面，又有为阴为贪的一面，所以是广义上的性。广义上的性（即中民之性）不能用性善来概括，只有当秉承天意的君王以圣人之性对中民之性进行教化，才能使中民之性放弃为阴为贪的一面，使为阳为仁的善的一面得到培养。斗筲之性因为先天只有为阴为贪的情的一面，没有为阳为仁的性的一面，所以不可教化，即孔子所谓朽木不可雕也。

在董仲舒看来，只有中民才是君王教化的对象。斗筲之性不可教，秉承天意有圣人之性的君王不用教，他是教化者，天在中民之性中播下了狭义的性，即善的种子，这一善的种子经过君王的培育教化，即可成善。所以，董仲舒说："天生民性，有善质而未能善，于是为之立王以善之，此天意也。民受未能善之性于天，而退受成性之教于王。"（《春秋繁露·深察名号》）又说："中民之性如茧如卵，卵待覆二十日而后能为雏，茧待缲以涫汤而后能为丝，性待渐于教训而后能为善。善，教训之所然也，非质朴之所能至也，故不谓性。"（《春秋繁露·实性》）君王像覆卵成雏、涫茧成丝一样，对中民之性中的善的种子进行培育，使之成为真正的善。因而，善的成立，必须依靠君王的教化，任性自然不可能成为善。

君王如何使中民之性中天赋的为性为阳的善质变成现实的善呢？董仲舒认为这就是三纲五常："循三纲五纪，通八端之理，忠信而博爱，敦厚而好礼，乃可谓善。"（《春秋繁露·深察名号》）中民之性虽然有善的种子，但如果他不接受三纲五常的教化，也不可能成为性善者。董仲舒举例说："性比于禾，善比于米，米出禾中，而禾未可全为米也。善出性中，而性未可全为善也。善与米，人之所继天而成于外，非在天所为之内也。"（《春秋繁露·深察名号》）因此，三纲五常是须臾不可离的，而人事之忠、孝便是取法于天之行和地之道。

董仲舒认为："天有五行：一曰木，二曰火，三曰土，四曰金，五曰水。木，五行之始也；水，五行之终也；土，五行之中也。此其天次之序也。木生火，火生土，土生金，金生水，水生木，此其父子也。木居左，金居右，火居前，水居后，土居中央，此其父子之序，相受而布。是故木受水，而火受木，土受火，金受土，水受金也。诸授之者，皆其父也，受之者，皆其子也。常因其父以使其子，天之道也。是故木已生而火养之，金已死而水藏之，火乐木而养以阳，水克金而丧以阴，土之事火竭其忠。故五行者，乃孝子忠臣之行也。"（《春秋繁露·五行之义》）五行之间的相生蕴含着父与子之间授和受的关系。授即授予，这是一切为父的行为；受即承受，这是一切为子的行为。五行之中，木受水，水是父，木是子；火受木，木是父，火是子；土受火，火是父，土是子；金受土，土是父，金是子；水受金，金是父，水是子。这是天然的顺序。作为父亲的可以支配儿子，儿子必须尽孝道。董仲舒认为，如果儿子迎养父亲，能够像火（阳气）那样喜乐木，儿子死了父亲，能够像水（阴气）那样收藏金，臣下为君主服务，能够像土敬天那样，这就可以叫做有品德的人了，即成为有忠孝之心的人了。子孝臣忠是五行所内在规定了的，一切人都必须服从它。

忠孝源于天地之道，三纲五常亦然。关于三纲，董仲舒在《春秋繁露·基义》中是这样论述的："天为君而覆露之，地为臣而持载之；阳为夫而生之，阴为妇而助之；春为父而生之，夏为子而养之；秋为死而棺之，冬为痛而丧之。王道之三纲，可求于天。"由此可见，三纲是天所安排的。君臣、父子、夫妇之间的关系，完全模仿天之阴阳关系。"君臣父子夫妇之义，皆取诸阴阳之道。君为阳，臣为阴；父为阳，子为阴；夫为阳，妻为阴。"（《春秋繁露·基义》）而天是贵阳贱阴的："天之志，常置阴空处，稍取之以为助。故刑者德之辅，阴者阳之助也，阳者岁之主也……天下之三王随阳而改正，天下之尊卑随阳而序位。幼者居阳之所少，老者居阳之所老，贵者居阳之所盛，贱者居阳之所衰。藏者，言其不得当阳。不当阳者臣子是也，当阳者君父是也。故人主南面，以阳为位也。阳贵而阴贱，天之制也。"（《春秋繁露·天辨在人》）既然君、父、夫为阳，臣、子、妇为阴，而天贵阳贱阴，所以君为臣纲、父为子纲、夫为妇纲乃是天的意志的表现，是合法合理的，"是故臣兼功于君，子兼功于父，妻兼功于夫，阴兼功于阳，地兼功于天"（《春秋繁露·基义》）。

关于五常，即五常之道，是董仲舒在回答汉武帝策问时提出的："夫仁、谊（义）、礼、知（智）、信五常之道，王者所当修饬也。五者修饬，故受天之祐，而享鬼神之灵，德施于方外，延及群生也。"（《汉书·董仲舒传》）可见，五常之道用处是很大的。五常的"仁"首先是爱人："仁之法，在爱人不在爱我。……人不被其爱，虽厚自爱，不予为仁。……仁者，爱人之名也。"（《春秋繁露·仁义法》）其次，仁又是圣人君王的本性，"故圣人法天而立道，亦溥爱而亡私，布德施仁以厚之，设谊（义）立礼以导之。……仁者，君之所以爱也"（《汉书·董仲舒传》）。君主无所不爱，所以成仁："质于爱民，以下至于鸟兽昆虫莫不爱。不爱，奚足谓仁。"（《春秋繁露·仁义法》）"义"，董仲舒认为是"以明尊卑之分"（《春秋繁露·盟会要》）。义要求每个成员都恪守自己的社会地位，又说："义之法，在正我，不在正人。我不自正，虽能正人，弗予为义。"（《春秋繁露·仁义法》）义就是每个人须自觉遵从自己所属的社会角色规定，完成角色职责。"礼"，即"序尊卑、贵贱、大小之位，而差外内、远近、新故之级者也"（《春秋繁露·奉本》），实际上就是社会地位与角色的要求。"智"则是人的才能的规范，一个人如果有才能但却不仁，"将以其材能以辅其邪狂之心，而赞其僻违之行，适足以大其非而甚其恶耳。其强足以覆过，其御足以犯诈，其慧足以惑愚，其辨足以饰非，其坚足以断辟，其严足以拒谏"（《春秋繁露·必仁且智》）。所以人的才能的发挥必须合乎仁，才是智。"信"，即"竭愚写情，不饰其过，所以为信也"（《春秋繁露·天地之行》），即一个人从语言到思想行为必须诚实。

董仲舒的三纲五常思想是对孔孟人伦思想的继承和发展，董仲舒的独到之处，在于用阴阳五行说论证其合法性。董仲舒以阴阳五行解释历史的变化，则有三统（三正）的循环史观。

三统，又名三正，即黑统、白统和赤统。董仲舒认为，历史就是黑统、白统和赤统的循环。董仲舒的这一历史观，是对邹衍五德终始的继承。邹衍以五行相胜解释历史，董仲舒用三统解释历史，历史的循环周期虽不相同，但他们关于当代表每一行或每一统的帝王将出现时，天将呈现相应的符应，应天意而出现的帝王须在制度上与每一行和一统相一致这一观念则是共同的。"三正以黑统初。正日月朔于营室，斗建寅。天统气始通化物，物见萌达，其色黑。故朝正服黑，首服藻黑，正路舆质黑，马黑，大节绶帻尚黑，旗黑，大宝玉黑，郊牲黑……正白统者，历正日月朔于虚，斗建丑。天统气始蜕化物，物初芽，其色白。故朝正服白，首服藻白，正路舆质白，马白，大节绶帻尚白，旗白，大宝玉白，郊牲白……正赤统者，历正日月朔于牵牛，斗建子。天统气始施化物，物始动，其色赤。故朝正服赤，首服藻赤，正路舆质赤，马赤，大节绶帻尚赤，旗赤，大宝玉赤，郊牲骍……"（《春秋繁露·三代改制质文》）每一王朝，代表不同的统（正），须改正朔，易服色："王者必受命而后王。王者必改正朔，易服色，制礼乐，一统于天下，所以明易姓，非继人，通以己受之于天也。王者受命而王，制此月以应变，故作科以奉天地，故谓之王正月也。"（《春秋繁露·三代改制质文》）所谓改正朔，易服色，就是在一年的十二个月中，有三个月可以作为正月（岁首），这三个月就是现在的农历十一月、十二月和正月。所谓"朔"，就是指农历每月初一日，朔日有从平旦、鸡鸣、夜半为开头三种算法。每一个新的王朝上台后，都必须改前一王朝的正朔时间，从上述三个月中选一个月为岁首（正月），选一个时刻为朔日起点，以顺应天意，这就叫做改正朔。除改正朔之外，尚须易服色，如果一个新王朝上台后，以农历正月为岁首，这时恰好植物处于萌芽状态，呈现为黑色，这个王朝就应该崇尚黑色；如果一个新王朝以农历十二月为岁首，这时植物刚好发芽，呈现白色，这个王朝就应崇尚白色；如果一个王朝以农历十一月为岁首，这时，"天统气始施化物，物始动，其色赤"，这个王朝应当崇尚赤色。以具体的历史为例，夏王朝是黑统，商王朝是白统，周王朝是赤统，所以，夏王朝以寅月（农历正月）为正月，色尚黑，商王朝以丑月（农历十二月）为正月，色尚白，周以子月（农历十一月）为正月，色尚赤。

和邹衍五德终始说不同，董仲舒认为，新王朝虽必须改正朔，易服色，但永恒的道和理却贯穿其中，是不可改变的。董仲舒认为："道之大原出于天，天不变，道亦不变。"（《汉书·董仲舒传》）所以他说："今所谓新王必改制者，非改其道，非变其理。受命于天，易姓更王，非继前王而王也。若一因前制，修故业，而无有所改，是与继前王而王者无以别。受命之君，天之所大显也。事父者承意，事君者仪志，事天亦然。今天大显己，物袭所代而率与同，则不显不明，非天志。故必徙居处、更称号、改正朔、易服色者，无他焉，不敢不顺天志而明自显也。若夫大纲、人伦、道理、政治、教化、习俗、文义尽如故，亦何改哉？故王者有改制之名，无易道之实。"（《春秋繁露·楚庄王》）这就是说，改正朔，易服色是顺应天意，显示与前代王朝的不同，而其中的大纲大节和伦理等等，是不用更改的。

总之，董仲舒利用阴阳家之阴阳五行观念，建立起以天人感应为主导的新儒学体系，这一体系的各个组成部分如人副天数、灾异谴告以及最根本的"循天""法天"等都没有多少新意，基本上都是袭自前人。但是，董仲舒把儒家思想的基本观念和道德理想纳入以阴阳五行为骨架的世界图式之中，使之成为宇宙纲纪的组成部分却是独创。这一独创性的学说可以说在利用阴阳家的时候也改造了阴阳家，在讲儒家的时候也改造了儒学。经由这一改造，儒家取得了独尊的地位，而且牢不可破，渗透到中华文化的方方面面，成为民族文化—心理的基元。至于阴阳家，到此可以说已经终结，作为一个独立的学派，它再也不存在；但阴阳家的观念即阴阳五行却由此成为中国文化中无所不在的幽灵。无论是哲学、宗教、文学、艺术、天文、医学，还是日常生活、政治、道德等等，其中都可以发现它的踪迹。可以说它也成为民族文化—心理的基元。当然，阴阳五行观念之所以能够在中国传统文化中有如此重大的影响，并不能说是董仲舒的功劳，甚至也不是阴阳家的功劳，但是阴阳家的提炼，董仲舒的推波助澜，都是不可抹杀的功绩。就此而言，董仲舒虽然不是阴阳家，但他对阴阳家的学说所做出的贡献是任何一个阴阳家都无法比肩的，也可以说他是最杰出的阴阳家。

第三节　儒学阴阳五行化的变异

西汉时期，官方正统理论是以董仲舒为代表的今文经学。这一将儒学阴阳五行化的经学中，天人感应是理论的核心，符命、谴告等阴阳灾异理论是其重要组成部分。在西汉哀平之际，承接董仲舒天人感应理论，而专言阴阳灾异、符命的谶纬之学（或称谶纬神学）开始兴起，到东汉时期而大盛于世。虽然谶纬之学与以董仲舒为代表的官方正统经学有相当大的差异，但也与今文经学有千丝万缕的联系，可以说谶纬之学是儒学阴阳五行化的变异。《四库全书总目提要·易类六》就是将谶纬之学（纬书）与其他经学家的著作如董仲舒的《春秋阴阳》混为一类。这种混同虽然有其失当之处，但也揭示了两者内在的相似性。

谶是"诡为隐语，预决吉凶"之类的预言；谶书，是卜筮占梦之类预卜吉凶的策书。谶与谶书起源较早，与儒家经义没有太大的关系。纬是相对于所谓经而言，是托言孔子解释经义的书。纬最先见于史籍记载，不早于汉成帝年间，即在将儒家经典奉为神圣后才出现。谶与纬虽然并不是一类，但当谶纬成为一种社会思潮时，二者就难以分开了。谶只有依傍经义才能收到宣传的社会效果，纬必须编造预言才能神化自己。所以谶中有纬，纬中有谶。关于谶纬的著作，有许多不同的名称。谶叫做"符命""谶记"，也叫"经谶"；纬也称"纬候"，因为有图有书，所以也称"图书""图纬""图谶"。由于自南北朝之刘宋时代开始禁绝谶纬（《隋书·经籍志》），嗣后隋炀帝时又对谶纬进行了毁灭性打击，唐代也坚决禁止，所以纬书自隋以后大都散佚，保留下来的只有残缺不全的易纬，其他片断残语散见于《书》经疏和各种类书中。自明代开始，有些人做了辑纬的工作，所以现在尚能探知一二。

纬书的内容十分复杂，有解释经义的，有讲天文、地理、历法、音律、史事、神话、典章制度、文字的等等，涉及自然、社会、经书等各个方面[①]。其核心是灾异、符命和三纲五常，思想上并没超出以阴

① 顾颉刚.汉代学术史略[M].北京：东方出版社，1996：118-124.

阳五行为骨架的天人感应论。

阴阳五行、天人感应贯穿谶纬。谶纬的阴阳五行说有三个特点，即主张阴阳和顺，把五行引向占验和把阴阳五行应用于自然、社会、历史、人事各个方面①。谶纬的基本主张是使阴阳和顺。调和阴阳，使阴阳和顺，其实也就是使天下太平，百姓安乐，这种思想反映了人们良好的愿望，自先秦时期就一直延续下来。谶纬把阴阳五行引向占验，纬书讲五行的相生相克，又讲五德之运和阴阳消息，都与占验结合起来。如《龙鱼河图》："伏牺氏王天下，有神龙负图出于黄河，法而效之，始画八卦，推阴阳之道，知吉凶所在，谓之河图"等等。其实，汉代的易学，特别是易纬就是将阴阳五行和八卦相配而用之于占验。纬书以阴阳五行为基讲占验，也是当时的大势所趋。谶纬把阴阳五行应用于自然、社会、历史、人事各个方面。如《乾凿度》："《易》者所以经天地，理人伦，而明王道。是故八卦以建，五气以立，五常以之行，象法乾坤，顺阴阳，以正君臣、父子、夫妇之义。"世界的各个方面，莫不有阴阳五行，也无不可以用阴阳五行来说明。

谶纬讲天人感应，主要强调依据天象来辨吉凶。这种观念，《左传》中有很多记载，董仲舒也再三言之，谶纬不过是推而广之。在谶纬中，凡好事即符合伦常道德的事，就找个祥瑞来应征，凡坏事就找个灾异来证明。但是，对同样的坏事，如"逆天地，绝人伦"可以有各种不同的灾异来反映，如"蚊蚕兴""夏雨雪""二日出相争"等等。天人感应论可以说在谶纬中无所不通。同一灾异现象如日食，可以反映人间各种坏事；某种坏事又可以反映为各种灾异。因为这种随意性，就可以编造大量的符瑞灾异，就看人是怎么利用了。如王莽代汉，就让人依据自然现象编造"汉历中衰"，反对王莽的人就编造黄

① 钟肇鹏.谶纬论略[M].沈阳：辽宁教育出版社，1991：90.

龙堕死的灾异来否定他。又如汉光武帝刘秀在和公孙述追逐帝位时，也围绕符命展开激烈的斗争。其实，依据天象来辨别吉凶，权且不管它科学与否，本身就有难以解决的矛盾。何事为吉，何事为凶，本身是由人决定的；每一个人对吉凶的解释不同，又附会到天象，而每一个人对天象的看法又不同，这是一种循环也是一种矛盾。

谶纬讲阴阳五行、天人感应并将之引向占验是与董仲舒一脉相通的，不同的是谶纬说得更加神异。在这一层意义上说，谶纬是阴阳五行化儒学的变异。再者，谶纬把孔子和孔子的弟子都奉若神明，而强调三纲五常，说明它骨子里还是儒学。孔子是他母亲与黑龙交媾而生，所以是玄圣，生有异相，胸口上还有"制作定，世符运"六字。可惜孔子生不逢时，"黑绿不代苍黄"，不能当皇帝，是没有王者位而有王者之德的"素王"。孔子的使命就是为天下后世立法，《春秋》《孝经》都是孔子受到鲁国端门血书的启示写的。孔子还知道周朝要灭亡，秦始皇要统一天下，还知道秦王朝要焚书，还知道秦王朝不会长久，预知"亡秦者胡"，还判定有仁德的庶人在民间兴起，代秦而王，等等。从正面说三纲五常很重要的例证，在纬书中也有不少，《礼含文嘉》《礼稽命征》《孝经援神契》《易纬乾凿度》《诗推度灾》等纬书中都有很多。但谶纬毕竟不是正统的儒学，虽然三纲五常是核心，但用灾异和符命等来讲这个核心，常常是掩盖了这一核心，而流于单纯的灾异和符命。由于灾异和符命人人可以利用，既可以用来论证所取得的权力的合法性，也可用来反对某种权力，帝王可以用它来压制平民百姓，平民百姓也可以用它反对帝王。所以，虽然谶纬之学也曾得到帝王们的嘉许，但始终没有成为官方正统。

谶纬在东汉曾盛极一时，并被尊为"内学""秘经"，但是为了政治上的稳定，思想界形成了一股很有力的反对谶纬的势力。两者的斗争，也迫使统治者将思想统治建立在正统经学之上。东汉章帝时期的白虎观会议形成的最后决议《白虎通》，虽然也大量采纳谶纬之学，但主导方面是今文经学和古文经学，即正统经学。谶纬之学，作为儒学的变异来看，可以说将三纲五常等等视为最基本的政治准则和伦理规范，并将之普及推广，实有功于儒学。同时，它也将卜筮、占验等等和阴阳家的阴阳五行紧密结合起来。自此以后阴阳家与各类术数密不可分，阴阳家成了术数家。阴阳家对中国传统的民族文化—心理的影响自此以后也主要是通过各类术数来体现。

谶纬之学兴起以后汉代儒学阴阳五行化的情况这里不再介绍，因为我们的重点不是讲儒学而是讲阴阳家。通过董仲舒的儒学革命和儒学阴阳五行化之变异的谶纬，我们基本上已勾勒出阴阳家思想的发展及其归宿。但是，这里有必要提一下刘歆的五德终始说，因为有人认为刘歆也是阴阳家。

刘歆是汉古文经学的倡导者，也是一位大讲阴阳灾异的人物。梁启超曾把刘歆和邹衍、董仲舒并列为三大阴阳家。但刘歆其实并没有多少理论方面的建树，他的成就也不在理论建树方面。不过，他的五德终始说对后世影响较大，也不能不提。按照刘歆的观点，王朝的更迭是按五行相生的顺序，即太昊帝木德→炎帝火德→黄帝土德→少昊帝金德→颛顼帝水德→帝喾木德→唐帝（尧）火德→虞帝（舜）土德→伯禹（禹）金德→成汤（殷）水德→武王（周）木德→秦伯（秦）水德→汉高祖皇帝（汉）火德（《汉书·律历志》）秦为水德，不符合五行相生的顺序，故在周、汉之间，霸而不王，是过渡。这种五德终始说与邹衍的不同是相生而不是相克。邹衍讲相克的五德终始，刘歆讲相生的五德终始，可能是对朝代更迭是以征诛的形式还是以"禅让"的形式的理解不同。可以说刘歆的相生的五德终始，在当时是为王莽造舆论，就是让汉天子将帝位"禅让"给王莽。

第四章　阴阳五行与易和医的结合

　　阴阳五行在汉代取得了支配地位，人们对自然、社会和人生的理解与把握总是在以阴阳五行为骨架的宇宙图式中进行。阴阳五行图式能够占据支配地位，与阴阳家的思想得到社会的认同、道家的融摄和儒家的运用推广都有密切的关系，而易学家的努力和医学家的运用也都功不可没。"《易》以道阴阳"，易学与阴阳思想本不可分，汉代易学家则运用阴阳五行解说《周易》，将阴阳五行与易之义理、象数熔铸为一，并依此来推测自然的变化和推断人事的吉凶。上古时期巫医不分，秦汉时期医学有很大的发展，阴阳五行广泛运用于把握、说明和治疗人这个生命有机体。

第一节　易象数学派

　　自汉至清，解《易》之人甚多，解《易》之书也可谓汗牛充栋。易学之派别，极言之，则义理与象数两派而已。《易传》解《易经》，义理与象数并重，逮及汉儒，始专重象数。汉代易学家从阴阳奇偶之数、卦爻象和八卦所象征的物象解释《周易》经传，由阴阳五行而言卦气，由卦气而言阴阳灾异，所谓"人事吉凶见乎其象"，此为象数一派。时至曹魏，王弼扫除汉代象数之学，对卦爻象和卦爻辞的解说主取义之说，注重义理，创建义理一派。要言之，象数一派，虽专重象数，未尝废义理，义理一派虽重无形之义理，但也未尝尽废象数。但因两者宗旨不同，遂为冰炭水火之势，易学由此一分为二。

易学一分为二，虽有种种历史的原因，但从理论上讲则是取决于双方对阴阳五行的不同态度。象数一派，将阴阳五行之论尽数收入，而构成先验的图式，并由图式而言灾变，注重占筮；义理一派，对阴阳五行之说虽多有汲取，但对纳甲等等弃而不论，将易学引向纯粹的思辨，而轻视占筮。笼统地说，象数与义理两派的分野即在于此。因此，讨论阴阳五行与易学的结合，可集中于汉代象数派易学如何运用阴阳五行之说。因汉象数派用阴阳五行释《易》，重卜筮占验，故原与阴阳家紧密联系的种种术数，亦可纳入《易》的名下而托庇于《易》。

《周易》本为卜筮之书，出于占筮，与推测人事吉凶和命运密不可分。《易传》解《易》，也不否认"断其吉凶"之功能。若断人事之吉凶，必不能离象数。《易传》讲阴阳，以阴阳解释《易》理，但也十分强调象数，所谓"参伍以变，错综其数。通其变，遂成天地之文。极其数，遂定天下之象"。所以《易传》也以阴阳解释象数，如《系辞》对卦象和爻象的解释。可以说，《易》经传其实都是以象数为本，由象数而明理，统合理、数、象而为占。《易传》以阴阳释《易》，已开用阴阳讲灾异之先河。卜筮占验本与阴阳灾异相近，汉代学人以《周易》之象数为本而纳入阴阳五行构造一时空交织的宇宙图式，占验人事的吉凶祸福，预言政治的成败兴衰，可以说是很切近《易》经传之原始的。因此，我们切不可认为汉易象数派的根是在阴阳家这一边。象数派只不过是援用阴阳家之说以解《易》，这也是当时的学风。

西汉学者解《易》，可分为古文经学和今文经学两大系统，依其所运用之原理、解释之方法和学术之旨趣，可归结为三种倾向：一是以孟喜和京房为代表的官方易学，属今文经学系统，此派讲卦气和阴阳灾变，为象数学派；一是以费直为代表的民间易学，属古文经学系统，此派以《易传》文意解经，注重义理，为义理派；一是以道家黄老之学解释《周易》，将易学与黄老学说结合起来，讲阴阳变异[①]。这三派中，最有影响的是孟京一派，他们是汉代易学的代表。

以孟喜、京房为代表的象数学派，是以阴阳五行来解《易》。孟喜是汉易中卦气说的倡导者。据《汉书·儒林传》，他是当时很有名气的今文经学家，参加过汉宣帝时的石渠阁会议。据说孟喜"得易家候阴阳灾变书"，而以阴阳解说《周易》，提出卦气说。孟喜的著作大多已失传，只有一部分保存在唐代僧一行的《卦议》中。据《卦议》所引孟喜之说，其特点是以《周易》卦象解说一年节气的变化，即以六十四卦配四时、十二月、二十四节气、七十二候，这就是所谓卦气。具体说来，就是从冬至初候开始，配以中孚卦，即"中孚用事"。一月的日数，等于策法中九六七八的总和即三十。每月配五个卦，每个卦主管六日余，即"卦以地六"。七十二候的两候之间，五日有余，故"候以天五"。五六相乘等于三十日，代表一个月，每一个月的气候都有变化，即"五六相乘，消息一变"。经十有二变即一年，又回到原初开始循环，所谓"十有二变而岁复初"。坎、震、离、兑四正卦，各主管二十四节气中的六个节气；一卦六爻，每一爻主管一个节气；四正卦的初爻，分别为冬至、夏至、春分、秋分。也就是说，"坎、震、离、兑，二十四气，次主一爻。其初则二至二分也"。孟喜又选十二辟卦代表一年十二月，即复卦为十一月中气（二十四节气分为节气和中气，月初称节，月中称中），代表十一

① 朱伯崑.易学哲学史：第一卷[M].北京：华夏出版社，1995：114-115.

月，临卦代表十二月，泰卦代表正月，大壮卦代表二月，夬卦代表三月，乾卦代表四月，姤卦代表五月，遁卦代表六月，否卦代表七月，观卦代表八月，剥卦代表九月，坤卦代表十月。之所以选此十二卦代表十二月，因为其中阴阳二爻的变化体现了阴阳二气的消长。从复到乾，阳爻逐渐增加，表示阳气从下往上增长，这是阴消阳息的过程，所以称此六卦为息卦；后六卦阴爻逐渐增加，阴气从下往上增长，是阳消阴息的过程，所以称为消卦。合称消息卦，表示一年中阴阳二气的相互消长。孟喜的这种卦气说，显然是基于当时人们对二十四节气、七十二候的区分，这种分法，在《吕氏春秋》和《淮南子》中都已见到。用六十四卦讲一年气候的变化，是将两者糅合起来，强调六十四卦的实际应用，并由此来讲阴阳灾异，使阴阳灾异之说有经典的和具体的根据。

孟喜发明了这一套卦气说之后，传于焦延寿，焦延寿传于京房。京房"以明灾异得幸，为石显所谮诛"，死于汉元帝建昭二年（公元前37年）。京房的著作，现在流传下来的有《京氏易传》三卷，其他均已散佚。京房以讲占候之术而闻名于当时，据《汉书·京房传》，"其说长于灾变，分六十四卦，更直日用事，以风雨寒温为候，各有占验"。孟康注云："分卦直日之法，一爻主一日，六十四卦为三百六十日。余四卦，震、离、兑、坎，为方伯监司之官。所以用震、离、兑、坎者，是二至二分用事之日，又是四时各专王之气。各卦主时，其占法各以其日观其善恶也。"由此可见，京房承接了孟喜的卦气说，又以阴阳五行说而对之加以改造发展。

京房认为，卦爻象同天地万物之象是一致的，体现了事物的阴阳之数和阴阳之象，所以能"定天地万物之情状"，察知事物之吉凶。所谓"生吉凶之义，始于五行，终于八卦。从无入有，见灾于星辰也。从有入无，见象于阴阳也。阴阳之义，岁月分也。岁月既分，吉凶定矣"（《京氏易传》卷下）。五行的运行告诉人的吉凶，其运行的法则体现在卦爻的变化之中。星辰的运行，示人的吉凶，有形可见，人见吉凶是"从无入有"；卦爻象的变化，示人以阴阳，无形可见，但同样显示吉凶之兆，所谓"从有入无"。"六爻之设出于蓍，蓍之得象而卦生。积算起于五行，五行正则吉，极则凶。"（《京氏易传》卷上）按照这种说法，《易》的根基就是阴阳五行，就是通过象数告诉人阴阳五行运转的变化和由此而来的吉凶祸福。

阴阳五行的变易有其时序，所以要讲卦气。京房在其《易传》中说："分六十四卦，配三百八十四爻，成万一千五百二十策，定气候二十四，考五行于运命，人事天道日月星辰局于指掌。"（《京氏易传》卷下）与孟喜不同的是，京房以六十四卦三百八十四爻纪一年的日数。日数的分配是：四正卦的初爻，即主二至二分之爻，各为一日八十分之七十三；颐、晋、升、大畜四卦，居四正卦之前，各为五日十四分；其余各卦，皆当六日七分。主管节气之卦，又于四正卦外增加巽艮。乾坤父母未纳入卦气，因为这两卦是阴阳二气的代表和二十四节气的根本。六子卦配节气，有的取初爻，有的取四爻，因为前者为下卦之始，后者为上卦之始，取其开始之义。同一卦，有的取初爻，有的取四爻，如立春坎则取初六，立夏坎则取六四，表示所代表的节气不同。六十四卦与四时、十二月、二十四节气、七十二候相配讲卦气，是阐明吉凶有时，而具体判断吉凶的一套占法在京房这里也很完备。

京房将八经卦的重卦称为"八宫"或"八纯"，每一宫卦又统领七个卦，这七个卦前五个卦分别为一世、二世、三世、四世、五世，第六卦为游魂，第七卦为归魂。按京房的说法："一世二世为地易，三世四世为人易，五世八纯为天易，游魂归魂为鬼易。"（《京氏易传》卷下）每宫中七卦的排列顺序，即从一世到归魂是这样安排的：

八宫中每一卦的上爻都与八纯卦中所有卦的上爻即乾、震、坎、艮、坤、巽、离、兑的上爻相同，如乾宫中所有卦的上爻都是阳爻等。其所属各卦，有一爻变的，即阴变阳或阳变阴，为一世卦，如乾宫中的姤卦，初爻为阴爻，即乾之初九所变，故姤为一世卦。依次类推，遁为二世卦，否为三世卦，观为四世观，剥为五世卦。游魂卦，即五世卦中的第四爻恢复到本宫纯卦第四爻，如乾宫中的剥卦六四变为九四而为晋卦，晋卦就是乾宫中的游魂卦。归魂卦，就是游魂卦的下卦恢复到本宫纯卦的下卦，如乾宫游魂晋卦下卦为乾就成了归魂卦大有。其他依次类推。将六十四卦分为八宫，就可以讲世应了。所谓世应，每一卦皆有一爻为主，为主之爻称为"居世""临世""治世"，与之相应之爻则为应。一卦六爻，初爻为元士，二爻为大夫，三爻为三公，四爻为诸侯，五爻为天子，上爻为宗庙。按世应说：初爻元士居世，则与四爻诸侯相应：二爻大夫居世，则与五爻天子相应；三爻三公临世，则与上爻宗庙相应；四爻诸侯临世，则与初爻元士相应；五爻天子临世，则与二爻大夫相应；上爻宗庙临世，则与三爻三公相应。由此，就可以定吉凶了。当然，为了吉凶定得更准确一些，还要明飞伏。飞指可见而现于外者，伏指不可见而藏于背后者。飞和伏都是指对立的卦象和爻象。如乾卦象，为可见者，为飞；其对立的卦象为坤，潜伏在乾象的背后，为不可见者，为伏。为具体依时断占，京房又将八宫卦各配以十天干，其各爻分别配以十二地支。即"分天地乾坤之象，益之以甲乙壬癸。震巽之象配庚辛，坎离之象配戊己，艮兑之象配丙丁。八卦分阴阳，六位五行，光明四通，变易立节"（《京氏易传》卷下）。所谓"六位五行"说是的五行配八宫卦及卦中的各爻，此为京房用五行解说《周易》的具体化。

京房首倡五行与《易》的结合，所谓"降五行"和"五行升降，以时消息"。五行配八宫卦就是乾兑金，坤艮土，震巽木，坎水，离火；配卦中各爻是乾卦初爻水、二爻木、三爻土、四爻水、五爻金、上爻土，坤卦初爻土、二爻火、三爻木、四爻土、五爻水、上爻金，等等。八宫卦为母，各爻为子，母子之间又按五行关系而有相生相克关系。在解释乾卦时，有"水配位为福德，木入金乡居宝贝，土临内象为父母，火来四上嫌相敌，金入金乡木渐微"（《京氏易传》卷上），就是乾为母，为金，初爻为水，母子是金生水的关系，为福德，等等，这就是把卦爻象所谓的吉凶，具体用五行关系来论证。此外，京房还以五星即土星镇、金星太白、水星太阴、木星岁、火星荧惑来配卦。五星配卦的顺序是土金水木火五行相生，从乾宫乾卦配起，按八宫卦的卦序，依次而配，至终卦归妹，配岁星。这就是将有形和无形结合起来，也为从五星的运行来说明人事的吉凶提供了依据。

京房的一整套占法，如卦气、纳甲等等，均为后世象数派所继承，而从事占卜之人用之尤多。这种占法，试图将阴阳五行学说和《易》结合起来，构成一个时间和空间交织的宇宙图式，并由此图式而对人事的吉凶祸福做精确的计算和解释。虽然在现代大多数学者眼里，这不过是一种迷信，但其中所包含的把握自然、社会和人自身的努力也还有值得肯定的地方。从根本上说，易象数派用阴阳五行为骨架构筑的宇宙图式，与汉代儒、道两家所构筑的基本一致，不同的是易象数派的宇宙图式更加精细，也更加机械。把这一图式弄得更加庞大，也更显完备的是易纬。

第二节　世界的象数模拟

孟喜、京房的卦气说，从本质上讲是认为卦爻的变化体现着阴阳二气的变化和五行的生克，而阴阳五行的变化生克推动着、彰显着自然、社会和人事的变化。由此，人通过对卦爻变化的观察和把握就能察知天（神）意，预测天象的变化和人事的吉凶祸福。因此，他们才绞尽脑汁把天象、人事等等都塞入以阴阳五行为骨架的宇宙图式中去，进而把八卦和六十四卦与阴阳五行结合起来，将八卦和六十四卦看成是世界的模式。可以说，他们与汉代道家和儒家的不同之处，并不在于所构造的宇宙图式不同，而在于把这一宇宙图式与卦爻结合起来，用卦爻的变化来解释和把握世界。这就是把象数作为表意符号系统，用象数模拟和解释整个世界，从而把用象数构造起来的世界当作现实的世界，认为把握了象数的变化和吉凶就是把握了世界的变化和吉凶。孟喜、京房之后，易纬于此更是变本加厉，而直至东汉末年郑玄的十二爻辰，荀爽、虞翻的升降、卦变之说都是直承易纬而远接孟、京。

易纬在总体倾向上也是以讲阴阳灾异为主。易纬类图书，较其他各类纬书来说保存得完整一些。这也因为官方和学者们对易纬的态度不同于对其他纬书。如《四库全书总目提要·易类六》评述《周易乾凿度》说："说者称其书出于先秦。自《后汉书》、南北朝诸史及唐人撰《五经正义》、李鼎祚作《周易集解》，征引最多，皆于易旨有所发明，较他纬独为醇正。至于太乙九宫、四正四维，皆本于十五之说，乃宋儒戴九履一之图所由出，朱子取之，列于《本义》图说。故程大昌谓汉魏以降言易学者皆宗而用之，非后世所托为，诚稽古者所不可废矣。"说《乾凿度》出于先秦，是未加考证核实之辞，但说它对后世易学产生深远影响实是不刊之论，可能正是由于后世学者认为《乾凿度》"独为醇正"，而其他易纬也有可取之处，故《乾凿度》《乾坤凿度》《稽览图》《通卦验》《是类谋》《坤灵图》等后人都辑有逸文。

清末吴翊寅《易汉学考》云："《易纬·乾凿度》为孟喜所述，

《稽览图》《通卦验》皆京房所述"。《乾凿度》等为孟喜、京房所述可能不一定正确，但易纬为孟京易学一派则基本上是可以肯定的。如《乾凿度》所谓"易者以言其德也，通情无门，藏神无内也。光明四通，效易立节"，"变易也者，其气也。天地不变，不能通气，五行迭终，四时更废，君臣取象，变节相移（和）。能消者息，必专者败……此其变易也"①，与《京氏易传》所谓"八卦分阴阳，六位五行，光明四通，变易立节。天地若不变易，不能通气，五行迭终，四时更废，变动不居"，基本一致。此外还有其他一些例证，《谶纬论略》一书举证颇多，兹不一一列举。此处所举出的这段话，基本上代表了易纬对以卦爻模拟天地万物和人事的基本立场。这就是说，宇宙是一气化流行的宇宙，五行的更迭、四时的变化乃至仁义礼智信五常都是天地之气的运行变化。"圣人因阴阳，定消息，立乾坤，以统天地"的根源就在于此。

《乾凿度》述乾坤、万物的生成和卦之来源，有所谓："夫有形者生于无形，则乾坤安从生？故曰：有太易，有太初，有太始，有太素。太易者，未见气。太初者，气之始。太始者，形之始。太素者，质之始。气形质具而未相离，故曰浑沦。言万物相浑沦而未相离，视之不见，听之不闻，循之不得，故曰易也。易无形埒也。易变而为一，一变而为七，七变而为九。九者，气变之究也，乃复变而为一。一者形变之始，清轻上为天，浊重下为地。物有始，有壮，有究，故三画而成乾。乾坤相并俱生。物有阴阳，因而重之，故六画而成卦。卦者挂也，挂万物，视而见之，故三画已下为地，四画已上为天。"乾坤卦画是有形的，有形生于无形，乾坤也是从无形中产生的。有形之物的生成都经过太初、太始、太素三个阶段，这三个阶段以数而言

---

① 本书所引《乾凿度》文字，据（清）赵在翰辑，钟肇鹏，萧文郁点校：《七纬》，北京，中华书局，2012。

就是一、七、九。郑玄注谓："太易变而为一，谓变为太初也。一变而为七，谓变为太始也。七变而为九，谓变为太素也。"又说一主北方阳气初生，七主南方阳气壮盛，九为西方阳气之终究，所以说"九者气变之究也"。"乃复变而为一"，郑玄注说，依上文意，"一变误耳，当为二。二变而为六，六变而为八"，指偶数和阴气变化的过程。依此，太易既变出阳气之数，又变出阴气之数。"一者形变之始"，郑注说当作"二，阴数也，言形变之始"，二即下文说的有形之物天和地。阳气清轻上升形成天，阴气浊重下降形成地。有了阴阳之数和天地之形，也就有了乾坤两卦象：一七九为乾卦象，此即"三画而成乾"；有了乾卦象，也就有了坤卦象，因为太易又变出偶数二四六。所以说"乾坤相并俱生"。乾坤两卦象，因而重之，此即"六画而成卦"。乾坤两卦象的起源同宇宙天地的起源是联为一体的，因此卦爻的变化就体现了天地万物的变化。气的变化具有数的规定性，阳气的变化为一、七、九，阴气的变化为二、六、八，因此，筮法中的七八九六便成为阴阳二气变化的代表（符号），奇偶之数的变化也就可以说明节气的变化和世界的变化过程。这就是以象数模拟世界的理论基础。由此理论基础，象数模拟的世界就成了真实的现实世界，通过象数的变化就能把握现实世界的变化。模拟世界的象数框架，有卦爻架设起来的框架和易数架设起来的框架。卦爻架设起来的框架即以八卦配四时、十二月、二十四节气、七十二候，用易数架设的即"太乙九宫"。

《乾凿度》说："阳动而进，阴动而退，故阳以七、阴以八为象。易一阴一阳，合而为十五，之谓道。阳变七之九，阴变八之六，亦合于十五，则象变之数若一。阳动而进，变七之九，象其气之息也。阴动而退，变八之六，象其气之消也。故太一取其数以行九宫，四正四维，皆合于十五。五音六律七宿，由此作焉。八卦之生物也，画六爻之移气，周而从卦。八卦数二十四，以生阴阳，衍之皆合之于度量。……大衍之数必五十，以成变化而行鬼神也。"所谓"象"，依郑玄注，即筮法中的七八之数和少阴少阳之象，乃不变之爻，故称为象。六九之数和老阴老阳之象，为可变之爻，故称为变。七、九为阳数，六、八为阴数，阳主前进，阴主后退；阳数前进止于九，阴数后退止于六，象阴阳二气之消息。就阴阳之数而言，阳七阴八为不变爻之数，两者相加为十五，阳九阴六为可变爻之数，相加也等于十五，所以"象变之数若一"。太一取阴阳之数，运行于九宫之中，九宫有四正四维，其数相加也都等于十五。由四正四维加上中央组成的九宫，横看、竖看、斜看，都是十五。于是易纬就用此组成了一个九宫图框架，用阴阳之数，说明一年节气的变化。

九宫的说法，本于《礼记》的"明堂阴阳说"。《大戴礼记·明堂篇》说明堂有"九室"，其形状上圆下方，象天圆地方、天覆地载。其数为"二、九、四、七、五、三、六、一、八"；据说这九个数目是五行生成之数，明堂九室即取法于此。四正四维，本于《说卦》，讲的是八卦的排列，按郑玄注：震兑离坎四卦居于东西南北四正位，即四正；乾坤巽艮四卦居于西北、西南、东南、东北四角，即四维。四正四维是八卦神所居，故也名之为"宫"。"太一取其数以行九宫"，按郑玄的说法，就是太一在九宫中运行，始于坎宫一，其次入坤宫二，其次入震宫三，其次入巽宫四，然后入中宫五休息，而后又入乾宫六，依次入兑宫七、艮宫八，到离宫九告一段落，如此循环往复。太一运行于九宫，五音、六律、七宿都由九宫中兴起，五音配十干，六律配十二支，七宿即二十八宿，其数相加为五十。所以说"大衍之数必五十"，可以"成变化而行鬼神"。这样，九宫图就囊括了所有的天象和人事，所谓"凡五十所以大阂物而出之者也"。这个把五行和八卦结合在一起的九宫图，到宋代被易图书学派所吸收；

有人视之为河图，有人视之为洛书。

四正四维的卦位排列，《乾凿度》论之尤详。八卦的方位，不但是四时生长万物之秩序的体现，也是人伦之道的逻辑体现。"震生物于东方，位在二月；巽散之于东南，位在四月；离长之于南方，位在五月；坤养之于西南方，位在六月；兑收之于西方，位在八月；乾剥之于西北方，位在十月；坎藏之于北方，位在十一月；艮终始之于东北方，位在十二月。八卦之气终，则四正四维之分明，生长收藏之道备，阴阳之体定，神明之德通，而万物各以其类成矣，皆易之所包也。"这就是说，坎离震兑四正卦和乾坤巽艮四维卦，各居自己的方位，主持四时的变化，体现一年四季阴阳消长的过程和万物生长收藏的顺序。之所以这样排列，特别是将作为阴阳之根本的乾坤两卦作为四维之卦，因为"四维正纪"，四维之卦标志阴阳二气运行的始终，以为四时之纪。阳气从十月开始萌生，到十二月形成，乾居西北，就是表示阳气开始萌生；阴气开始于四月，形成于六月，所以坤居西南。坤不像乾居于阳气开始的位置那样居于阴气开始的位置，因为不能同乾抗衡，表示以卑顺为美德，以成就阳的事业，所以要立于它形成的正位。这也是因为阳为君道，主倡始；阴为臣道，主守成；君臣各有定分，阴阳各有职守。这也正是人伦之道。即"人生而应八卦之体，得五气以为五常，仁义礼智信是也"。五气，即五行之气。五行之气为五常即以五行配五常。五行主四时，四时分属于卦气，卦气也就有五常的品性。震位东方，阳气始生，万物方出，为仁；万物成于离，离位南方，阴阳得正于下上，表尊卑之象，定礼之序，为礼；兑位西方，阴气治理万物而万物各得其宜，其德为义；坎位北方，阴气中含阳气，其德为信；中央统率四方，是四维之所系，善于决断，其德为智。因此，五常的秩序与万物生长的秩序是一致的，"故道兴于仁，立于礼，理于义，定于信，成于智。五者道德之分、天人之际也，圣人所以通天意，理人伦，而明至道也"。由此可以看出，象数的世界不仅表征着自然的世界，而且表征着人伦之道，自然现象和社会现象都在象数的统摄之下。

象数统摄自然、社会、天人，因此是一体。易纬推展《系辞》所谓"三才之道"，认为三者共通共同。"易有六位三才，天地人道之分际也。三才之道，天、地、人也。天有阴阳，地有柔刚，人有仁义，法此三者，故生六位。六位之变，阳爻者制于天也，阴爻者系于地也。天动而施曰仁，地静而理曰义。仁成而上，义成而下，上者专制，下者顺从。正形于人，则道德立而尊卑定矣。"（《乾凿度》）这就是将天道、地道、人道合而为一，以阴阳、动静、柔刚比附仁义，再将此比附为君臣、上下、尊卑、专制与顺从。这与《系辞》相比，更是竭尽牵强附会之能事。但是，在易纬作者眼里，这是合理的，因为都遵从象数变化的规律，而《易》也就是"经天地，理人伦，而明王道"的书。"《易》者所以经天地，理人伦，而明王道。是故八卦以建，五气以立，五常以之行。象法乾坤，顺阴阳，以正君臣、父子、夫妇之义。"（《乾凿度》）八卦、阴阳五行等等经纬天地、调理人伦、显明王道，是宇宙自然秩序的显现，也是人间伦常秩序的体现，更是政治秩序的展示。因此，天象、人事都应该遵从象数的秩序，一旦这一秩序被实实在在遵从，"于是人民乃治，君亲以尊，臣子以顺，群生和洽，各安其性"（《乾凿度》）。如若不然，则凶、则有祸、则必败。

象数的秩序就是天象与人事秩序的体现，所以可以通过卦气的顺序来把握、预测吉凶祸福。如果一年四季气候的变化符合卦气的顺序，就说明阴阳调和，天下太平；如果不符合，即当寒而不寒，当温而不温，则说明阴阳不调，天下不太平，王朝必有动乱。这就是易纬的预测学。在易纬中，可以看到许多讲效验的说法，"设卦观象"的根本目的，就是知存亡得失。"设卦观象，以知存亡。夫八卦谬乱则纲纪败坏，日月星辰失其行，阴阳不和，四时易政。八卦气不效，则灾异气臻，八卦气应失常。"（《通卦验》）这种视八卦之气决定自然界和人类生活的命运的观点，根柢上是天人感应，也可以说是宇宙全息或感应。与董仲舒的天人感应相比，这更加具有可操作性。人们只要依照以阴阳五行为骨架搭起来的象数模式，按照所说的种种占法，就能够进行对吉凶祸福的预测和把握。

世界的象数模拟，准确地说，是用象数组建世界，可以说是一种将世界系统化的努力。但是，这种系统化采用机械对应的方法，将世界的组成要素即自然、社会、人生等等一一排列起来，最终只能导向某种类型的神秘主义。表面上看，用象数组建世界是一种可知论，即把握了象数变化的规律便等同于把握了世界运行、发展、变化的规律。换言之，掌握了某种术数，就可以解释过去，把握现在，预测将来。但是，这本质上又是一种不可知论，因为人只有把握象数才能把握世界，世界对于没有把握象数的人来说是不可知的。换言之，世界的可知性是因为象数的存在，一旦象数不存在，世界就不可知。这种不可知论的麻烦在于，象数可能与天启的真理一样是错的。象数的对错即所掌握的术数的对错又必须靠现实世界的验证，所以象数规律本身就值得怀疑，象数与世界联系的必然性也值得怀疑。由此，我们既不能证明我们必须去掌握某种术数或象数规律，也不能证明象数本身是真实的世界图式。因此，纯粹从逻辑上讲，以象数组建世界只是一种神秘主义，并不能导向对世界的真实的认识。如王夫之所言："盖（京）房之为术，以小智立一成之象数，天地之化，且受其割裂，圣人之教，且恣其削补。……取天地人物、古今王霸、学术治功，断其长，擢其短，令整齐瓜分如弈者之局，厨人之刌也，此愚所以闻邵子之言而疑也，而况房哉。"（《读通鉴论》卷四）时至今日，在现代科学文明的熏陶之下，人们对象数之学批判更多。但是，无论我们现在怎么样怀疑它、批判它，说它是神秘也好，虚妄也罢，象数模拟世界的两个基本点即天人相通（感应或合一）和阴阳五行为骨架的世界图式，却是在中国传统社会中行之久远，而卜筮占验之类的术数和医经、经方、房中、神仙之类的方技也具有极大的市场。在此，我们要看一看与人的死生有极大关系的方技之一——医。现代人视占卜推算、风水堪舆等等术数为迷信，而中医却被视为科学，至少也是准科学。但是，医与卜筮在根柢上却是相通的，其理论基础都是阴阳五行。由卜筮可以论国家政事之得失，而良医也"论病以及国，原诊以知政"。

第三节　阴阳调和之医道

《汉书·艺文志·方技略》著录"医经"7家，216卷；"经方"11家，274卷。其中，医经是理论性和综合性的医书，经方是病方类的医书。《汉志》言："医经者，原人血脉、经络、骨髓、阴阳表里，以起百病之本，死生之分，而用度箴石汤火所施，调百药齐和之所宜。至齐之得，犹慈石取铁，以物相使。拙者失理，以愈为剧，以生为死。"所谓医经，就是通过对人的生理的探原，而探求病理之所在，进而采取适宜的治疗方法。因而，医者的关键就是要明理（生理、病理），依医经首列之《黄帝内经》[①]，理之根本就是阴阳五行。

阴阳学说，是医学的理论基础。如同离了阴阳就无《易》一样，离了阴阳也就无医。《黄帝内经》有云："阴阳者，天地之道也。万物之纲纪，变化之父母，生杀之本始，神明之府也。治病必求于本。"（《素问·阴阳应象大论》）阴阳，是天地之道，万物的纲

---

① 本书所引《黄帝内经》文字，据（清）张志聪集注，方春阳等点校：《黄帝内经集注》，杭州，浙江古籍出版社，2002年。标点符号据文意间有调整。

纪，变化的父母，万物的生杀莫不以阴阳为本始，变化流行都由此而出，因此治病必须以阴阳为本。治病以阴阳为本，是把人与天地万物作为一个整体来看的。阴阳是天地万物的根本，因而也是人的根本，人与天地万物一体。

人与天地万物一体，故修养之道，就是"法于阴阳，和于术数"（《素问·上古天真论》）。取法阴阳而调养精气，是因为："阴阳四时者，万物之终始也，死生之本也。逆之则灾害生，从之则苛疾不起，是谓得道。"（《素问·四气调神大论》）上古之真人，"提挈天地，把握阴阳，呼吸精气，独立守神"，故能与天地同寿，无有终极之时。故精于医道之贤人，"法则天地，象似日月，辨列星辰，逆从阴阳，分别四时，将从上古，合同于道。"（《素问·上古天真论》）法天地阴阳之理，行针砭药石之术，而积精全神，益寿强命。修养和治病之道，都要"法则天地"，是因为人副天数，人之形象精神均与天相符。"天不足西北，故西北方阴也，而人右耳目不如左明也。地不满东南，故东南方阳也，而人左手足不如右强也。"（《素问·阴阳应象大论》）天为阳，天不足西北，因西北为阴；地为阴，东南为阳方，所以地不满东南。所以人的耳目之左明于右，因为阳胜于东南；手足之右强于左，因阴强西北。人身之阴阳的强弱与天是一致的，人身就是一个小天地。"天有日月，人有两目。地有九州，人有九窍。天有风雨，人有喜怒。天有雷电，人有音声。天有四时，人有四肢。天有五音，人有五脏。天有六律，人有六腑。""地有十二经水，人有十二经脉。""岁有三百六十五日，人有三百六十节。"（《黄帝内经·灵枢·邪客》）人的四肢九窍、五脏六腑等等，均与天地相对应，大地有什么，人就有什么，人是天地的副本。这与秦汉时期的人副天数论是一致的。对此，我们可以说是因为人有什么，才想出天有什么，而组成一一对应的关系。这种对人体的解释表现出对人的结构与功能的原因的探求，与所谓上帝按照他自己的形象造人从根基和源头上讲并无二致，也有其存在的合理性。

人体的结构与天一致，人体生理机能的运行也与天地一致。"清阳为天，浊阴为地，地气上为云，天气下为雨。雨出地气，云出天气。故清阳出上窍，浊阴出下窍；清阳发腠理，浊阴走五脏；清阳实四肢，浊阴归六腑"；"天有四时五行，以生长收藏，以生寒、暑、燥、湿、风。人有五藏，化五气，以生喜、怒、悲、忧、恐"（《素问·阴阳应象大论》）。因此，可以把人体的各部分器官和心理感情、生理功能与五行等对应排列起来。《素问·金匮真言论》中岐伯言五藏与天之阴阳四时为：

> 东方青色，入通于肝，开窍于目，藏精于肝，其病发惊骇，其味酸，其类草木，其畜鸡，其谷麦，其应四时，上为岁星，是以春气在头也。是以知病之在筋也。其音角，其数八，其臭臊。
>
> 南方赤色，入通于心，开窍于耳，藏精于心，故病在五脏，其味苦，其类火，其畜羊，其谷黍，其应四时，上为荧惑星，是以知病之在脉也。其音微，其数七，其臭焦。
>
> 中央黄色，入通于脾，开窍于口，藏精于脾，故病在舌本，其味甘，其类土，其畜牛，其谷稷，其应四时，上为镇星，是以知病之在肉也。其音宫，其数五，其臭香。
>
> 西方白色，入通于肺，开窍于鼻，藏精于肺，故病在背，其味辛，其类金，其畜马，其谷稻，其应四时，上为太白星，是以知病之在皮毛也。其音商，其数九，其臭腥。
>
> 北方黑色，入通于肾，开窍于二阴，藏精于肾，故病在溪，其味咸，其类水，其畜彘，其谷豆，其应四时，上为辰星，是以知病之在骨也。其音羽，其数六，其臭腐。

肝、心、脾、肺、肾五脏与木、火、土、金、水五行及东南中西北方五方等构成——对应的关系，这就是人体内脏的五行结构，即所谓五脏应四时五行的藏象。按五行理论，五行之间相生相胜，为一流转不息对待统一关系。医学讲藏象，也不是只讲五藏应四时五行的结构对应，也讲五藏生生的流行运转。据《素问·阴阳应象大论》五藏生生之象如下：

东方生风，风生木，木生酸，酸生肝，肝生筋，筋生心。肝主目，其在天为玄，在人为道，在地为化。化生五味，道生智，玄生神。神在天为风，在地为木，在体为筋，在脏为肝，在色为苍，在音为角，在声为呼，在变动为握，在窍为目，在味为酸，在志为怒。怒伤肝，悲胜怒；风伤筋，燥胜风；酸伤筋，辛胜酸。

南方生热，热生火，火生苦，苦生心，心生血，血生脾。心主舌，其在天为热，在地为火，在体为脉，在脏为心，在色为赤，在音为徵，在声为笑，在变动为忧，在窍为舌，在味为苦，在志为喜。喜伤心，恐胜喜；热伤气，寒胜热；苦伤气，咸胜苦。

中央生湿，湿生土，土生甘，甘生脾，脾生肉，肉生肺。脾主口，其在天为湿，在地为土，在体为肉，在脏为脾，在色为黄，在音为宫，在声为歌，在变动为哕，在窍为口，在味为甘，在志为思。思伤脾，怒胜思；湿伤肉，风胜湿；甘伤肉，酸胜甘。

西方生燥，燥生金，金生辛，辛生肺，肺生皮毛，皮毛生肾。肺主鼻，其在天为燥，在地为金，在体为皮毛，在脏为肺，在色为白，在音为商，在声为哭，在变动为咳，在窍为鼻，在

味为辛，在志为忧。忧伤肺，喜胜忧；热伤皮毛，寒胜热；辛
伤皮毛，苦胜辛。

北方生寒，寒生水，水生咸，咸生肾，肾生骨髓，髓生肝。
肾主耳，其在天为寒，在地为水，在体为骨，在脏为肾，在色
为黑，在音为羽，在声为呻，在变动为栗，在窍为耳，在味为
咸，在志为恐。恐伤肾，思胜恐；寒伤血，燥胜寒；咸伤血，
甘胜咸。

五藏之间，相生相胜，构成一生生不息的流转之系统；五藏各
有其象，即声、色、臭、味等等，因之医家有象可按，察象而知疾病
之所在及诊治之方法。中医用五行生克来说明五脏之间的关系，所说
的五脏不等于解剖学上的五脏，而讲五脏之生克目的也在于治疗。中
医的治疗方法主要是汤药和针灸，而断病之法为望、闻、问、切"四
诊"。汤药的配方和使用与阴阳五行都有关系，针灸的理论基础是以
阴阳为主的经络学说。四诊的基本是藏象，"视其外应，以知其内
藏，则知所病矣"（《灵枢·本藏》）。望是望五色，闻是闻五音，
问是问所欲之五味，切是切脉象。五藏之色发于面颊，即肝青、心
赤、脾黄、肺白、肾黑，是为"藏色"；又有"时色"，春青、夏
赤、季夏黄、秋白、冬黑。人随四时而变易其色，为善；主胜客，为
恶，如肝病表现为四时青色等等。五味需合五藏之气，如肝欲酸等，
若不合，则为恶。色与脉需相合，即：青色，弦脉；赤色，洪脉；黄
色，缓脉；白色，浮脉；黑色，沉脉。"能合脉色，可以万全"，视
脉色，可判生死。"见其色而不得其脉，反得其相胜之脉，则死矣。
得其相生之脉，则病已矣。"（《灵枢·邪气藏府病形》）如肝病色
青，见弦脉，即为色脉相符；若见其色而不得其脉，得克脉则死，得
生脉则生。肝病不得弦脉，反见浮脉（属金），则为相胜之脉，即克

色之脉（金脉克木色），为逆为凶；若得沉脉（属水），则为相生之脉（水脉生木色），为顺为吉。因此，望、闻、问、切四者合而为一，诊病之理，则为五行生克。针灸循经取穴，经络、穴位各具阴阳五行之性；针之、灸之，是导引或"输入"阴阳五行之气，以补救体内阴阳五行之偏弊，使阴平阳秘。经络是人体内气血运行通路的主干和分支，因而脏腑是经络的根本，经络是脏腑的枝叶，五脏六腑之气血循经络而运转不息，终而复始循环无端，故而可通经络而调脏腑。经有十二，络有十五。十二经，即手之三阴三阳和足之三阴三阳，三阳为太阳、少阳、阳明，三阴即太阴、少阴、厥阴。十五络即十二经各有一别络，加上任、督二脉和脾的一大络即带脉。络亦有阴阳之分，如：督脉起于会阴，循背而行于身之后，是阳脉的总督，又称阳脉之海；任脉起于会阴，循腹而行于身之前，是阴脉之承任，又称阴脉之海。由此可以看出，中医讲阴阳，其根本还是依据《易》的阴阳学说而又根据具体的医疗实践有所发挥，所谓医道通于易道。针灸所用的粗细、长短、锐钝不同的九类针，《灵枢·九针论》也将其归结为"圣人之起天地之数也，一而九之，故以立九野，九而九之，九九八十一，以起黄钟数焉，以针应数也"。《素问·针解》也提到"一天二地三人四时五音六律七星八风九野"等，总之是圣人依据四时、六律、八风等等而制定的。针灸之道就是调整阴阳，"凡刺之道，气调而止，补阴泻阳，音气益彰，耳目聪明"（《灵枢·终始》）。针灸之法，"按日起时，循经寻穴；时上有穴，穴上有时"（《针灸大成》卷五），也要和四时五行相联系。针灸与阴阳五行联系，以阴阳五行为基础，汤药亦然。药物出产有时，采集有地，炮制有法，都要与天地四时、阴阳五行之气结合，否则药效就有可能失去。至于药性，则亦被纳入五行体系，即温、热、凉、寒"四气"，连同"平性"实有五性：温、热、平、凉、寒，对应东、南、中、西、北。药物之五味升降沉浮和归经也都依阴阳五行。

就对人体的结构与功能的认识和对疾病的诊断与施治来看，中医学基本上是以阴阳五行为理论基础。医家把人体的组织，人体的生理与病理表现用阴阳五行来解释和把握，就是基于这样一种认识：人是一个小天地，这个小天地又和天地万物构成一个有机整体。至于医家为什么选择阴阳五行及何时开始运用阴阳五行，可以说前者是难解的谜，后者大体上是在秦汉时期。虽然我们说医家运用阴阳五行是因为把人视为与天地万物相关联的有机整体，但是也许是因为运用了阴阳五行，才将人视为一个整体并与天地万物构成有机整体。对医家为什么运用阴阳五行这个谜，我们已没有必要去破解，关键的问题是医家运用阴阳五行学说很成功，这对中国的民族文化—心理有深刻影响。

中医治病，讲因时、因地、因人制宜。所谓因时，就是说无论是诊断还是治疗，都必须和时序结合；因地就是说要和所处的地理环境当然也包括居所的环境结合起来；因人就是说要和具体的人结合起来。这样一来，中医虽然强调一些诊断和治疗的规则，但是这些规则又是非常灵活的，在灵活性中体现原则。如对于藏象，一般医家所持的态度都是"废象者暗行，胶象者待兔"。当然，这只是一种表面现象，但这一表面现象也与西医区别开来。还是让我们看一看因时、因地、因人的具体表现。

因时，包括两个方面，一是说人体的生理现象随时令的变化而变化，一是说诊断与治疗必须与时令结合。前者是后者的基础，后者是前者的运用。《素问·诊要经终论》说："正月二月，天气始方，地气始发，人气在肝"，如此等等，是讲一年四季；一日之内，也分四时，朝则为春，日中为夏，日入为秋，夜半为冬，而人的生理变化也不同。"平旦人气生，日中而阳气隆，日西而阳气已虚，气门乃闭。"（《素问·生气通天论》）因此，诊断必须和一年四季及一日四时相结合，如"春脉如弦"等等；治疗亦然，如"春刺散俞""夏刺络俞"等等。如果不考虑时序的因素，诊断就不会正确，治疗就有危险。至于人的养生，更必须符合时令，也与天地之气相应。如："春三月，此谓发陈。天地俱生，万物以荣；夜卧早起，广步于庭；被发缓形，以使志生，生而勿杀，予而勿夺，赏而勿罚，此春气之应，养生之道也。逆之则伤肝，夏为寒变，奉长者少。"（《素问·四气调神大论》）夏、秋、冬也是各有其宜。这种因时的观念，可以说很有道理。但是，医家又进一步将人体的生理、心理变化与星象等结合起来，甚至十分强调"忌日"等等，未免是在强化天人感应的神秘思想，也是在替星象、推命等等做论证了。在《黄帝内经》中，将日月五星的运行与政治人事、吉凶祸福连在一起之处就不少，比如在论及五星"其行之徐疾逆顺"时，《素问·气交变大论》认为；五星滞留徘徊不去或逆守光芒变小者，是省察下面的情况；按轨道运行而去又迅速地返回或迂曲而行者，是省察下面的过失；五星久留其位，环绕不去或时离时附其位，是评议善恶、议论降灾降德……源于《黄帝内经》运气七篇大论而盛行于两宋金元的"五运六气"之说，也是大谈天地之变，寒暑风雨、水旱螟蝗，率皆有法，而人的疾病，也随气运盛衰。至于"子午流注"针法，与相近的命、相之术也不无关联。当然，这并不奇怪，因为它们的根都是阴阳五行。在某种程度上，所谓因地制宜，也和风水有很大的关系。当然，与相术等有直接关系的还是因人制宜。

因人制宜，也是合理的。每个人的生理、心理状况不同，在相同的条件下可能有人病有人不病，治疗也要根据人生理、心理的具体状况而定，相同的药有的人可用，有的人不可用，药的剂量、刺的深浅也都要因人而定。对于因人制宜，医家并不停留在疾病的诊断与治疗上，而是进一步由人的形貌来断定人的品质和命运吉凶。《灵枢·论勇》篇说人的勇敢与胆怯都是由人的生理特点即体质决定的；《灵枢·通天》篇中则按阴阳区分了阴阳五态人，可以说已是相术了。太阴之人，多阴而无阳，其状色黑不明，两目时常下视，其性贪而不仁，下齐于众人，深藏而不露，好纳而不出，心和而不发，不务于时，遇事先审后行。少阴之人，其状貌似清高，实则私窃，站立则躁动不安，显露出险恶之状，行走时弯腰驼背，表现出沉思反侧之心，其性小贪而有贼心，常常幸灾乐祸、伤害别人，心狠无恩，嫉妒心极强。又说太阳之人刚愎自用、恣意妄行，少阳之人自我感觉良好，唯有阴阳和平之人居处安静、居尊而谦。这些都可以说与相术无多大差异。《灵枢·阴阳二十五人》也是用五行去解释人体与品行及命运的关系，比如讲水形之人，似北方黑帝，色黑，面不光整，头大腮瘦，肩狭腹大，手足好动，行路摇身，尻部和脊背较常人为长，无敬畏之心，善于欺骗人，往往被戮而死，耐秋冬不耐春夏，感春夏之气而病生，表现不着边际。这既是讲医术又是讲相术，而且往往很难区分。古代医家大多精通相术，可能原因即在于此吧。当然医道与星象、占筮、风水、相术等有区别，即医术还是"起百病之本，死生之分"的，而不仅仅是讲贵贱吉凶、祸福成败的，所以医术更为可信。但正是这种可信，进而使人信星象、相术等难信之事。所以医术在古代往往被视为卑不足道的雕虫小技。但是正如范仲淹所云："且大丈夫之于学也，固欲遇神圣之君，得行其道。思天下匹夫匹妇有不被其泽者，若己推而内之沟中，能及小大生民者，固惟相为然。既不可得矣，夫能行救人利物之心者，莫如良医。果能为良医也，上以疗君亲之疾，下以救贫民之厄，中以保身长年。在下而能及小大生民者，舍夫良医，则未之有也。"（吴曾：《能改斋漫录》卷十三）良医与良相在救人利物这一点上是相通的。诚如医家所言，医道通于治道，医术也较他技为高。古代称医术为"仁术"，以为医出于儒，大抵皆此类也。医道不独与儒家之道相通，岐黄之术也不独与仁术相连，与神仙方术也是密不可分，盖医术向上一推，便为神仙方术。所谓医道通仙，古今学人论之已多，兹不再赘。

总而言之，医学与各种术数、方技及今人所说的哲学都是相通的，可以说医学乃中国传统文化之渊府。通过医学，可以见中国传统文化之要略。中国人对整体的关注，对阴阳调和之和的追求等等无不在医家上体现出来。就阴阳五行学说而论，在实践领域，医象的运用是最为成功的，因此它又实实在在地推进着人们对阴阳五行、天人相通（感应或合一）的信仰。

第五章　阴阳五行与道术

阴阳五行思想在秦汉之际广泛传布，成为汉代思想文化的骨干。酝酿于汉代、诞生于汉末的道教，自然受到这种社会思潮的影响，也是以阴阳五行学说为理论基础。道教以不死不老、肉身成仙为宗旨，以修习法术即"道术"①或"术"见长。如果说阴阳五行原本就与种种术数、方技有难解之缘，那么经由道教的发挥，阴阳五行与所谓"术"就有了不解之缘。

第一节　阴阳五行的神化

道教作为中国土生土长的宗教，有其漫长的前史。道教虽非道经中所谓未有天地之前即为元始天尊所创立，但也可以追溯到原始的自然崇拜和鬼神崇拜，至少可以追溯到战国至秦汉的神仙传说与方士方术。当然，从广阔的历史、文化背景中去搜寻道教的渊源无此必要，但有必要讨论阴阳五行是如何与鬼神信仰相互影响，从而成为道教的

---

① "道术"一词，在《庄子·天下》中系指洞悉宇宙社会人生之根本的学问；道教所谓"道术""术"则是指修炼的方式、法术。道术"杂而多端"，内丹、外丹、星命、占验、房中等等不一而足，要之则为葛洪在《抱朴子·微旨》所归纳的内修与外攘两途。

鬼神系统和理论成分的重要来源的。

　　道教崇奉黄帝、老子，尊黄帝为道家之主，老子为大道之祖或道主。道教赋予黄帝、老子宗主地位，与汉初黄老之学有一脉相承之处。很多学者指出，早期道教是黄老之学与神仙方术相结合的结果，是由黄老之学蜕化而来。黄老与神仙的结合，首先表现在黄帝、老子的神化、仙化。黄帝本来就是传说中的人物，黄帝的仙化在秦汉以前就已出现，如《庄子》中就说黄帝得了道，升天成仙，即所谓"黄帝得之，以登云天"。到汉代，有关黄帝成仙的故事就更多了。署名刘向的《列仙传》中有黄帝成仙故事。黄帝采首山之铜，铸鼎于荆山之下。鼎成之后，有龙垂髯下迎，黄帝于是升天。群臣百官都想抓住龙的髯，跟从黄帝升天。但是，群臣百官抓着黄帝的弓，刚触到龙髯，弓就掉了下来。群臣百官都没能成仙，只有望帝悲号。至于老子，先秦时期尚无成仙之说，《庄子》说"老聃死，秦失吊之"，还是视老子为一常人。司马迁在《老子列传》中讲到"老子百有六十余岁，或言二百余岁"，是位很长寿的人；而"莫知其所终"云云，又为人们仙化老子留下了余地。可见当时老子已是一位神秘人物。后《列仙传》则正式把老子列入"真人"级的神仙范围。到东汉时期，老子已完完全全地被看成一位神仙。

　　汉初的黄老之学已有糅合神道与道家的倾向。如汉初的司马季主，以卜筮闻名，他"通《易经》，术黄帝、老子"（《史记·日者列传》），用《易》《老》，融通卜术，为宋忠、贾谊预决吉凶。时至东汉，河上公《老子章句》（即《老子河上公注》）大谈"自然长生之道"，又讲"五藏之神"，说人能养五藏之神，则可以长生不死，又说到"天""道"有意志，能决定人事，报应善恶。差不多与此同时，早期的道教经典陆续出现。可以说，黄老之学在失去其官方地位之后，在走向民间的过程中，逐渐与神仙思想、鬼神迷信以及术数等相合而孕育了道教。黄老之学所融摄的阴阳五行思想自然也为道教所承接。

阴阳五行学说特别是五行图式与神的联结在先秦时期就已出现。在《吕氏春秋》的五行图式中，五方、五行与五神一一对应。东方木与太皞帝句芒，南方火与炎帝祝融，中央土与黄帝后土，西方金与少皞帝蓐收，北方水与颛顼帝玄冥都是联系在一起的。到《淮南子》则把五帝配以五佐（助手），并明言五常支配世界，可以说已将五行神灵化了。《天文训》中的具体说法如下：

中
国
阴
阳
家

086

> 东方，木也，其帝太皞，其佐句芒，执规而治春，其神为岁星（木星），其兽苍龙，其音角，其日甲乙。
>
> 南方，火也，其帝炎帝，其佐朱明，执衡而治夏，其神为荧惑（火星），其兽朱鸟，其音徵，其日丙丁。
>
> 中央，土也，其帝黄帝，其佐后土，执绳而制四方，其神为镇星（土星），其兽黄龙，其音宫，其日戊己。
>
> 西方，金也，其帝少昊，其佐蓐收，执矩而治秋，其神为太白（金星），其兽白虎，其音商，其日庚辛。
>
> 北方，水也，其帝颛顼，其佐玄冥，执权而治冬，其神为辰星（水星），其兽玄武，其音羽，其日壬癸。

《淮南子》将五行与五方、四时、五帝、五佐、五神、五兽、五音、五日相应搭配，与《吕氏春秋》在搭配上只有一些细微的差别，但不同的是《淮南子》强调五帝对各自管辖的季节、音律等方面的治理，已有将五帝视为五行的化身的迹象。

在《春秋繁露》中，董仲舒赋五行以仁、义、礼、智、信的道德属性，又把古代圣贤召公、周公等视为五行道德属性的体现者，使五行的道德属性拟人化、形象化。董仲舒说："木居东方而主春气，火居南方而主夏气，金居西方而主秋气，水居北方而主冬气。……土居中央，为之天润。"（《春秋繁露·五行之义》）在五行的方位和所主季节方面，与《吕氏春秋》和《淮南子》的差别不大，不同的是他对五行五方相应的职司、德性与例官的规定。"东方者木，农之本。司农尚仁"，"召公是也"；"南方者火也，本朝。司马尚智"，"周公是也"；"中央者土，君官也。司营尚信"，"太公是也"；"西方者金，大理司徒也。司徒尚义"，"子胥是也"；"北方者水，执法司寇也。司寇尚礼"，"孔子是也"（《春秋繁露·五行相生》）。这种拟人化的规定，实是一种五行的神灵化。这种思想，将五行与五神对应而视某神为五行某要素的代表，后来为道教所吸纳。

阴阳五行的神化，大抵是儒术独尊之后的社会潮流。在纬书中，这种神化的表现更为明显。纬书《河图》中，五行已完全神化为五方五色神：

东方青帝灵威仰，木帝也。南方赤帝赤熛怒，火帝也。中央黄帝含枢纽，土帝也。西方白帝白招拒，金帝也。北方黑帝叶光纪，水帝也。

…………

东方苍帝，体为苍龙，其人长头面大，角骨起眉，背丰博，顺金授火。南方赤帝，体为朱鸟，其人尖头图面，方颐长目，小上广下，须鬐偃胸，顺水授土。中央黄帝，体为轩辕，其人面方广颡，兑颐缓唇，背丰厚，顺木授金。西方白帝，体为白虎，其人方颡直面，兑口大鼻小角，顺火授水。北方黑帝，体为玄武，其人夹面兑头，深目厚耳，垂腹反羽，顺土授木。[①]

[①] 安居香山，中村璋八.纬书集成[M].石家庄：河北人民出版社，1994：1247-1249.

这就是将五方五色之神视为五行的主管和五行的化身。五行被彻底神化了，五行是神的代名词，五行的流行发用都是神的体现和神意的体现。由此，民间的鬼神信仰和对五行的信仰结合为一体，道教利用民间的鬼神信仰的同时也就是在利用对五行的信仰。

流传至今的最早的道教典籍《太平经》（即《太平清领书》），就是"以阴阳五行为家，而多巫觋杂语"，"专以奉天地顺五行为本，亦有兴国广嗣之术"（《后汉书·襄楷传》）。《太平经》所说的阴阳五行均带有意志、情感和道德色彩，将阴阳五行神化。

《太平经》说，宇宙最初混沌未分而含有阴阳，天地万物从其中化生而出："天地未分，初起之时，乃无有上下日月三光，上下洞冥，洞冥无有分理。虽无分理，其中内自有上下左右表里阴阳，具俱相持，而不分别。"①天地未分之时，是一团元气，元气行"道"，而化生万物。这与先秦和汉初黄老道家都不同。道不再是最原初的存在，因为元气的存在不依赖道。但道是万物生成和运动必须依赖的，元气化生万物，也必须依道。用现在的哲学术语来说，道是逻辑上的最高的存在，而元气是时间上的最初的存在，元气依道化生万物，体现了逻辑与历史的统一。元气恍惚自然，凝结而成天，是为一；分而生阴而成地而为二，因为上天下地，阴阳相合施生人，是为三。元气有意志、有情感、有道德属性，因此所派生的天地阴阳之气，也都如此。"元气自然乐，则合共生天地，悦则阴阳和合，风雨调。风雨调，则共生万二千物"（《太平经合校》卷一百十五至一百十六）；"天气悦下，地气悦上，二气相通，而为中和之气，相受共养万物"（《太平经合校》卷四十八）。元气生万物，是在它高兴的时候，它不高兴，就不生养万物。《太平经》又借诸神之口，将

---

① 王明.太平经合校[M].北京：中华书局，1960：678.

气分成若干类，说："天上诸神言，好行道者，天地道气出助之；好行德者，德气助之；行仁者，天与仁气助之；行义者，天与义气助之；行礼者，天与礼气助之；行文者，天与文气助之；行辩者，亦辩气助之；行法律者，亦法律气助之。"（《太平经合校》卷一百二十至一百三十六）天是有意志的，它按照人的行为派神灵来帮助人，气就是天的使者，天的神灵。阳气"好生"，阴气"好杀"，和气"好成"。如果人进善求生，思乐报，称天意，则天不绝其气，令人寿增长，否则天就会让人短寿。因为人是由天地阴阳生养，所谓"道者，天也，阳也，主生；德者，地也，阴也，主养"。天地有阴阳，人有阴阳，万物皆然。"天下凡事，皆一阴一阳，乃能相生，乃能相养。"（《太平经合校》卷五十六至六十四）

天下事物，都可以分成阴阳两类，都有阴有阳。如日与昼，是阳，主生；月星夜，是阴，主养。春夏，是阳，主生；秋冬，是阴，主养。甲丙戊庚壬，是阳，主生；乙丁己辛癸，是阴，主养。子寅辰午申戌，是阳，主生；丑卯巳未酉亥，是阴，主养。凡属九的数，是阳，主生；凡属六的数，是阴，主养。男子，是阳，主生；女子，是阴，主养。万物中的雄类，是阳，主生；雌类，是阴，主养。君，是阳，主生；臣，是阴，主养。一物内部，也都可分成阴阳，如天有阴阳之分，地也自有阴阳。阴阳有主生、主养之分，也有善恶之分。阳主生，是善；阴主养，是善，但有为恶好杀的恶的一面："阳为善，主赏赐。阴为恶，恶者为刑罚，主奸伪。"（《太平经合校》卷一百三十七至一百五十三）因此人间才有人行善，有人行恶；而行善的人得善，行恶的人必定得恶。《太平经》虽然说阴阳有分别，有对立，但是更强调阴阳相合。阴阳本身就是有相互吸引，喜爱对方的本性，"天地之性，阴好阳，阳好阴"。只有阴阳相和合，道才得行，"阴阳者，要在中和"。为表现、突出这种和合的重要性，《太平经》

将阴阳与中和并而为三，这也就是"三合相通"。

《太平经》强调："无阳不生，无和不成，无阴不杀。此三者相须为一家，共成万二千物。"（《太平经合校》卷一百十九）凡事皆可一分为三，"元气有三名，太阳、太阴、中和。形体有三名，天、地、人。天有三名，日、月、星，北极为中也。地有三名，为山、川、平土。人有三名，父、母、子。治有三名，君、臣、民"（《太平经合校》卷十八至三十四）。三名合力同心，就能成就万事万物，而天下也归于和谐完美。如天地中和同心，共生万物；男女同心，生儿育女；父母子三人同心，共成一家；君臣民三者共成一国。如果三者缺一，则凶。如男不能独生，女不能独养，男女没有生孩子，就不能称为一个家。所谓"有阳无阴，不能独生，治亦绝灭；有阴无阳，亦不能独生，治亦绝灭；有阴有阳而无和，不能传其类，亦绝灭"（《太平经合校》卷四十八）。三合相通乃是天的法则，但当时的情况却是没有实现三合相通。《太平经》借"天公"与"五行神吏"的问答，说当时的情况是帝王高高在上，不了解下情，心术不正的邪人多居要位，胡作非为，冤狱遍地而民臣诉讼无门，可以说是一片黑暗。天地怨怒，而为灾异，灾异就是四时乖错，五行失位，三光不明，灾害频生。

天地由四时五行构成，"皇天乃以四时为枝，厚地以五行为体，枝主衰盛，体主规矩"（《太平经合校》卷六十九）。就阴阳五行而言，天地人各有阴阳五行，"天有五行，亦自有阴阳；地有五行，亦自有阴阳；人有五行，亦自有阴阳也。故皆十"（《太平经合校》卷八十八）。所以天地以阴阳、四时、五行的变化来表达自己的意见，体现自己的意志。天高远而且有自己的尊严，不能事事亲自下来跟人说，大地也不能事事都跟人讲得清清楚楚，所以天以气为言语，见于四时，大地则以五行为象。五行的正常秩序是火为主，木为辅，金、土、水则

中国阴阳家

是弱于火与木的。《太平经》在五行中强调火，可能与东汉尚火德有关，但主要还是依据《太平经》对五行的理解。《太平经》认为火能改变其他四行，是君的象征。"木性和而专，得火而散成灰。金性坚刚，得火而柔。土性大柔，得火而坚成瓦。水性寒，得火而温。火自与五行同，又能变化无常，其性动而上行。"（《太平经合校》卷十八至三十四）再者，木是生养的象征，金象征兵，土象征后宫，水象征民，所以木仅次于火，而金、土、水三者都不可过盛。如果五行各得其位，四时顺行，就表明天喜地悦，否则就是天怨地怒。

《太平经》对阴阳五行的神化，还表现在对神仙世界的描述。神仙信仰是道教的核心，在各个不同的历史时期，神仙的位次虽有变化，但这一核心却始终没有变。《太平经》的神谱分为与元气、阴阳对应的神人八等。"神人者象天，天者动照无不知。真人者象地，地者直至诚不欺天，但顺人所种不易也。仙人者象四时，四时者，变化凡物，无常形容，或盛或衰。道人者象五行，五行可以卜占吉凶，长于安危。圣人者象阴阳，阴阳者象天地以治事，合和万物，圣人亦当和合万物，成天心，顺阴阳而行。贤人象山川，山川主通气达远方，贤者亦当为帝王通达六方。凡民者象万物，万物者生处无高下，悉有民，故象万物。奴婢者衰世所生，象草木之弱服者，常居下流，因不伸也，奴婢常居下，故不伸也，故象草木。"（《太平经合校》卷五十六至六十四）这神人八等，也是自然与社会的支配者，"无形委气之神人与元气相似，故理元气。大神人有形，而大神与天相似，故理天。真人专又信，与地相似，故理地。仙人变化与四时相似，故理四时也。大道人长于占知吉凶，与五行相似，故理五行。圣人主和气，与阴阳相似，故理阴阳。贤人治文便言，与文相似，故理文书。凡民乱愦无知，与万物相似，故理万物。奴婢致财，与财货相似，富则有，贫则无，可通往来，故理财货也"（《太平经合校》卷四十二）。阴阳五行是神者之象，也为神者所主管。

　　总而言之，由《太平经》可见道教理论上吸纳阴阳五行时，虽然对阴阳五行的阐释有其物质性和道德性的一面，但更重要的是其神化的一面：阴阳五行是神，具有神性，也是神的工具。这种神化和当时的学术思想相关，但根本原因在于道教是宗教，要讲神和神意。道教对阴阳五行的运用，重点还是在修道成仙的道术方面。

第二节　阴阳五行与外攘之术

　　道教之道术众多，道教中人常有"道无术不行"之说。道术"杂而多端"，约其大略，不外乎葛洪所说的"内修形神，使延年愈疾；外攘邪恶，使祸害不干"（《抱朴子·微旨》）。"外攘邪恶，使祸害不干"，即祛除外患、禁制邪恶，可以说是道教讲道术最低层次的追求，而最高层次的追求当然是位列仙班。严格说来，"内修形神，使延年愈疾"的内修之术也有祛邪禁恶的内容，但为方便起见，我们将外攘之术限定在祈福禳灾、驱鬼降魔等不是直接以成仙为目的而是为成仙之助的道术这一层面上。

　　道教教义以为人的生死祸福、贵贱贫富，都是人自身行为和愿望所致，学道之人要行善去恶、养正积德。若要攘除邪恶，必得遵守戒律清规。戒律本身就是要防止教徒的恶心邪欲、乖言戾行，也就是去除邪恶。道教的戒律，有人说取之于佛教，有人认为源出本土。道教的戒律内容和条文形式，或有取于佛教，但论其所依之理，则与佛教有别。北朝楼观道对初出家的道士（清信男、清信女）所规定的五戒，与佛教的五戒基本一致，不过是戒杀、戒盗、戒淫、戒妄语和戒酒，但其解释却大有不同。"老君曰：五戒者，在天为五纬，天道失戒，则见灾祥。在地为五岳，地道失戒，则百谷不成。在数为五行，五数失戒，则水火相薄，金木相伤。在治为五帝，五帝失戒，则祚夭身亡。在人为五藏，五藏失戒，则性发狂。"（《太上老君戒经》）楼观道对五戒的解释，完全本着阴阳五行的理论，这也表明阴阳五行在道教中占有特殊的位置。

　　早期民间道教即太平道和五斗米道与阴阳五行理论有很大的关系。太平道是张角创立，后张角发动了黄巾大起义。黄巾起义之前，道教徒四处散布"苍天已死，黄天当立，岁在甲子，天下大吉"的谶语。这条谶语，其意何在，历来是一个谜。有相当一部分人认为，这是根据"五德终始"说，即以黄代苍表明了土德的黄巾要代主火德的东汉王朝。根据汉代流行的五行"旺相休囚死"说，五行木生火，汉主火德以木为根。"苍天已死"的"苍"即为木色，"苍天已死"，就是说汉王朝的根已死掉，不能长久。当然，也有学者纯粹从社会政治的角度解释这条谶语。太平道选择甲子年三月五日起义，也与阴阳五行相关。汉代流传"甲子大吉"的说法。甲子或是计年，或是如纬书中天元术所言，在十一月冬至表示一个新的开端。《太平经》中说："潜龙者，天气还复初九，甲子岁也；冬至之日也，天地正始起于是也……凡物生者，皆以甲为首，子为本，故以上甲子序出之也。"（《太平经合校》卷三十九）选择甲子年起义，包含着大吉和更始的两层意思。至于日期定在三月五日，也与汉代谶纬中宣扬的"三五"说有关。三五之三是指天、地、人三正，五是指金、木、水、火、土五行。三五相包循环意味着朝代兴替。《太平经》中有"三五气和，日月常光明，乃为太平"。黄巾军（太平道）虽然很难说是以《太平经》为教典，但是这三正五行的说法对他们的影响还是很大的。可以断言，太平道是以阴阳五行和符箓咒语为根本教法的。如果把《太平经》看成是太平道的教典，那么以符咒和神水治病也都与阴阳五行观念连在一起。

《太平经》中说，"人生皆含怀天气具乃出，头圆，天也；足方，地也；四支，四时也；五藏，五行也；耳目口鼻，七政三光也"（《太平经合校》卷三十五）。又说，"多头疾者，天气不悦也。多足疾者，地气不悦也。多五内疾者，是五行气战也。多病四肢者，四时气不和也。多病聋盲者，三光失度也。多病寒热者，阴阳气忿争也"（《太平经合校》卷十八至三十四），等等。疾病发生是因为阴阳失衡，五行相战，四时不调，用符咒、神水治病当然也就包含着调阴阳、和五行、顺四时的意思。不过，由于太平道在黄巾大起义失败之后基本上销声匿迹，其宗教活动很少见于史册，我们也不敢妄下断语，但后来的符箓道术实是以阴阳五行为根基，将符箓咒语与阴阳五行连为一体。

与太平道同时兴起的是五斗米道。五斗米道的创始人是张道陵，后人称之为张天师。在五斗米道崇拜的神中，有"天官五行三五七九君""天官五行君""地官五行君""天五行平君""地五行君""太阴君""阳方君"等，阴阳五行被神灵化，当成是神来崇拜。五斗米道又称天师道、正一盟威之道、正一道，之所以称为正一道，与三五也有关。"正一"就是要除去"六天故气"而代之以"三天正气"；至于称"正一盟威之道"也因"三五失统，人鬼错乱，六天故气，称官上号"，太上老君看到这种情况，就传授天师正一盟威之道，以"荡涤宇宙，明正三五"（《陆先生道门科略》）。五斗米道宣讲《道德经》，流传下来的有《老子想尔注》残本。《老子想尔注》的作者，有的说是张道陵，有的说是张鲁，但不管是张道陵还是张鲁，都是五斗米道中人。《老子想尔注》称仙寿可致，调和五脏五行之气，就是成仙的途径之一。"夫欲宝精，百行当修，万善当著，调和五行，喜怒悉去，天曹左契，算有余数，精乃守之。"宝精行气再加多行善事就能成仙。这基本上算是内修之术，这里不再多谈。现在先来看一看正一派的正一盟威法箓。

箓通常是指记录有关天官功曹、十方神仙名属，以召神役吏，施行法术的牒文，又称之为法箓。法箓牒文中一般必有相关的符图，故有时又统称符箓。符箓的主要功能是辅正驱邪、治病救人、助国禳灾。正一派的法箓，统称为正一盟威箓，又称"太上三五正一盟威宝箓"。所谓"太"，指"三界独尊，众圣之极"，即最大、最高、最尊贵；"上"指太上老君；"三"指天、地、人三正或三才；"五"，是指黄中总数，统御生死，以摄万灵，安镇人身，元精固守，其实即五行。三五，又指日月之数，即戊己配于坎离。"正一盟威"，据《正一修真略仪》，"人禀阴阳正气，三元五运，万象必全，由心而正。心正则神精不亏，与我为一，然后全日月之明，合五灵之本，故能死生无变于己，何邪异之所能干？由是焕照群阴，威伏六贼，是谓正一盟威"。正一法箓的传承，历来认为是始自张道陵，经南北朝寇谦之、陆修静的整理编纂，而在道教门中广为流传。

正一法箓名目繁多，大多都与阴阳五行观念相关，天师二十四治、二十八宿、二十四节气和五行相配。这种相关性一方面是法箓之目的在调和阴阳五行，以消灾去邪、治恶去病等，另一方面是箓文直接依阴阳五行而制，如太上三五正一盟威太玄四部禁气箓。这四部禁气箓十分重要，"不受之者，奏章行符，禁制方术，神气不从，关启不闻。受之者，符章禁祝，莫不如言"（《正一威仪经》）。四部是指太玄公、胡玄公、西玄公、壶公。四部气法是四公杂咒法中之一法，其中包括吞十二时气法、思五方气法、思五脏气法、服五行气法。禁气，是指用四部气法禁咒五方君吏，驱逐天下邪气、毒虫、虎狼等，以达到"却邪保生，扶家助国"的目的。吞十二时气法，于十二时辰起点时，在斋堂内走禹步，三前进后还三上，同时运用调服天气法。思五方气法，即先思东方青气，次思南方赤气、西方白气、北方黑气、中央黄气，再思太岁二十四气，今日上气、今时上气，做调息吞气法。思五脏气法，五脏各有其气：青气归肝，中主青龙；赤气归心，中主朱雀；白色归肺，中主白虎；黑气归肾，中主玄武；黄气归脾，中主黄老君。服此五藏气，可以调五脏神。服五行气法大要是，五行中木数为九、火数为八、水数为七、金数为六、土数为五，调吸木气可以禁咒倮虫，金气可以禁咒鳞虫，水气可以禁咒羽虫，火气可以禁咒毛虫，土气可以禁咒甲虫。这四部气法，根柢上用的就是五行与五方、五气的对应和五行生克之理。这种情况，也明显地表现在灵宝部和上清部法箓中。

灵宝之《五符序》（亦称《五符经》）中，有以五行配五帝、五方、五色、五气、五星和春夏秋冬四时的法则。《五符序》之《灵宝五帝将官号》中有：

东方灵威仰，号曰苍帝，其神甲乙，服色尚青，驾苍龙，建青旗，气为木，星为岁，从群神九十万人，上和春气，下生万物。

南方赤飘弩，号曰赤帝，其神丙丁，服色尚赤，驾赤龙，建朱旗，气为火，星为荧惑，从群神三十万人，上和夏气，下长万物。

中央含枢纽，号曰黄帝，其神戊己，服色尚黄，驾黄龙，建黄旗，气为土，星为镇，从群神十二万人，下和土气，上戴九天。

西方曜魄宝，号曰白帝，其神庚辛，服色尚白，驾白龙，建素旗，气为金，星为太白，从群神七十万人，上和秋气，下收万物。

北方隐侯局，号曰黑帝，其神壬癸，服色尚玄，驾黑龙，建皂旗，气为水，星为辰，从群神五十万人，上和冬气，下藏万物。

这里的五方、五帝等等，与纬书《河图》略有不同，但所对应的五行是一致的。《五符序》中还有"东方青牙九气之天"，"南方朱丹三气之天"，"中央元洞大帝之山，上出黄气，下治地门，其气烟如云，径蒸九天"，"西方明石七气之天"，"北方玄滋五气之天"之类的说法，也是五行的神化。修炼灵宝五符法，最重要的就是服食五芽（牙）气，而吸气就是依东方九数、南方三数、中央十二数、西方七数、北方五数的序次，分别纳气于体内，也就是和五方神沟通，得其神力。

上清派中也有存思五方之气，是修炼者在登斋入靖诵咏《大洞真经》之前的必修课。修炼者先东向冥心叩齿九通，暗诵《太帝君素语内咒》："苍元浩灵，少阳先生，九气还肝，使我魂宁……"念完之后，口引东方青阳之精，即青气，因闭气九息，咽气九过，使气布满肝腑之中，结作九神，青衣青冠，状如木星，下布肝内。再南向冥目叩齿三通，暗诵《天帝君素语内咒》，念完后，口吸南方丹灵之精——赤气，因闭气三息，咽津三过，使之充布心脏之中，结作八神，赤衣赤冠，状如火星，下布心内。再西向冥目叩齿七通，暗诵《南极上元君素语内咒》，念完后，口引西方金魂之精——白气，因闭气七息，咽津七过，使之充布肺腑之内，结作七神，素衣素冠，状如金星，下布肺内。再北向冥目叩齿五通，暗诵《后圣帝君素语内咒》，念完后，口吸北方玄曜之精——黑气，因闭气五息，咽津五过，使充布肾腑之中，结作五神，黑衣黑冠，状如水星，上入绛宫，左三右二，分别入两膀胱之中，穿过尾闾穴，到上充布两肾之间。最后，正向本命上冥目叩齿十二通，暗诵《太微天帝君素语内咒》，念完之后，口吸中央高皇之精——黄气，因闭气一息，咽津十二过，使之充布脾腑之中，结作十二神，黄衮冕，状如土星，下布脾内。这种将五行、五方、五神、五气及相对应的数进行排列、依次修行的方式明显受阴阳五行的影响，可以说在道教之中相沿已久。

总而言之，道教外攘之术诸如符箓科教等等，皆受阴阳五行思想之影响，不过是语言表述方面和对功用的强调方面更加神秘而已。也许正因为符箓咒语等等与阴阳五行有密切的关联，所以易为民众信奉和接受。

第三节　阴阳五行与内修之术

"内修形神，使延年愈疾"，进而位列仙班，是道教的最高层次的追求。以成仙为直接目的的仙术在道教中也是多而又多，思神守一之类的存思五方气法也可以列在内修一类。在杂而多端的仙术之中，最具代表性的、影响也最为深远的是炼丹术。炼丹术分为内丹术和外丹术。外丹术是用人体之外的药物如丹砂、铅汞等矿石药物为原料，在炉鼎中烧炼，希望最后能得到服之长生不死的仙丹。内丹术就是炼人体之内的精、气、神，使之转化结合而成金丹，由此达到寿蔽天地、与天地合一的仙人境界。无论是内丹术还是外丹术，都与《周易参同契》有联系。这部被称为"万古丹经王"的著作，对内外丹术均有影响，如《四库全书总目》所谓："后来言炉火者，皆以是书为鼻祖。"

《周易参同契》为东汉末年魏伯阳所作，此书的特征就是用卦爻配合阴阳五行讲炼丹的药物与火候。魏伯阳把阴阳五行学说归为《周易》系统，进而把《周易》奉为炼丹术的理论基础。所谓"歌叙大易，三圣遗言。察其旨趣，一统共论"（《周易参同契》卷下）。纳阴阳五行于《周易》也是汉代易学的一大特征，而黄老之学也融摄了阴阳五行。魏伯阳用阴阳五行学说讲炼丹，认为《易》、黄老与炼丹术是一致的，故谓"大易情性，各如其度，黄老用究，较而可御。炉火之事，真有所据。三道由一，俱出径路"。所谓"参同契"即是将《周易》、黄老、炼丹术融合为一途，融合的基础是阴阳五行说，融合的目的是炼成金丹，服之飞升成仙。

《参同契》讲炼丹的阴阳之道和五行之数。阴阳之道是讲火候有其自然的法则，五行之数是讲药物的性质及如何配合固有的自然法则。其开章明义即说"乾坤者易之门户，众卦之父母。坎离匡郭，运毂正轴。牝牡四卦，以为橐籥，覆冒阴阳之道"（《周易参同契》卷上）。这是以乾坤坎离四卦为基本卦，来讲论阴阳变易之道。就炼外丹说，"乾坤"指鼎炉，鼎上釜为乾，下釜为坤，取天上地下之象；"易"指丹药的形成；"坎离"指药物，坎为铅，离为汞，也指水、火。炼丹必须靠炉鼎，所以说"乾坤者易之门户"，如同乾坤是众卦的父母一样。鼎中放置药物即铅和汞，添火后，药物和水火之气围绕鼎釜，上下轮转，这就是"坎离匡郭，运毂正轴"。所谓"匡郭"就是垣郭围绕之形，"运毂正轴"，指车轴之贯毂，上下轮转。炉鼎、药物、水火，是炼丹的基础。鼎上为阳，下为阴，铅为阴，汞为阳，水为阴，火为阳，所以乾坤坎离四卦如同风箱一样，包含着阴阳之道。按炼内丹说，乾坤炉是人的身体，坎离是身体中的水火之气或阴阳二气，易指仙胎即内丹的结成。无论是内丹还是外丹，药物和水火都十分重要，所以《参同契》推重坎离。"坎离匡郭"或"坎离为易"是《参同契》讲阴阳之道的关节点之一。

《参同契》谓："天地设位而易行乎其中矣。天地者乾坤也，设位者列阴阳配合之位也。易谓坎离，坎离者乾坤二用。二用无爻位，周流行六虚，往来既不定，上下亦无常。""易谓坎离"说，是指天上地下，乃乾坤之象，各居阴阳之位而坎离运行于其间，又指日月运行于天地之间。就天象而言，日月运行，形成节气的变化，所以说"易谓坎离"；就筮法说，坎离两卦，乃乾坤二卦的表现，即乾升于坤为坎，坤降于乾为离。就炼外丹说，"天地设位"，指炉鼎法乾坤之象，"易行乎其中"，指铅汞药物和水火之气在炉鼎中变易和运行。坎离指铅汞和水火。药物和水火在鼎炉中上下运转，变化无常，即"二用无爻位，周流行六虚"，是丹药形成的根本。铅为阴，遇火而熔为白液，汞为阳，遇火而升华，水为阴，火为阳，混而为一，以成丹药，这就是"易谓坎离"或"坎离匡郭"。其实，"坎离匡郭"，可以说讲的就是铅汞在鼎中经水火调治而成金丹或仙胎。所以《参同契》又说："火记不虚作，演易以明之。偃月法鼎炉，白虎为熬枢。汞日为流珠，青龙与之俱。举东以合西，魂魄自相拘。""火记"是指古代炼丹的著作。"偃月法鼎炉"是说鼎炉为半月形。"白虎"，指铅，经火而熔化，故"为熬枢"。"青龙"指丹砂。"东西"是指铅汞所居的方位：汞即青龙居东方，铅即白虎居西方。东西相合，如同魂魄相抱，融为一体，而成丹药。这"坎离匡郭"在炼丹的术语中又称龙虎相吸或龙虎交媾。据清代学者毛奇龄考证，五代彭晓所编的《参同契》旧本中，有"坎离匡郭"图，如图5-1所示。

图 5-1　坎离匡郭图

此图中，左半为离卦象，右半为坎卦象，白者为阳爻，黑者为阴爻。就炼外丹说，左离为青龙即丹砂，右坎为白虎即铅。当中的小白圈，指丹药。就炼内丹说，左离为身体中的阳气，右坎为身体中的阴气，中间的小白圈是仙胎。这一图式后来成为道教讲炼丹的基本图式之一，宋初道士陈抟的无极图和道学家周敦颐的太极图，皆出于此。

"坎离为易"是讲阴阳之道，讲五行之数的是"三五与一"说。《参同契》说："太阳流珠，常欲去人。卒得金华，转而相因。化为白液，凝而至坚。金华先唱，有顷之间，解化为水，马齿琅玕。阳乃往和，情性自然。迫促时阴，拘畜禁门。慈母育养，孝子报恩。严父施令，教软子孙。五行错王，相据以生。火性销金，金伐木荣。三五与一，天地至精。可以口诀，难以书传。"其中"太阳流珠"指水银，"金华"指铅。"阳乃往和"指水银与铅结合。"迫促时阴"中"阴"指铅液。"拘畜禁门"指水银遇铅液而不飞失。"慈母育养"指金生水，即铅熔化为液体。"严父施令"指金克木，即铅制伏飞汞。"五行错王"谓五行轮流用事。"木荣"指水银升华而不散失，木指"丹砂木精"。"三五"，三指火金木，五指土；或说"三五"指五行中的三组，即土、木火、金水。"与一"即"为一"，"一"即是丹药。我们先按第一种理解，即三指火金木，五指土，来谈一下"三五与一"说。

《参同契》言："子午数合三，戊己号称五。三五既和谐，八石正纲纪。呼吸相贪欲，伫息为夫妇。黄土金之父，流珠水之母。水以土为鬼，土填水不起。朱雀为火精，执平调胜负。水盛火消灭，俱死归厚土。三性即合会，本性共宗祖。"按五行生成说，子水为一，午火为二，水火结合，其数为三。按纳甲说，十干配五行，戊己为土，其数为五，三五为八，象征八石。就药物说，子水为铅水，午火为飞汞，青龙白虎相结合，即汞铅结合，所以说"呼吸相贪欲"。土生金，所以讲"黄土金之父"，金可能指铅。"流珠"指水银，水银熔解于铅中，使铅水凝固，即"流珠水之母"。铅液凝结成土块状，即"水以土为鬼，土填水不起"。"朱雀"指南方火，指火候；"执平"就是调火候，"胜负"指相克。"水盛"指铅又熔化为液体；"火消灭"，指飞汞改变其形态。"俱死归厚土"，指都为土所制伏。"三性"指金、水、火，即金性（铅）、水性（铅熔化为液体）火性（汞升华），融而为一，奉土为宗祖。这里的土，按药物说，是指黄芽，不过朱熹认为土指所炼的丹药。《参同契》又有："丹砂木精，得金乃并。金水合处，木火为侣。四者混沌，列为龙虎。龙阳数奇，虎阴数偶。肝青为父，肺白为母，肾黑为子，心赤为女，脾黄为祖，子午行始。三物一家，都归戊己。"按五行说，金生水，水不离金，故为生水，木生火，火不离木，方为生火，故说"金水合处，木火为侣"。按药物说，"金水合处"指铅熔为液体，"木火为侣"指水银与铅水同处。金水木火合而为一，其中有青龙白虎两药物，即"四者混沌，列为龙虎"。龙虎奇偶相配合而成为丹药。"肝青"等等，是以五行配五藏，以五行相生解释五藏之间的关系，进而说明药物之间的关系。所谓"三物一家，都归戊己"，指金水木或金水火混合为一，都归戊己土。由此可见，所谓"三五与一"就是用五行生克讲药物加火后分解和化合，最后融为一体，成为丹药。既是讲药物性质及配合的"五行之数"，而又含有"阴阳之道"。

"三五与一"说，从阴阳学说来看，是承接汉易中的五行说，而加以发挥。据彭晓所编《参同契》旧本有"三五与一"图，即三五至精图，如图5-2所示。

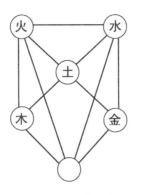

图 5-2　三五与一图

此图式中，火木为汞，水金为铅，土为黄芽。土据中央，表示"三物一家，都归戊己"。火木据左，水金据右。按坎离为易说，左为离，右为坎。水金相通，表示金生水；火木相通，表示木生火。水火居上位，表示炼丹中水火十分重要。下一白圈，指丹药，即"三五与一"的"一"，所以水火又直通白圈。这一图式，后被道教徒所吸收，也为宋代理学家所援用。宋陈抟无极图中的五气朝元图和周敦颐太极图中的五行顺布图，都出于此。

由于《参同契》文字古奥，又多恍惚之辞，类比之喻，所以真义难得而解说纷纭。按第二种理解，"三五与一"的三五是指五行中的三组即土、木火、金水，即三个五。按《尚书·洪范》"五行，一曰水，二曰火，三曰木，四曰金，五曰土"和《周易·系辞》"天一，地二，天三，地四，天五"之论，天地生数与五行配合，天一水，地二火，天三木，地四金，天五土。"金水合处"指天一水和地四金合而为五，"木火为侣"即天三木与地二火合而为五，天土五，又是一个五。"三五"即五行，"三五"之中含天地阴阳，因此，"三五与一，天地至精"。五行包括天地，五行相合而生的丹药，是天地的精华，所以人服用可以成仙或人结仙胎可以成仙。

《参同契》用阴阳五行配卦爻讲炼丹的阴阳之道和五行之数，多为后世丹家所汲取，无论是外丹黄白还是内丹都要依阴阳之道和五行之数。其实，从根本原理上讲，内丹、外丹是相通的，都是解决生命能量形式的转换与升华，只是一借外力，一靠内力而已。这都离不开阴阳五行，道教中人常讲"每常天地交合时，夺取阴阳造化机"（俞琰《周易参同契发挥》引《翠虚篇》），就是讲掌握阴阳五行消长变易的法则，而达到与天地同流、与造化为一的仙人境界。

后世外丹讲火候、药物时，讲火候每每要讲符合日月时的循环运转，讲药物每每要讲药物的五行属性，所谓"五行气足，还丹可成"。丹道理论最为繁荣的唐代，各家各派都是以《参同契》为本。在唐代前期，《参同契》就是外丹黄白术或者说道教金丹术的代名词。当时有歌谣云："紫云顶上生，白虎含真气。自外闲文书，不及《参同契》。"由此，对后世之外丹术如何运用阴阳五行学说也就不必多谈了。

在唐以至五代，外丹衰落，内丹兴起。内丹兴起之后，更是十分推崇《参同契》。《参同契》是在内丹术兴起之后，才被誉为"万古丹经王"的。《参同契》以阴阳五行消长变化为立论的根据，以卦象的规律阐述修炼过程，同样可以用于内丹术。内丹本身就是模象外丹而起，由外而内。其演变过程是：外丹—内外丹双修—内丹。在内外丹双修期间，更能见内丹对外丹理论的模拟之迹。如《云笈七签》金丹诀类的《玄辨元君辨金虎铅汞造鼎入金秘真肘后方》所言："且如内修得一者阴丹气也，气能存生。外修得一者阳丹，丹成服饵。功能内固性命，外化五金，乃知修行不二，至药无双，天人合道，理契自然，非阴不生，非阳不成，还丹交媾，不出于水火金木土，犹即符应候，丹自成矣。"这里强调内外结合，阴阳二丹交媾，实际上就是讲内外丹双修，已经透露出内丹理论是将外丹之理论用于人身而已。内丹术的三要件，玄牝即鼎器、药物、火候，都是模仿外丹。不过，内丹的鼎器或鼎炉是指人身任督二脉的几个主要部位，如上丹田、下丹田、中丹田之类，而不是指炼制金丹时用的鼎炉，药物是人体内的精、气、神而不是铅、汞、硫黄之类，火候是整个修炼过程中，对意念的操控或运用意念掌握呼吸的程序、法度，而不是冶炼矿物制作丹药过程中对火力大小、久暂的调节与掌握。内丹所宗的典籍，是《参同契》和《悟真篇》，所以内丹运用阴阳五行说，与外丹相似。

　　总的说来，阴阳五行学说可以说是道教种种"术"的理论基础，无论是招神劾鬼，还是修炼成仙都要采阴阳五行说。道教采纳阴阳五行说或者说运用阴阳五行理论，可能是基于原初时认为天地造化都不外阴阳消长五行生克，要调阴阳、顺五行使生民无病无灾而安乐幸福，进而顺阴阳五行以修炼成仙。经由道教对阴阳五行说的运用和阐发，阴阳五行就与种种术连为一体，成为术的理论基础和实践模式。术数、方技、道术之类的种种术，因阴阳五行而取得了合法地位，阴阳五行也由此沦于术中，不能超拔。如果说阴阳家是以阴阳五行为家或因宗阴阳五行而得名，那么可以说阴阳五行的归宿就是阴阳家的归宿，阴阳家的家就在术中，阴阳家的最后安身之所就是术。

第六章　阴阳五行的图式化

魏晋以降，阴阳五行说大抵依附道教、易学和术数而行于世，理论上鲜有创造性的发挥。时至宋代，阴阳五行为理学家所重，成为理学家探讨以"性与天道"为中心的思想体系的基本范畴。宋代的阴阳五行学说可以说既集以往之大成，而又开新格局。宋代对阴阳五行学说的发展，在并不严格的意义上可以区分为易象数学派的图式化发展和由讲论天理的理学家如朱熹等人进行的思辨化发展。前者以各种各样的图式解说《周易》，展示阴阳五行之理；后者则将阴阳五行纳入其宇宙论和人性论之中，对阴阳五行之理做深入之探求。这两种不同的学风，也都在明、清时代得到传承。我们先扼要梳理象数派的阴阳五行学说，宋明理学主流派对阴阳五行的论述留待下一章讨论。

宋代易象数派讲论《周易》经传，远承汉象数派。不同的是，宋代象数派十分推崇河图、洛书，以之为八卦之源，也是《周易》之源，并创造了数以百计的图式来释《易》，所以清代学者称宋代象数派易学为图书学。图书学在明末清初受到黄宗羲、黄宗炎、胡渭、毛奇龄等人的激烈批评，但仍流传不绝，至今仍有市场。图书学依图来揭示《周易》的思想，也是以图来展示阴阳五行学说，可以说是阴阳五行的图示。

第一节　宋代图学传承

宋代之前，流传不少关于易图的传说。先秦时候已经有了河图洛书的说法，如《尚书·顾命》有"大玉、夷玉、天球、河图在东序"，《周易·系辞》中有"河出图，洛出书，圣人则之"，《论语·子罕》有"凤鸟不至，河不出图，吾已矣夫"。但是，《顾命》所谓与大玉之类玉器一起陈列在东墙之下的"河图"，《书》无明文；所谓黄河所出之图，洛水所出之书，《易传》中也无解释。如果按照以经解经的原则，可以说是不得其解。

西汉末年，谶纬流行，出现了关于河图、洛书的神秘传言。一种说法是，在伏羲治理天下的时候，有龙马从黄河里出来，背上有一个图，伏羲就根据这个图画出了八卦。一种说法是，黄帝在洛水边举行祭祀仪式，有凤鸟飞临，龙马负图从黄河里出来，神龟背书从洛水里出来，图是红的，字是篆体，交给了黄帝。此外，还有的说夏禹在尧的时候察看黄河水情，有一个白脸鱼身的长人从河里出来，自称是河精，对禹说："文命（禹的名字）治水。"说完交给禹一幅河图，河图是讲治水的事。这些光怪陆离的传说，都是神话，无助于我们弄清楚河图、洛书的起源。谶纬之学既有关于河图、洛书之传说，也可能是有图行世，否则也不会有图谶、图纬之说。但是，因为谶纬在南北朝就遭禁，隋炀帝还派使者四出查搜而焚之，"自是无复其学，秘府之内，亦多散亡"（《隋书·经籍志》），唐代又复禁之，故谶纬之图已不得而知。现在所见的易图，都是宋代开始流传的。

北宋时期刘牧、邵雍、周敦颐等人创制的河图、洛书、先天图、太极图，其来源如何其实也难以证实。现在所见最早讲述这些图的来源的，是南北宋之交的朱震。南宋绍兴六年（1136年），朱震把自己

第六章　阴阳五行的图式化

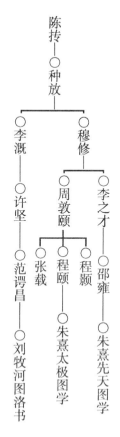

图 6-1 有宋传易图

所著的《周易集传》《周易图》《周易丛说》（三者相合，后人称为《汉上易传》）进呈给宋高宗。朱震在进书表中述易学源流，讲王弼和钟会把汉儒的象数之说尽数除去，杂之以老、庄思想以释易之后，儒者专门崇尚文辞而不再推原于《易大传》，于是天人之道就被割裂了，这种情况已经有七百余年。到了宋代，情况为之大变。"国家隆兴，异人间出，濮上陈抟以先天图传种放，放传穆修，修传李之才，之才传邵雍。放以河图、洛书传李溉，溉传许坚，坚传范谔昌，谔昌传刘牧。修以太极图传周敦颐，敦颐传程颐、程颢。"据此，宋代易图都是源出于陈抟。嗣后，虽有人对此说法提出异议，如朱熹就认为周敦颐的太极图是自作而非受之于人，但朱震之说得到很多人的支持，如陆九渊就认为"其必有考"，故几为定论。黄宗炎据朱震之说而作《有宋传易图》（如图6-1所示），看着更为清楚。

黄宗炎之图自陈抟始，而结之以朱熹，也是明示有宋易图学之开端应溯及陈抟，而其兴盛实应归功于朱熹。朱熹推尊周敦颐之学，并言"其妙具于太极一图"，作《周易本义》而列先天图、河图洛书于卷首。《周易本义》如黄宗羲所言，后来颁之于学官，而科举之学一定，经生学士不敢复议。其实何止是不敢复议，可以说是天下影从。

陈抟是有宋一代易图学的宗祖。据王称《东都事略》、朱熹《五朝名臣言行录》、《宋史·隐逸上·陈抟传》所载，陈抟字图南，自号扶摇子，亳州真源（今河南省鹿邑县或安徽省亳县）人。周世宗赐号"白云先生"，宋太宗赐号"希夷先生"。

陈抟的生年难以确考。史载陈抟四五岁的时候，有一天在涡水岸边游玩，有个青衣老妇人把他抱在怀里喂奶，陈抟自此之后日益聪颖敏悟。长大之后，读经史子集百家之言，过目不忘。后唐长兴年间参加科举，举进士不第。自此之后不求仕进，而以山水为乐。自言曾经遇到孙君仿、獐皮处士二人，告诉他武当山九室岩可以隐居，陈抟遂往栖息。陈抟在武当山服气辟谷二十余年，每天也就饮几杯酒。后来移居华山云台观，又在少华石室隐居。他经常关门大睡，一睡就是一个多月或一百多天，人称"陈抟高卧"。传说周世宗显德年间，有个樵夫在华山上发现一具沾满灰尘的尸体，就近一看，竟是陈抟。陈抟慢慢地睁开眼睛说："我正睡着呢，你干吗吵醒我？"

周世宗喜好金丹黄白术，令人将陈抟送至阙下。为了看看他的睡功是否真如传说的那么神奇，周世宗让其入禁中，关上门户以测试他，一个月后开门而视，陈抟熟睡如故。于是问陈抟黄白之术，陈抟说："陛下是四海之主，当以天下大治为念，为什么要留意黄白之事呢？"世宗没有责怪，让他做谏议大夫，陈抟坚辞不受，后放还，并下诏让本州长吏岁时存问。

入宋之后，宋太祖未尝召见陈抟。宋太宗继位，两次召见陈抟，并待之甚厚。史载宋太宗对宰相宋琪等说，陈抟独善其身，是方外之士，隐居华山四十年，已经有一百多岁了，经五代离乱之后，幸逢太平之世，所以来朝觐。宋琪问陈抟得玄默修养之道可不可以教人。陈抟说："抟山野之人，于时无用，亦不知神仙黄白之事、吐纳养生之理，非有方术可传。假令白日冲天，亦何益于世？今圣上龙颜秀异，有天人之表，博达古今，深究治乱，真有道仁圣之主也。正君臣协心同德、兴化致治之秋，勤行修炼，无出於此。"（《宋史·隐逸上·陈抟传》）若此记载为可信，陈抟实是以天下平治为念。

端拱元年（988年），他让弟子贾德升在华山张超谷凿了一个石屋。第二年七月，石屋凿成，陈抟入住其中，亲自写了数百字的上表，大意是说："臣抟大数有终，圣朝难恋，已于今月二十二日化形于莲花峰下张超谷中。"陈抟如期而卒，一连七天，他的面颜都不改变，全身湿暖，并有五色祥云封住洞口，经月不散。

史载陈抟好读《易》，手不释卷，著有《指玄篇》八十一章，言导养及还丹之事。《东都事略·隐逸传》和《宋史》本传均未曾言及陈抟所授种放之图所从何来。《宋史》本传记载有陈抟与华山隐士李琪、关西逸人吕洞宾交往之事。李琪自称是唐开元中郎官，已经数百岁。吕洞宾有剑术，年过百岁而颜如童子，步履轻疾，顷刻之间能行数百里，世人以为是神仙。但是，这些记载中也没有提到吕洞宾作太极图之类事。朱熹说："邵子发明先天图，图传自希夷，希夷又自有所传。盖方士技术，用以修炼，《参同契》所言是也。"（《周易参同契考异》附录）关于太极图，黄宗炎说陈抟通过河上公、魏伯阳、钟离权、吕洞宾这个传承系列得到的无极图，并言从麻衣道者得先天图。朱彝尊的观点与此相类。陈抟为隐逸高人，其所修服气辟谷之术也为道术，其先天图、无极图可能来源于道教中人，至于是否为吕洞宾、麻衣道者则不得而知。

陈抟以先天图等传种放。种放，字明逸，河南洛阳人。《宋史·隐逸传》称种放沉默好学，七岁就能写文章，不和其他小孩游戏玩耍。传说他扮成樵夫的样子拜见陈抟，为陈抟所重。种放不应科举，隐居终南山东明峰。种放得辟谷术，终日在峰顶望云危坐。性嗜酒，号云溪醉侯。不喜欢佛教，曾将佛经撕了作帷帐。著有《蒙书》十卷、《嗣禹说》、《表孟子》上下篇、《太一祠录》等。隐居三十年后，两次蒙召不就，后应诏面圣，甚得嘉许。大中祥符八年（1015年）十一月十九日，种放晨起，忽取章疏奏稿尽皆焚烧，穿上道士衣裳，召门生弟子饮酒，酒过数巡后离世。种放自陈读书学文，秉承父亲和老师的教诲，学古嗜退，求山水之乐，率由天性以奉至道。但后来屡至阙下，俄而又复归山，故当时就有人嘲笑其出处之迹。种放传河图、洛书于李溉，后传之刘牧，传先天图、太极图于穆修，易图自是而分传。

穆修，字伯长，郓州人。《宋史·文苑传》称，穆修少年嗜学，不事章句。宋真宗封禅泰山，诏举齐、鲁经行之士，穆修被选中，赐进士出身，调泰州司理参军。穆修性格刚介，喜好论斥时病，指责嘲弄权贵，人想跟他交结，往往被拒。张知白任亳州知州时，有豪富之士作佛庙成，知白使人召穆修作《记》。穆修所作《记》中，没有写这位富豪的名字。这个富豪送白银五百两给穆修，请求载名于《记》中。穆修不接受，并说："吾宁糊口为旅人，终不以匪人污吾文也。"穆修峻拒佛教，其母去世，他日诵《孝经》《丧记》，而不用和尚做佛事。穆修以古文称于当世，虽贫穷而死，但当时士大夫能作古文的都称颂"穆参军"。

穆修与其师种放，虽出处行迹有异，但有其共同之处。师徒二人，都排斥佛教，对于儒学，二人不但不排斥，且都深有研究。特别是穆修，还是当时古文运动的重要人物。于此可见，宋代易图学，虽然可能源出于道教，但其取儒家思想而融入道教之中亦宛然可见。至于周敦颐、邵雍等人，以图而推天地万物之理，实为儒学巨擘，而不可以其图所源自，论其学术之宗旨。

第二节　河图、洛书与阴阳五行

宋代以前所谓河图、洛书，其说纷纭，其图难征。有宋一代，图书之学兴，其首倡者为刘牧。《四库全书总目提要》说："汉儒言《易》多主象数，至宋而象数之中复歧出图书一派。牧在邵子之前，其首倡者也。"

刘牧，字先之，号长民。师事范仲淹，从学于孙复之门，而受易学于范谔昌。刘牧的著作，《宋元学案》称有《卦德通论》《易数钩隐图》《先儒遗论九事》，现存者只有《易数钩隐图》。

刘牧在《易数钩隐图》序言中自陈作易图之缘由，而对义理一派颇有微词。他说，对于《周易》，注疏之家分析经义，精心研求，曲尽妙义，但是解释天地错综之数，则语言简略，与《系辞》不偶，所以学《易》者难晓其义。他采撷天地奇偶之数，自太极生两仪而下，至于复卦，点画成图，共五十五幅，并于每图下各释其义，以使览阅者容易明晓。

刘牧以"九宫数"作成河图即龙图，以五行生成之数作成洛书。所谓"戴九履一，左三右七，二与四为肩，六与八为足，五为腹心，纵横数之，皆十五，盖《易系》所谓'参伍以变，错综其数'者也"，"洛书九畴，惟出于五行之数，故先陈其已交之生数，然后以土数足之，乃可见其成数也"（《易数钩隐图》）。简言之，即以九为河图，十为洛书。

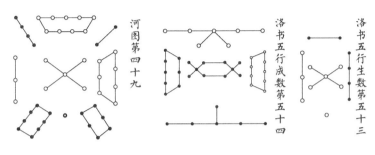

图6-2　刘牧的河图、洛书

　　刘牧所制之河图、洛书，经所不载而纬候之书也蔑闻其义，或以为是诞妄之说。对此，他在《易数钩隐图》之《龙图龟书论下》回答说，龙图龟书虽然不载于六经，但也是前贤迭相传授的，而且它的数与象相符、位与卦相偶，不盈不缩，合乎自然，不是人的智力所能设计出来的。何况古今阴阳之书没有不以之为宗的，它通神明之德，与天地之理相应，怎么能说是诞妄的呢？这些理由之核心，实是"数与象合，位将卦偶"。刘牧说，八卦是圣人观象而来，那么象又是从哪来的呢？他认为，象是由数而来的，"象由数设"。因而，河图、洛书是圣人画卦的依据。圣人（伏羲）得到河图洛书之后，由其中的天地奇偶之数，而画出八卦。

　　刘牧的河图、洛书盛行于宋仁宗时，其门人黄黎献作《略例隐诀》，吴秘作《通神》，又有程大昌作《易原》，都是发明刘牧之说。但是，叶昌龄作《图义》、宋咸则作《王刘易辨》以驳斥之。李觏认为刘牧的图过于繁复，作《删定易图论》，只存河图、洛书和后天八卦方位图，但认为"洛书五十有五，协于《系辞》大地之数，河图四十有五，虽于《易》无文，然其数与其位，灼有条理，不可移易"。张行成、朱震也都因袭刘牧之说。

朱熹的学生蔡元定认为刘牧之说与孔安国、刘歆所传不合，当以十数为河图、九数为洛书。朱熹从之，并证之以邵雍"圆者河图之数，方者洛书之文"的说法。朱熹列河图、洛书于《周易本义》之卷首，由其学生蔡元定起稿的《易学启蒙》又先列河图、洛书，后列卦画，自是之后，十为河图、九为洛书，为儒者所遵从而不敢违背。

其实，是十数为河图、九数为洛书，还是九为河图、十为洛书，难有定论。《四库全书总目提要·汉上易传》讲："宋世皆以九数为洛书，十数为河图，独刘牧以十数为洛书，九数为河图。震此书亦用牧说，与诸儒互异。然古有河图、洛书，不云十数、九数。大衍十数，见于《周易·系辞》；太乙九宫，见于《乾凿度》，不云河图、洛书。黑白奇偶、八卦五行，自后来推演之学，楚失齐得，正亦不足深诘也。"所以何者为是、何者为非，本无定论，也不足深究。私淑朱子之学的魏了翁，就不赞成朱子之说。只是宋明以来，朱熹之说习为定论，因而我们也以朱熹之说为据。相关的解说，也以朱子的《易学启蒙》为基准。

河图、洛书，虽然欧阳修斥之为怪妄，明清学者也有不少认为其穿凿附会，但毕竟是易学之重要组成部分，而其中所含对阴阳五行之理解也有很大的影响，所以也不可偏废。其图一方一圆，虽极简单，但构图精妙。天圆地方，河洛图式也有对应于天地的意思。

河图以白圈为天为阳，黑点为地为阴，其数字奇偶相合，并以天地合五方，以阴阳合五行，其图式结构分布为：一与六共宗居北方，因天一生水，地六成之；二与七为朋居南方，因地二生火，天七成之；三与八同道居东方，因天三生木，地八成之；四与九为友居西方，因地四生金，天九成之；五与十相守居中央，因天五生土，地十成之。

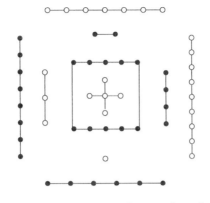

图 6-3 朱子《易学启蒙》中的《河图》

一二三四五是五行生数,"生"表示产生;六七八九十是五行成数,"成"表示完成。其意为五行相生相成,相始相终的关系。

河图十数相加,则为五十五,易学家称之为天地之数。天为阳,表现为单数,一三五七九相加为二十五。地为阴,表现为偶数,二四六八十相加为三十。这是河图的结构。

洛书,是由四十五个黑白点组成的图式。白点表示奇数,黑点表示偶数。把这些黑白点转换成数字,就是一至九的数字排列,也就是九宫图。北周甄鸾注《数术记遗》说:"九宫者,即二四为肩,六八为足,左三右七,戴九履一,五居中央。"

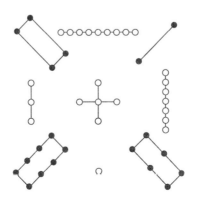

图 6-4 《易学启蒙》中的《洛书》

河图、洛书的数，不过是八卦、阴阳、五行之象的数模拟。在古代，阴阳五行家和《易传》所提出的是两种世界图式，这两种世界图式各有自己的体系，阴阳家不讲八卦，《易传》不讲五行。但是到了汉代，这两者就结合起来了，而结合的基础是阴阳家的世界图式。

汉代的易学特点是以《易传》的"象""数"说明阴阳家的图式，用《易传》的术语和范畴，说明气的发展和运行。这样，就把《易传》的世界图式和阴阳五行家的世界图式结合了起来，把《易传》和当时关于气的理论以及阴阳五行学说结合了起来。这种结合成为汉代哲学的一个重要特点。正是有了这种结合，才衍生出宋代的河图、洛书，也可以说河图、洛书不过是八卦、阴阳、五行之象的图式化、数字化。

河图的基本结构是十数与五方的结合，还要在时间的媒介下与五行结合起来。这样，春配东方、夏配南方、秋配西方、冬配北方、土居中央，加之数的生成关系，便构成了河图配阴阳五行图。北方是阳气开始生起的地方，所以配以生数一，同时与成数六相配，表示有生必有成，叫做"天以一生水，地以六成之"。南方是阴气开始生起的地方，所以配以生数二，同时以成数七与之相配，叫做"地以二生火，天以七成之"。东方是太阳升起的地方，阳气在这里逐渐成长起来，所以配以生数三，同时将成数八与之相配，叫做"天以三生木，地以八成之"。西方是日落的地方，阴气在这里逐渐成长起来，所以配以生数四，同时将成数九与之相配，叫做"地以四生金，而天以九成之"。中央配以生数五，同时将成数十与之相配，叫做"天以五成土，而地以十成之"。生、成数相配，一奇配一偶，一阴配一阳，体现了阴阳结合才能生万物的观点。这和老子的"道生一，一生二，二生三，三生万物"的宇宙生成论又沟通了。

河图还与八卦联系起来了。八卦象八种事物，即乾为天，坤为地，震为雷，巽为风，坎为水，艮为山，离为火，兑为泽。八卦又分方位，震为东方，巽为东南，离为南方，乾为西北，坎为正北，艮为东北，兑为正西，坤为西南。根据这种解释制成图，就是后天文王八卦方位图。把后天文王八卦方位图与河图叠加起来，便造成了河图十数同八卦的对应关系。

河图同八卦的对应关系便是：

"一与六共宗而居乎北"，北方为水，是坎卦所在的方位。坎象一刚陷入二柔，唯有熟悉水性方能脱险，五行属水。"二与七为朋而居乎南"，南方为火，是离卦所在的方位。离为日，五行属火。"三与八同道而居乎东"，东方为木，是震卦、巽卦所在的方位。震象春雷滚动，万物萌生；巽为齐，万物在春风的吹拂下在地上呈现一派新鲜整齐。震、巽五行属木。"四与九为友而居乎西"，西方为金，是乾卦、兑卦所在的方位。乾有刚健之性，兑象丰收之喜，五行属金。"五与十相守而居乎中"，中央为土，是坤卦、艮卦所在的方位。坤象地，艮象山，五行属土。

由此，河图十数打通了与五方、五行、八卦之间的关系。河图十数用图式形象地表达了五方四时、五行八卦之间的内在联系。

洛书其实就是原来的九宫图。九宫图的数字排列并不复杂，也可以当成一种数字游戏，但它足以使古人产生对数的神秘意识。洛书的中心数字是五，这个位置不同寻常。"中五"具有什么意义呢？《周易》有参天两地的说法，有人解释为天数为三，地数为二，三加二等于五，中五就是天和地。天地未分时就叫太极，中五又象征太极。图中的数字有一个特征，不管横排数、竖排数还是斜数，三个数之和都是十五。

有人认为八卦是从洛书中推导出来的。从洛书中推导出的八卦方位，是乾南、坤北、离东、坎西、震东北、兑东南、巽西南、艮西北。这种八卦方位，称为先天八卦方位或伏羲八卦方位。如图6-5所示。

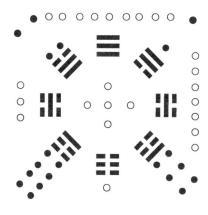

图6-5　洛书与先天八卦图

图中，中五象征天地，也就是象征太极。两对奇数：一与九、三与七，两对偶数：二与八、四与六，表示两仪。分开来看，一对九，二对八，三对七，四对六，叫四象。处于四正的奇数一三七九生乾坤坎离四正卦，处于四隅的偶数二四六八生兑震艮巽四隅卦。

洛书配先天八卦图。乾坤定上下之位，坎离列左右之门，艮兑、巽震互相对立。乾兑离震为阳，坤艮坎巽为阴。所以以乾一，兑二，离三，震四为顺，象征天左转；以巽五，坎六，艮七，坤八为逆，象征地右转。上面的卦序是虚数，卦的实数乃是乾九，兑四，离三，震八，巽二，坎七，艮六，坤一，按顺序数则为坤一，巽二，离三，兑四，艮六，坎七，震八，乾九，与父母男女的次序也相应。乾与坤，兑与艮，离与坎，震与巽，其数都为十，同洛书之数正好对应。

洛书与后天八卦相配，如图6-6所示。

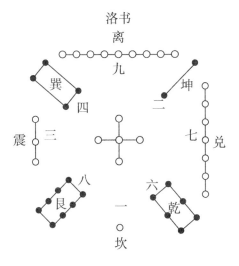

图6-6　洛书与后天八卦图

后天八卦与洛书相配：九与离卦配，一与坎卦配，三与震卦配，七与兑卦配，二与坤卦配，四与巽卦配，六与乾卦配，八与艮卦配。火上水下，所以九为离，一为坎。燥火生土，故八次九而为艮。燥土生金，故七、六次八而为兑、为乾。水生湿土，故二次一而为坤。湿土生木，故三、四次二而为震、为巽。以八数与八卦相配即符合后天八卦之位。

洛书九数与八卦有着对应关系，和阴阳五行也有密切的对应关系。洛书按逆时针运行，一六水克二七火，二七火克四九金，四九金克三八木，三八木克五十土，五十土克一六水。洛书两两相对，四九金对一六水，金生水，三八木对二七火，木生火，火燃烧又必成灰土，所以火又生土。中央之土克北方之水，水克西方之火，火克南方之金，金克东方之木，木又克中央之土，这叫逆旋而克。金在水上，是顺生；木在左，火在右，是顺生；土在中，金在上，是顺生。这是顺旋而生的关系。由此，阴阳五行也在洛书中表现出五行逆则相克，顺则相生的关系。

第三节　先天图与阴阳五行

朱熹《周易本义》卷首先列河图、洛书，接着就是伏羲八卦次序、伏羲八卦方位、伏羲六十四卦次序、伏羲六十四卦方位，并说这四张图（伏羲四图）都是来源于邵雍，是先天之学。

邵雍（1011—1077），字尧夫，谥康节。按程颢为邵雍所作的《墓志铭》，邵古代为姬姓，系召公后代，祖上世代为燕人，其曾祖迁家至衡漳（今河北南部）。邵雍幼时随父移徙至共城（今河南辉县市），后葬其亲于伊川，遂为河南人。大部分时间居住在苏门山百泉湖之上，所以又称他为百泉先生（百泉或为百源，《宋元学案》作《百源学案》）。晚年定居于洛阳。

邵雍年轻时刻苦读书，程颢说他"冬不炉，夏不扇，不就枕席者数年"，拜李之才修先天象数。史称北海李之才摄共城令，听说邵雍好学，就造访其庐，问他："子亦闻物理性命之学乎？"邵雍对曰："幸受教。"于是师事李之才，受河图、洛书、伏羲八卦六十四卦图像。邵雍受学之后，探赜索隐，妙悟神契，故其学虽受于李之才，程颢、朱熹、黄百家等称其学实多本于自得。

邵雍安贫乐道，心胸十分开阔。刚搬到洛阳的时候，住在茅屋里，风雨无遮，靠打柴卖米奉养老人，维持生计。邵雍以耕种稼穑自给，仅能得温饱，但他怡然自乐，将其所居之处称为"安乐窝"，自号"安乐先生"。早上焚香安坐，傍晚小酌三四杯，微醺即止，兴致来的时候就吟诗为乐，过一种闲适的隐居生活。

邵雍住洛阳三十年，在自己家中讲学，未尝勉强他人来学，但是前来问学的人很多，乡里闻其言而得教化，远近的人都很尊重他。士人道经洛阳，有的不去公府，但必去其家造访。邵雍为人宽厚笃实，待人接物不分贵贱亲疏，都以诚相待。聚会燕饮之际，笑语终日，而无特异于他人之言行。春秋时节行游城中，士大夫家听到其车声，则倒屣相迎，就是孩童奴仆，也都知道欢喜尊奉，不称其姓名，而称"吾家先生"。富弼、司马光、吕公著、程颢、程颐、张载等名流均与之过从甚密，前三人还合资在洛阳天津桥边为邵雍买下宅院，供邵雍居住，即后来的"安乐窝"。

邵雍为学以治《易》为主，兼及《诗》《书》《春秋》，在河图、洛书、伏羲六十四卦象的基础上，究象数之蕴，明皇帝王伯之道，著成《皇极经世》，创立了以数学观点解释和分析《易经》的新流派。易象数学派的复兴和易图学的兴起，邵雍厥功甚伟。其著作还有《击壤集》《渔樵问对》等。邵雍与周敦颐、程颢、程颐、张载并称"北宋五子"，其学说与张载的气学派、二程的理学派鼎足而立。

邵雍对天地运化、阴阳消长，远而古今世道的变化，微而飞鸟走兽及草木之性情，都能深明其理，曲造其幽，而"知虑绝人，遇事能前知"。史载王安石初罢相，吕惠卿为参知政事，富弼很忧虑。邵雍说王吕二人本来就是以势利相合，势利冲突之时，就相互为仇，无暇祸害他人。没过多久，吕惠卿果然背弃王安石。在此之前，邵雍在天津桥上听到杜鹃鸣叫，惨然不乐，说："不出二年，南方的士人当为宰相，天下从此陷入多事之秋。"有人问其缘故，邵雍说："天下将治，地气从北而南；天下将乱，自南而北。现在南方的地气到了这里。禽鸟，是得地气之先的动物。"到了两年后初行新法之时，邵雍的话就应验了。

邵雍在世之时，人们认为他能预测事情的变化，能根据某个物体的气息，推测出它的未来。因邵雍是以《周易》象数，特别是以数来推论兴废治乱，得失邪正，以数来解释天时，应验人事，而后人大多是从八卦推命、占卜方面来理解邵雍的学问，因而《宋史》称"世之知其道者鲜矣"。朱熹极尊邵雍先天之学，但也称其书为"推步之书"。可能朱熹的观点也为后世所曲解，而使后人多从推步的方面讲论邵雍之学。

邵雍在占卜预测方面有很多传说。其中有云：邵雍有一天观梅时，忽然看见有两只雀争枝落地，便马上设卦布占，知道第二天有个女子来摘花，将摔断腿，并且会很快恢复；第二天晚上，果然有个女子来花园摘梅花，园丁不知情便追赶，女子受惊跌在地上，弄断了腿。由于这种占法根据"万物皆数""万物皆象"的原理，由数和象皆可起卦，无须依靠占具，具有很大的适应性，流行最广，而记载这种占术的书《梅花易数》，被认为是邵雍所作，所以在江湖术士和一般老百姓那里，邵雍又成了能知前世后世的亦神亦圣的人物。这些传说，大抵也能曲折地反映出邵雍象数之学的影响吧。

邵雍在民间传说中是被神化了的人物。兹举一例。有一天，一个在京城做买卖的山西人，回家路过洛阳，听说邵雍算卦灵验，特地请邵雍算命。邵先生提笔在一张纸上写了几个字，递给商人说："拿去吧！"上面写了四句诗式断语："土窑休避雨，洒油莫擦油，斗谷三斤米，苍蝇抱笔头。"商人看了半天，也看不出个所以然，见邵雍不再搭理他，只好走了。刚出洛阳城不远，便阴云密布，电闪雷鸣，不一会儿，便下起了大雨。商人看前不着村，后不着店，没有避风雨的地方，见路边有座破砖窑，忙跑到窑洞里避雨。突然想起了"土窑休避雨"，赶紧跑出来。只听得哗啦一声，土窑倒塌了，吓得他倒吸一口冷气，心想邵先生真是灵验，但不知后面是什么意思。商人在外多年，其妻子早已与人勾搭成奸，见他突然回来了，心里惊慌。吃晚饭后，将灯油碰洒，淋了商人满头，他妻子连忙要给他擦，他想起邵先生的"洒油莫擦油"，连忙说："不擦，不擦。"半夜，奸夫持刀摸进来，到床边一摸，有一个油乎乎的头，心里暗骂："贱货，你男人刚回来便油头粉面的！"又摸另一颗没油的脑袋，以为是商人的，手起刀落，人头落地，然后悄悄地逃出去了。第二天商人醒来，吓得大叫，邻居赶来，将他提送到衙门，告他杀妻之罪。县官派差人查明，证据确凿，就判了他死罪。行刑那天，商人喊冤不停，县官举起笔来勾决，一群苍蝇飞来，落在笔头上，使他无法落笔。县官心中疑惑，怕真是冤枉，便放下笔，问商人详情。商人便把洛阳遇见邵雍题诗一事告诉县官，并把邵先生的题诗告献给县官。县官仔细一看，把邻居父老召来问，村子里有没有叫康七的，众人说有，便派人去抓。众人不知怎么回事，县官说："土窑休避雨，洒油莫擦油，苍蝇抱笔头，都已应验，这斗谷三升米，还有七升糠，不正是康七吗？"众人终于明白了。康七被抓来审问，果然奸夫就是他，杀人凶手也是他，遂被判死罪。商人心里庆幸，以为若有神助。类似的传说还有不少，要之皆是说邵雍断占之灵，确有真才实学。

邵雍以图书、象数之学显于世，极精于《易》数，但并非局限于《易》数。程颢称其学"汪洋浩大"，二程门人尹焞称其学为"经世之学"，若依《皇极经世》观之，也未为不当。《皇极经世》力求构造一个囊括自然、社会、人生的完整体系，认为在自然、社会和人生中有一条最根本的法则，有了这条法则，则可以上探天理，下知人事。邵雍认为，这个法则便是"理"，显而言之，便是"数"。《观物外篇》有言："象起于形，数起于质，名起于言，意起于用。天下之数出于理，违乎理则入于术。世人以数而入于术，故失于理也。天下之事皆以道致之，则休戚不能至矣。"因而，可以说邵雍是因数而明理。

邵雍认为："天之象数则可得而推，如其神用，则不可得而测也。自然而然者，天也，唯圣人能索之。效法者，人也，若时行时止，虽人也亦天也。"（《观物外篇》）象数是可以得到并推演的，他的《皇极经世》只著一元之数，如果有人加以引申推演，可以终而复始。其方法是以十二、三十相乘（十二、三十是日月之数）。因而，消息盈虚之说，不用著之于书，使之得一元之数而加以推求即可，也就是"藏诸用"。这也是《易》所谓"天地之数"。

邵雍用他的象数学理论来理解八卦，提出自己独特的八卦理论，这就是先天图的提出。所谓"先天"，来自《周易·文言》中的术语，即"先天而天弗违，后天而奉天时"。其本义是先天的东西天也对其无能为力，后天的东西要受天的约束。但邵雍解释为，先天是讲自然本然的规律，后天是讲人利用自然规律的作用，变成了先天讲天道，后天讲人道了。

用先天的理论去理解八卦的生成，也就是天地自然宇宙的生成，便是他的先天八卦次序，邵雍创造了《伏羲八卦次序图》（《先天八卦次序图》），如图6-7所示。

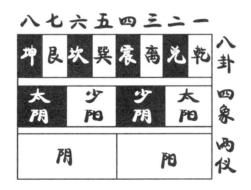

图6-7 伏羲八卦次序图

对于先天八卦的生成过程，邵雍并不赞成通常所说的河图、洛书说，他放弃河图、洛书是天地之正数的说法，也不把八卦与河图、洛书联系起来，也不采用《周易·系辞》中的极数以定象的说法。邵雍根据《周易·系辞》中的"是故易有太极，是生两仪，两仪生四象，四象生八卦，八卦定吉凶，吉凶生大业"，来建立自己的八卦起源理论。

按照邵雍的理解，八卦是这样形成的："太极生两仪"就是太极生出阴阳两爻，然后阳爻与阴爻各自相交，一阴一阳生下去，就成了太阳、少阴、少阳、太阴四象，这四象再一阴一阳地生下去，就得出八卦。邵雍采用的是简单的二分法，一分为二，二分为四，四分为八。按照这个原则还可以无限地推演变化下去，四演化为八，八卦可以一阴一阳分为十六卦，十六卦再分为三十二卦，三十二卦又可以演变为六十四卦。于是就有《伏羲六十四卦次序图》，也就是《先天六十四卦次序图》。就像一棵大树，从根到树干，从树干到树叶，越来越细，越来越密，越来越庞杂。连续推下去，是顺推，可以有无穷变化、千姿百态；向上追溯，是逆推，最后复归于一，复归于太极。

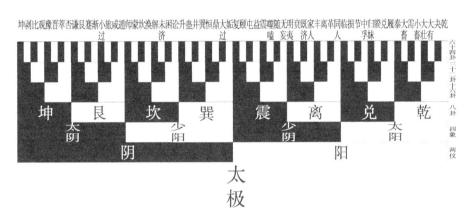

图6-8　伏羲六十四卦次序图

邵雍用数来解释八卦和六十四卦的形成和起源，相对河图、洛书之说要来得合理一些，其理论也不借重于五行学说，而是从《周易》自身推导出来，显得有根有据，同时，又删除一些妄言虚语，比较合情合理，更能为后来的人们所接受。

本来非常简单的自然数，在邵雍那里具有十分神秘的意义和功用，成了天地万物的决策者，成了八卦、六十四卦的起源，并且六十四卦并不是结束，还可以无限地推演下来，就像世界还要无限制地繁衍下去一样。

朱熹对邵雍这种依靠自然数的演变说明世界的八卦理论，大加赞赏，认为邵雍的学说才是"伏羲氏之《易》"。他在《答虞士朋书》中说："易有太极，是生两仪者，一理之判，始生一奇一偶，而为一画者二也。两仪生四象者，两仪之上各生一奇一偶，而为二画者四也。四象生八卦者，四象之上各生一奇一偶，而为三画者八也。……是皆自然流出，不假安排。圣人又已分明说破，亦不待更著言语，别立议论而后明也。此乃易学纲领，开卷第一义，然古今未见有识之者。至康节先生始传先天之学而得其说，且以此为伏羲氏之《易》也。"邵雍的八卦次序图，在朱熹眼中，才是真正的圣人真意。

邵雍区分伏羲八卦方位（先天八卦方位）与文王八卦方位（后天八卦方位），具体就是通过八卦排列位置的区别。从汉代以来，人们根据八卦和五行相对应的某些性质，以八卦分别表示八个方位，其中坎、离、震、兑居北、南、东、西四个方位，称为四正卦；以乾、坤、巽、艮分别居于西北、西南、东南、东北四个偏位，称为四维卦。邵雍认为这是后天八卦方位，其排列顺序的根据是《周易·说卦》中的"起震终艮"一节，即万物生于震位，生长整齐于巽位，显现于离位，役养于坤位，欣悦于兑位，相接于乾位，劳倦于坎位，成就于艮位（如图6-9所示）。

图6-9　文王八卦方位图

邵雍认为后天八卦是文王的作品，文王八卦也是从伏羲八卦发展而来的。后天八卦方位图主要是更清楚地表达了四时的推移、节气的变化和万物的生长情况，更好地阐明了《易》道的作用和万物的功能。但是要是说明八卦的生成、六十四卦的起源，后天八卦则无法与先天八卦相比。

邵雍认为，后天八卦的排列不能很好地说明《周易》的原意，因为《周易》中以乾、坤两卦置于全书之首，乾、坤象征天地。《周易·序卦》中说"有天地，然后万物生焉"，从而证明乾、坤是万物的根源，但在后天八卦方位图中，乾、坤被放在一个非常不显眼的角落里，不仅无法解释乾、坤生育万物、支撑万物的作用，而且与《周易》的原意不合。邵雍根据《周易·说卦》上的"天地定位，山泽通气，雷风相薄，水火不相射"，对汉代以来的八卦方位，也就是后天八卦方位图进行调整。重新设置一个八卦方位图，称之伏羲八卦方位图（先天八卦方位图）。

图 6-10　伏羲八卦方位图

在先天八卦方位图中，乾南、坤北、离东、坎西，其余震、艮、巽、兑分别居于东北、西北、西南、东南。以方位上看，坤卦处在下北，为阴气全盛，而阳气初生，乾卦处在上南，为阳气全盛，而阴气初生，说明了阴阳化生万物。

根据先天八卦方位图，按先天六十四卦之次序，又可以更进一步地推导出六十四卦方位图（如图6-11所示）。其中，圆图是以六十四卦次序规而圆之，方图是以六十四卦次序割而叠之。

先天方位圆图，左属阳，右属阴。按朱子之说，坤无阳，艮坎一阳，巽二阳，为阳在阴中逆行。乾无阴，兑离一阴，震二阴，为阴在阳中逆行。震一阳，离兑二阳，乾三阳，为阳在阳中顺行。巽一阴，坎艮二阴，坤三阴，为阴在阴中顺行。这是就内八卦而言。就外八卦而言，阴阳之运动，也是如此，阳在阴中逆行，阴在阳中逆行。

方图中起巽震之一阴一阳，然后有坎艮、离兑之二阴二阳，后成坤乾之三阴三阳，其序皆自内而外。内四卦震巽相配而近，有雷风相薄之象。震巽之外十二卦纵横，坎离有水火不相射之象。坎离之外二十卦纵横，艮兑有山泽通气之象。艮兑之外二十八卦纵横，乾坤有天地定位之象。由四而十二，而二十，而二十八，皆有隔八相生之妙。

图6-11　先天六十四卦方位图

中国阴阳家

128

方图和圆图的区别，依朱熹解释，则圆图取象于天，一顺一逆，流行中有对待，如震八卦对巽八卦之类。方图取象于地，有逆无顺，定位中有对待，四角相对，如乾八对坤八之类。

　　邵雍之所以作先天四图，既是明《易》道，阐天地阴阳动静之理，也是述其内圣外王之学。邵雍说："先天学，心法也。故图皆自中起，万化万事生乎心也。""先天之学，心也。后天之学，迹也。出入有无死生者，道也。"（《观物外篇》）其所谓"心"，就是"太极"，也就是"道"，心与道与太极，实为一体。邵雍说："人也者，物之至者也；圣也者，人之至者也。……人之至者……谓其能以一心观万心，一身观万身，一物观万物，一世观万世者焉。又谓其能以心代天意，口代天言，手代天功，身代天事者焉。又谓其能以上识天时，下尽地理，中尽物情，通照人事者焉。又谓其能以弥纶天地，出入造化，进退古今，表里人物者焉。"（《观物内篇》）邵雍之作先天图，明天地阴阳之道，大抵是欲明古之圣人穷理尽性、尽性知天、存心养心之所本。全祖望在《百源学案序录》中言："康节之学，别为一家。或谓《皇极经世》只是京、焦末流，然康节之可以列圣门者，正不在此。"《百源学案》载熊勿轩之言曰："康节先天图心法与濂溪太极图实相表里。"由此观之，则邵雍作先天图，实意在振兴儒学，而其学则有取于道教，这也是当时学术之大势。但在后世，如黄宗羲所说，"康节反为数学所掩"，在阴阳术数方面有其独特之影响。

第四节　太极图与阴阳五行

　　太极作为一个实体性的概念，最早的出处可能是《周易·系辞》。《庄子·大宗师》中说"道"："在太极之先而不为高，在六极之下而不为深"。这里的"太极"一词，可能并非是实体性的概念，而只是时间性或方所性的概念。《系辞》中有："易有太极，是生两仪，两仪生四象，四象生八卦。"在这段描写宇宙生成图式的文字里，太极被认为是世界万物的起源。

在早期的太极学说里，没有太极图。当然也有一种说法，认为早期的太极图失传了。按照现在能见到的资料，只是在宋代才开始出现太极图，而我们今天常见的标准太极图在明朝时才流行起来。宋代所说的太极图，并不是现在所说的阴阳鱼太极图，而是周敦颐的太极图。

周敦颐（1017—1073），字茂叔，宋道州营道（今湖南道县）人。原名敦实，避宋英宗旧讳，改名。其父周辅成赐进士出身，官贺州桂岭县令。其父死后，依靠其舅父龙图阁直学士郑向生活。成年后，由其舅父推荐，先在吏部候补，后调洪州分宁县主簿，因善断疑案，初显决狱才华，得到士大夫的交口称赞。

1044年，被推荐为安南军司理参军。因反对转运使王逵用刑酷苛，依法断案，名声大噪。这时，兴国县知县程珦见周敦颐气貌非凡，不是平常之人，与之交谈，果然是"为学知道者"，遂令其子程颢、程颐拜周敦颐为师。及程珦迁为郎官，按惯例当举荐代替自己的人，便举荐周敦颐，后程珦每次迁授，必举荐周敦颐。

周敦颐先后任郴县县令、郴州桂阳县令，因政绩突出而改任大理寺丞，1056年任太子中舍金书，署合州判官事，从学者众。后解职回京师开封，反对王安石等人的变法维新。1061年，周敦颐任国子博士，为虔州通判，上任途中经庐山，在庐山山麓建濂溪书院。晚年辞官，定居庐山莲花峰下，1073年去世。后人称之为濂溪先生。

周敦颐作太极图，其友潘兴嗣所作《濂溪先生墓志铭》中提及此事。潘说周"善谈名理，深于易学。作《太极图》《易说》《易通》数十篇，诗十卷，今藏于家"。逮及朱震奉旨进其所撰《周易集传》，附周敦颐所作太极图，始刊行于世。朱震说："太极图，周敦实茂叔传二程先生"。但是，程颢、程颐在与其门人讲论问答之时，均未曾提及。朱震所进之图（图6-12左），阴静在上，阳动在下。朱熹认为不符合《太极图说》的原意，遂加以改正（图6-12右），这也是后来习见的周氏太极图。

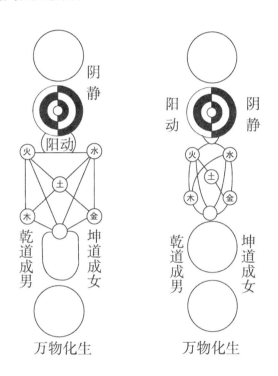

图6-12 朱震所进太极图 朱熹改定的太极图

周敦颐所作之太极图，朱震认为是自陈抟、种放、穆修而来。朱熹依据潘兴嗣之《墓志铭》，认为是周敦颐自作，而非得之于人，并手绘以授二程兄弟。但陆九渊在与朱熹辩论《太极图说》时，仍赞同朱震之说。黄宗炎作《太极图说辨》，认为太极图创自河上公，传自

陈抟，名为无极图，乃方士修炼之术。关于周氏太极图来源之说主要
就是这两种，即传自陈抟或为自作，至于传说是周氏十多岁时游濂溪
之西的月岩而悟"太极"之理，则为附会。依多数学者之见，应为出
自无极图。

图 6-13 无极图

从基本结构和内容来看，无极图是《道藏》的《上方大洞真元
妙经图》中的《太极先天之图》。太极图与无极图是对同一张道图的
正反顺逆的两种解释和描述。对《道藏》中的《太极先天之图》作正
顺的解说，用来说明宇宙的生成图式，称为太极图；如果从逆反的角
度来看，用来说明道教修仙的内丹的修炼，称为无极图。陈抟把道图
《太极先天之图》铭刻在华山石壁上，是为了强调这张道图是用于指
导炼丹。图中自下而上，以人身比附宇宙，以内丹修行比附外丹烧

炼，以人体为鼎，以体内精气为药物，以神为运行的火候，通过修炼精气神结而成内丹。按黄宗炎的解释，图的最下圈为"玄牝之门"，指人身命门两肾空隙之处，气就是从这里产生的，叫做祖气。稍上一圈为"炼精化气、炼气化神"。中层的五个小圈分别代表金、木、水、火、土，各为"五气朝元"。再上一层黑白相间的一圈叫做"取坎、填离"。最上一圈名为"炼神还虚、复归无极"。这种内丹的修炼过程，恰恰与道教的宇宙生化过程的顺序相反，也就是作为万物中一员的人要返朴归真，必须同无极而太极而化生万物的顺序相反，不断地寻求最早的出发点。

周敦颐的太极图来源于陈抟，但其宗旨并不相同。陈抟的太极图讲的是道教的修炼方法，而周敦颐的太极图则是表达宇宙本体、世界生成、万物变化过程的图式。

周敦颐关于太极图的解说，是《太极图说》。经过朱熹的整理，原文是这样的："无极而太极。太极动而生阳，动极而静，静而生阴。静极复动。一动一静，互为其根；分阴分阳，两仪立焉。阳变阴合，而生水火木金土。五气顺布，四时行焉。五行，一阴阳也；阴阳，一太极也；太极，本无极也。五行之生也，各一其性。无极之真，二五之精，妙合而凝。'乾道成男，坤道成女'，二气交感，化生万物。万物生生，而变化无穷焉。惟人也，得其秀而为最灵。形既生矣，神发知矣，五性感动，而善恶分，万事出矣。圣人定之以中正仁义，而主静，立人极焉。故圣人与天地合其德，日月合其明，四时合其序，鬼神合其吉凶。君子修之吉，小人悖之凶。故曰：'立天之道，曰阴与阳；立地之道，曰柔与刚；立人之道，曰仁与义。'又曰：'原始反终，故知死生之说。'大哉《易》也，斯其至矣。"

"太极"，按"易有太极，是生两仪"，是表示最高存在的范畴，有太始、太初之意。周敦颐在太极之上又安上一个"无极"，实是吸收了道家"有生于无"的思想，构成了一个"无极而太极"的新命题。当然，按朱熹之见，无极只是表明"上天之载，无声无臭"，不是太极之外，还有个无极。

在"无极而太极"的基础上，周敦颐进而认为一动一静，分阴分阳，两仪立焉。既然太极是从无极而来的"一"，动静又如何产生呢？他认为动静是互根的，各自都是对方的根源，因为动极而静，静极而动。正是因为有了动静，有了阴阳变化，便产生了金木水火土五行。由于有了阴阳五行的作用，便有春夏秋冬四季的划分，阴阳五行的交合，便有了男女，有了万事万物生生不息的变化。

周敦颐认为，之所以有这个形形色色的世界，是五行交互作用的结果。如果逆推上去，之所以有五行，是阴阳作用的结果，之所以有阴阳，是有太极的存在，之所以有太极，是因为有无极至真至朴的世界，这又是陈抟的反朴归真的求仙之道，也是陈抟的无极图的内容。因此，陈抟讲究修炼成仙，重视太极图逆向推理，而周敦颐要解释宇宙生成，因而重视太极图的顺向推演，陈、周的不同，可以看成太极图的一体两用。

周敦颐这个理论并不是十分新鲜的东西。早在汉初时，黄老道家便认为，元气是世界的本源，元气可分为阴阳两种特性，气由于阴阳的作用而生五行，五行交合而生万物。董仲舒也完成了阴阳五行的结合，提出上天生阴阳，阴阳生五行，阴阳五行结合而产生万事万物，产生春夏秋冬四季的变化。但周敦颐的宇宙生成模式与以董仲舒为代表的学者所提出的宇宙生成模式的区别是，周敦颐用太极图形象地表达了自古以来就存在的以阴阳五行来解释宇宙生成、变化过程的宇宙生成模式，也可以说是中国传统的以阴阳五行为基础的宇宙生成论和宇宙模式论的图示化。

周敦颐的太极图和《太极图说》，又有不同于前人的内容，这就是将阴阳五行和圣人之道有机统一起来。人是得到阴阳五行的精华而生的，心是最灵的，是先天具有天地之五性的，是善。人先天的善性感于外物而后动，就有了善、恶之分。因而，圣人就规定了中正、仁义，而以静为主导，遂确立了人的最高标准。这样一来，宇宙生成和儒家伦理就是一体的，或者说，宇宙论和伦理学是一体的，而儒家伦理的根本就是宇宙本体。因而，朱熹说"程子之言性与天道，多出于此"，并非无据。

南宋初年，胡宏在《通书序略》中称周敦颐启二程兄弟以不传之秘，"一回万古之光明，如日丽天；将为百世之利泽，如水行地，其功盖在孔孟之间矣"。朱熹反复称颂周敦颐"深探圣贤之奥，疏观造化之原"，继孔孟不传之学。周敦颐作为宋明理学开山之人的地位，也由此确定。《宋史·道学传》称孟子没后，儒家圣人之道再无传承。"千有余载，至宋中叶，周敦颐出于舂陵，乃得圣贤不传之学，作《太极图说》《通书》，推明阴阳五行之理，命于天而性于人者，了若指掌。"周敦颐是将圣人之道复明于世的关键人物，就其太极图之所源来看，实有取于道教，再就道教而远推一些，则有取于阴阳家之阴阳五行论。

朱熹推尊周敦颐之太极图、邵雍之先天四图，著《易学启蒙》明象数梗概，对图书之学用心极深。朱熹曾托蔡元定入蜀寻找易图，蔡从蜀之隐者手中求得三张图。这三张图是什么样的，朱子无说，蔡氏所著书中不载。魏了翁谋求于蔡氏之孙，也没有得到。明朝初年，赵㧑谦在《六书本义》中刊布了一幅《天地自然河图》，又叫《先天太极图》。赵氏说，这张图就是蔡元定从四川一位隐士（蜀之隐者）手里得到的三张图之一，名为"先天图"，也称"太极图"。

图 6-14 天地自然河图

　　赵㧑谦说这张图连朱熹也没有见过。他自己是从陈伯敷处得到，仔细玩味，发现它有"太极函阴阳、阴阳函八卦之妙"。这张图，当时流传极广，多数人也以为是真图。但对赵氏的说法，也有人表示怀疑。因为蔡元定是朱熹的得意门生，与朱熹无话不谈，蔡元定没有理由要对朱熹保密。不过，胡渭认为，这张图就是蔡元定带回的三张图之一，而且就是陈抟传授给种放而后邵雍得之的先天图。邵雍所谓的先天古易，都是本于此图。后人谓之"天地自然之图"或"太极真图"，其环中为太极，两边白黑回互。白为阳，黑为阴，阴盛于北，而阳起薄之。因此，邵雍说"震始交阴而阳生，自震而离而兑，以至于乾，而阳斯盛焉"①。至于为什么朱熹不将此图列于《周易本义》之首，是因为该图出自陈抟，源自魏伯阳，不若根柢于《易传》大衍之数的图为得其正传，而不是蔡元定秘之而不与朱熹说。

　　胡渭的《易图明辨》，还载有赵仲全《道学正宗》里的"古太极图"。赵氏谓：古太极图，阳生于东，而盛于南；阴生于西，而盛于北。阳中有阴，阴中有阳，而两仪，而四象，而八卦，都是自然而

---

① 胡渭.易图明辨[M].成都：巴蜀书社，1990：87.

然。胡氏认为，这张图可能也是青城山隐者所传的。为什么不称之为"河图"而称之为"古太极图"呢？胡氏以为，当时人们都信从朱子的《易学启蒙》，以五十五数为河图，而周敦颐又自有所谓"太极图"，所以不名之为河图，而称太极图，并加"古"字以示与周敦颐的太极图有别。

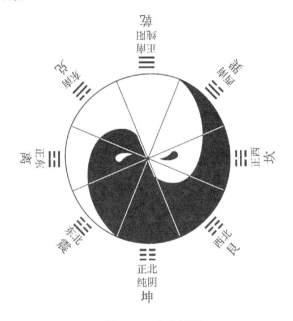

图 6-15　古太极图

胡渭认为，天地自然之图和古太极图，就是陈抟的先天图。他说，先天图虽然是丹家修炼之诀，但是也必须得其人才传，若非其人则不传。所以，宋初只有种放、穆修得受陈抟之学，而没有听闻还有其他人也得传授。后来穆修传授给李之才，李之才传授给邵雍，而天下人才知道有象数之学，也就是天地自然之图和古太极图，也称太极图或河图。如果胡氏之说确为可信，太极图是出于炼丹家的创造，那么太极图就与阴阳家脱不开干系了。当然，这些也都是推测，真实的历史情况如何，不得而知。

第七章 阴阳五行的理学思辨

宋明理学是具有思辨性的儒学。宋明理学主流派旨在重建儒家道统，以性与天道、本体与工夫为中心问题，以学为圣人为旨归，构建了系统的哲学体系，其理论思维的精微深密度越前人。理学对儒家伦常道德的正当性、权威性和普适性论证，超越了历史社会功用和感性经验的层面，摒弃了神秘的附会，而代之以理性思辨和主体体验，将伦理学和本体论、宇宙论贯通为一。理学家围绕将其态度和信仰组织起来的核心范畴认识世界、解释世界和构建其学术思想体系，如张载的"气"、二程的"天理"、朱熹的"理"、陆九渊的"心"、王阳明的"良知"。这就是他们学术思想的思辨性特征。所谓阴阳五行的思辨化，就是说理学家将阴阳五行纳入由中心概念组成的范畴之网中加以辨析，阴阳五行成为其理论范畴体系的构成环节。

宋明理学对阴阳五行的思辨，内在地包含着祛除阴阳五行天启性、神秘性的特质，而其外在表现就是将阴阳五行从风水、星命、相术中剥离出来，即对阴阳五行进行理性的澄清。宋明理学家中也有人在做澄清的工作，如王廷相、王夫之等人。《明史·五行志》说，"彼刘（歆）、董（仲舒）诸儒之学，颇近于术数机祥，本无足述"。这种斥责术数机祥的理性态度，等于宣告了阴阳五行及以此为根基的星命、相术、风水等等的末路，实开现代学者如梁启超等猛烈批判阴阳五行说的先河。

第一节　理学奠基人物的阴阳五行思想

依《宋史·道学传序》，理学的奠基者是周敦颐、张载、程颢和程颐。周敦颐作《太极图说》《通书》"推明阴阳五行之理"，张载作《西铭》"极言理一分殊之旨"，程颢、程颐"表章《大学》《中庸》二篇，与《语》《孟》并行"，于是上自帝王传心之奥，下至初学入德之门，融会贯通，无复余蕴。他们论阴阳五行，也都有新见，各自精彩。

《宋史·五行志》认为："自宋儒周敦颐《太极图说》行世，儒者之言五行，原于理而究于诚。"所谓"原于理而究于诚"，即由推阐阴阳五行之理而至"立人极"，即人之为人的根本和如何做人、做什么样的人。张栻说，周敦颐"推本太极，以及乎阴阳五行之流布，人物之所以生化，于是知人之为至灵而性之为至善。万理有其宗，万事循其则"（《南康军新立濂溪祠记》）。这可以看成是"原于理而究于诚"的具体解释。所谓"推本太极"，用现在的哲学术语说，就是本体论或本根论；"阴阳五行之流布，人物之所以生化"，是宇宙生成论；"人之为至灵而性之为至善"，是人性论。这三者都属于"原于理"的范畴。"究于诚"，则可以说是认识论和伦理学。本体论和伦理学是贯通的，而阴阳五行是其中间环节。

周敦颐在《太极图说》中，构建了一个万物化生的图式。这个图式的简化表述，就是太极（动静）→阴阳（动静、变合）→五行（顺布、妙合）→男女→万物。由太极经阴阳的变合而生五行，这是属于立无极的一个圆圈，属于自然范围。在五行以下，由乾道成男，坤道成女，到万物化生，是立人极的一个圆圈。这个圆圈属于社会和人生的范围。合这两个圆圈，便构成了自然、社会、人生一体化的系统。

在周敦颐的太极图式系统中，阴阳五行根于太极（无极），是由太极化生而来。与董仲舒相比，更加明确了阴阳五行的本根，这就是"原于理"。此其一。其二，阴阳五行化生万物。《通书》中有"二气五行，化生万物"，《太极图说》中有"阳变阴合，而生水、火、木、金、土。五气顺布，四时行焉"。其三，阴阳五行是气，是太极（无极）化生万物之具。与董仲舒之说相比，阴阳不再是天志的表现，五行不再是天道的表现。其四，五行中具阴阳，阴阳中具太极。故万物莫不具阴阳，也莫不具太极。所谓太极本体，内在于万物之中。其五，人是由阴阳五行化生而来，得"阴阳""五行"之秀，因此人性本来是善的，但五行之质不同、四时之气各异，所以人的禀赋气质不同。人只要遵从圣人之道，便能做到圣人的境界："与天地合其德，日月合其明，四时合其序，鬼神合其吉凶。"这也就破除了所谓的天人感应，而代之以更精致的天人合一。这就是"究于诚"。

周敦颐对阴阳五行的定位，就是把它作为天理（太极、无极）与人道的中间环节，是为其强调人道服从于天理服务的。换言之，就是宇宙论和伦理学之间的中介环节。周敦颐认为人由阴阳二气和五行之秀所凝聚而成，则人亦当服从派生阴阳五行的太极（无极）。这与董仲舒机械的罗列和比附相比，要深刻、严密得多，所以《宋史》称周敦颐"推明阴阳五行之理"。但是，从宋明理学的发展来看，周敦颐不能说已经"推明"，只能说是刚开始推，他的太极（无极）尚有"空"的嫌疑，而阴阳五行与太极的关系，即所谓气与理的关系，尚未有明确的析分，即对形而下与形而上两者的关系还是阐释得不太清楚。周敦颐之后，二程侧重于讲"理"，张载侧重于讲"气"，而洛学和关学的共通之处都在于十分明确地指出阴阳是气。

张载立"气"破"空"，立"有"破"无"，以"太虚即气"斥释、老二氏之学。张载说："凡可状，皆有也；凡有，皆象也；凡象，皆气也。气之性本虚而神，则神与性乃气所固有，此鬼神所以体物而不可遗也。"（《正蒙·乾称》）"有"是有象，是气聚的状态；气散的状态也不是"无"，而是"太虚"，这是气的本来状态。"太虚无形，气之本体，其聚其散，变化之客形尔。"（《正蒙·太和》）所谓"本体"，是指本来状态。"太虚"之气有两种状态，即聚和散。气聚而成万物，气散而归太虚。因而，气充塞宇宙，宇宙既不是空，也不是无。释、老等说虚、说空，正是因"不悟一阴一阳范围天地、通乎昼夜、三极大中之矩"的结果。阴阳二气是范围天地，贯通天、地、人和昼夜的宇宙间唯一规律。

张载认为，阴阳是气，阴阳二气的运动生成世界万殊、天地万物。他说："浮而上者阳之清，降而下者阴之浊，其感通聚结，为风雨，为雪霜……"通过感通聚散的运动变化，而产生各种事物、各种现象。天地的生成和运行，也离不开阴阳二气。"地纯阴凝聚于中，天浮阳运旋于外，此天地之常体也。"（《正蒙·参两》）天地运行受阴阳所制，地阴不动，天阳运转。"恒星不动，纯系乎天，与浮阳运旋而不穷者也。"日月分属阴阳，所以运动的速度不同。"月阴精，反乎阳者也，故其右行最速；日为阳精，然其质本阴，故其右行虽缓，亦不纯系乎天，如恒星不动。"宇宙的万殊现象由阴阳而成。

阴阳二气，各有其特质，而为对待的两端，但是你中有我、我中有你，互藏、互渗。"阴阳之精互藏其宅，则各得其所安。"阴藏阳宅，阳藏阴宅，阴阳相济，各得其安，即阴中有阳，阳中有阴的意思。"天象者，阳中之阴；风霆者，阴中之阳。"（《正蒙·参两》）阴阳互透、包藏的程度不同，而形成的事物亦不同。阴阳的对待统一，不是相互否定的关系，也不是现代人所说的否定之否定的关系，而是互相交感的关系。"天性，乾坤、阴阳也，二端故有感，本一故能合。"（《正蒙·乾称》）所谓感，"以其能合异，故谓之感"，就是把性质相异的二端合而为一；所谓合，"若非有异则无合"，就是相异之物的结合。感合，是讲对待二端的统一。这种统一，不是后来才有的，而是本然具有的，阴阳本身就是一体，也就是气。

阴阳虽同为气，但毕竟是二气，其性质和功能不同。"阳之德主于遂，阴之德主于闭。"（《正蒙·参两》）王夫之释为："遂，发生成物；闭，收藏自成。"阳的性质是发散、上升、通畅，阴的性是凝聚、下降、闭塞。阴阳之间，也是一种受与施的关系："星月金水受光于火日，阴受而阳施也。"阴与阳的地位，就受与施而言，实是一尊一卑，此亦所谓阳尊阴卑。

张载认为阴阳是气，而所谓气，现代学者常以物质论之，但张载所讲的气，不可纯以物质论。所谓"神与性乃气所固有"，则气之本身含有精神在内。气之聚散升降，也展现出宇宙间事物所遵循之规律。张载说："阴阳者，天之气也（亦可谓道）。"（《张载集·语录中》）又言："一阴一阳不可以形器拘，故谓之道。"（《横渠易说·系辞上》）阴阳在张载这里被作为气的表现形式，也是本体，阴阳二气与道，实是一体两面。在张载的思想体系中，阴阳是气，是本体范畴。阴阳之间的关系，是相反相成，而为"和"的关系，所谓"有反斯有仇，仇必和而解"。

张载认为阴阳是气，五行也是气。他批评"中央土寄王"之说，认为从道理上讲是错的。他说："大率五行之气，分王四时，土固多于四者，然其运行之气，则均施错见。金木水火皆分主四时，独不见土之所主，是以有寄王之说。然于中央在季夏之末者，且以《易》言之，八卦之作，坤在西南，西南致养之地，在离兑之间，离兑即金火也，是以在季夏之末。"（《张载集·语录下》）依此，张载对五行与四时相配之说所持之观点，仍为以木、火、金、水配春、夏、秋、冬，而土则为季夏。他认为金木水火土五星，是五行之精气。五星之所以是五行之精气，因为天上的星辰独有此五星动，从颜色上讲可以验证，从心而论，也有此理。

张载论气、论阴阳，以气为本体。程颢、程颐兄弟与张载有所不同，他们不赞成气是本体之说，而以"天理"为本体。程颐认为："'一阴一阳之谓道'，道非阴阳也，所以一阴一阳道也。"（《二程遗书》卷三）阴阳是气，而气不是道，气之本体才是道。理与气要分别开来，气是构成形而下之事即器的质料，而不是道。"离了阴阳更无道，所以阴阳者是道也。阴阳，气也。气是形而下者，道是形而上者。"（《二程遗书》卷十五）阴阳是相互对待的，而道是独一无二的，没有对待。

阴阳不是道，更不是其自家体贴出来的天理，而是气，气是万物生成与毁灭之所由。"陨石无种，种于气。麟亦无种，亦气化。厥初生民亦如是。"没有生命的陨石，神奇之动物麒麟，人类之始祖，都是气而生。天地万物生于气，而气是自然生成的，所谓"气则自然生"，"天之气亦自然生生不穷"。气自然分为二，分为二，便有所感，而为生生之本。"既曰气，则便是二。言开阖，已是感，既二则便有感。所以开阖者道，开阖便是阴阳。老氏言虚而生气，非也。"（《二程遗书》卷十五）气是自然生成或者说自然存在的，而不是从虚空中产生的，气之分合，也是自然。气分为二，便是阴阳，阴阳动静相因，变化无端，生成万物。"日月，阴阳之精气耳……四时，阴阳之气耳，往来变化，生成万物。"（《伊川易传》卷三）自然界的雷电霜露等现象，其成因也在阴阳二气，"电者，阴阳相轧；雷者，阴阳相击也"（《二程遗书》卷二下）。举凡天地间所有之事物与现象，莫不与阴阳相关。

阴阳之所以能构成天地万物以及自然界众多现象，是因为阴阳具有对待统一的属性。阴阳之本为动静，动静相因而成变化。动静无端，故生生不穷。动静相因，互为因果和条件。动静不相离，静中有动，动中有静，故而动静一源。阳动阴静，阴阳交感而生万物，阴阳不交感则不能生物。"一阴一阳谓之道。阴阳交感，男女配合，天地之常理也。"（《伊川易传》卷四）所谓"天地纲缊，万物化醇"，程氏认为："纲缊，阴阳之感。"（《二程遗书》卷十五）阴阳纲缊交感而生物，阴阳二气相交感，相摩相荡，是万物化生的内在动因。阴阳交感，故有感必有应。"阴阳皆相应，是男女居室夫妇倡随之常道。"（《伊川易传》卷四）有感必有应，有应必有感，而在程氏看来，天地之间，就是一个感与应而已。阴阳交感在其开始时，阴阳始交万物始生而未通畅。"阴阳始交，则艰屯未能通畅。"到阴阳交感而和畅，万物遂生。"天地阴阳之气相交而和，则万物生成，故为通泰。""阴阳和畅，则万物生遂，天地之泰也。"（《伊川易传》卷一）阴阳交感而和畅，便能生物或物有生意；不和畅而闭塞，便不能生物或物将亡，所谓"凡物参和交感则生，不和分散则死"（《二程遗书》卷六）。

阴阳交感而生万物，而万物不同，其性其形各自有别，乃是因为五行之性不同。五行，就是五气。"五气之运，则参差不齐"。"天有五气，故凡生物，莫不具有五性，居其一而有其四。至如草木也，其黄者得土之性多。"（《二程遗书》卷十五）天地万物，都是五气所生，所以都具有五性。五行，就生成万物而言，是五气；就内在于万物而言，则为五性。万物得五气有别，所以其五性也有不同。"动植之分，有得天气多者，有得地气多者，'本乎天者亲上，本乎地者亲下'。然要之，虽木植亦兼有五行之性在其中，只是偏得土之气，故重浊也。"（《二程遗书》卷二上）至于人，也是五性杂糅的多，而精一者则偶尔或有。因为得精一之气、之性的人非常难得也非常少，所以有时命不长久。

程颢认为，五行是"天之道"，而五事即貌、言、视、听、思，则是"人之道"。王者之治，就是修人事而致天道。五事修治，五行就有序，五行有序，水火金木土五材，就丰美，人民就能安享其利。五材之生，是天，而非人；五事之修，是人，而非天。虽然如此，五事正，五材自然就能得其性，这是以天之道为法则，也是王者所当为之事（《南庙试九叙惟歌论》）。要言之，木火土金水，以气言，则为五行，以形质言，则为五材，以性言，则为五性。五行、五材、五性，都是天。

程颐认为，五行是气，但不能认为是一气。他说："人以为一物，某道是五物。既谓之五行，岂不是五物也？五物备然后能生。且如五常，谁不知是一个道，既谓之五常，安得混而为一也？"（《二程遗书》卷十八）归根结底，五行是气，但不能混而为一。如果混而为一，则不能见五行之理。五行之理，就是相生相克，是盛衰自然之理。程氏也反对土寄王之说，认为只是木生火，火生土，土生金，金生水，水生木，五行迭盛而已，无所谓寄王不寄王。

天地万物都是阴阳、五行所生，也都具有五性，因而从五行、五性言，万物皆备于我。程氏言："近取诸身，一身之上，百理具备，甚物是没底？背在上故为阳，胸在下故为阴，至如男女之生，已有此象。天有五行，人有五藏。心，火也，著些天地间风气乘之，便须发燥。肝，木也，著些天地间风气乘之，便须发怒。推之五藏皆然。孟子将四端便为四体，仁便是一个木气象，恻隐之心便是一个生物春底气象，羞恶之心便是一个秋底气象，只有一个去就断割底气象，便是义也。推之四端皆然。此个事，又著个甚安排得也？此个道理，虽牛马血气之类亦然，都恁备具，只是流形不同，各随形气，后便昏了佗气。"（《二程遗书》卷二下）程氏之言，将五行、五气、五藏和五常对应起来，但并非机械之排列，而是以万物都具有五气、五性，所以通于万物之理，皆具于人身。这实是用五行而对孟子所谓"万物皆备于我"，做更为明确的解释和发挥。五气、五性、五常都是源出于天，由此，所谓尽性知天之说，也就不再是挂空之论。

程氏对阴阳五行之说多有发挥和新解，而对于五德终始之论，也肯定其合理性，并推及于日常之事。"五德之运，却有这道理。凡事皆有此五般，自小至大，不可胜数。一日言之，便自有一日阴阳；一时言之，便自有一时阴阳；一岁言之，便自有一岁阴阳；一纪言之，便自有一纪阴阳；气运不息，如王者一代，又是一个大阴阳也。唐是土德，便少河患；本朝火德，多水（一作火）灾。"（《二程遗书》卷十九）程氏所取是五德相生之论，而又将五德相生之说，从历史或者说王朝更迭之领域，推广到一日一纪。阴阳至于五行与五藏、五常，程氏大体上也认为是对应的。

程氏论阴阳五行，既是明天地万物万事生成毁灭、盛衰成败之由，也是以此而解说天理。程氏所谓天理，是自然的道理，也就是天道，是不待人为安排的自然规律、规则、事物本性和儒家伦理。这个形而上之理，落实到有形有象之事物之中，则须有气，也就是阴阳五行。因而，程氏的阴阳五行论，实是从属于其天理论，而其所关注的核心还是天理。所谓"二气五行刚柔万殊，圣人所由惟一理，人须要复其初"（《二程遗书》卷六）。程氏对阴阳五行学说之承接与新解，都是以是否符合其所谓天理为准。

程氏兄弟论学，批评攻击最烈的对象，不是释、老，而是王安石。程氏既反对王安石变法，也认为王安石之学害了后生学者，双方有党争、政争，也有学理之争。王安石的《毛诗义》《尚书义》《周官新义》（合称《三经义》或《三经新义》）及《字说》在当时影响很大，行六十年始废。王安石认为，太极生阴阳，阴阳两气变合而生五行，而五行是"天所以命万物者"。"天地之数不过乎五行，五行

之数皆本乎阴阳。以五行之数且足以制鬼神而行之。"（《周礼详解》卷二四引）

五行之所以称之为"行"，是因为"成变化而行鬼神，往来乎天地之间而不穷"。在《洪范传》中，王安石对水、火、木、金、土五行的时（四时加长夏）、位（下、上、左、右、中央）、材（因、革、变、从革、化）、气（冽、炎、温、清、烝）、性（润、燠、敷、敛、溽）、形（平、锐、曲直、方、圆）、事（井洫、爨冶、械器、械器、稼穑）、味（咸、苦、酸、辛、甘）一一做了分析，并言"五行之为物，其时，其位，其材，其气，其性，其形，其事，其情，其色，其声，其臭，其味，皆各有耦，推而散之，无所不通，一柔一刚，一晦一明。故有正有邪，有美有恶，有丑有好，有凶有吉。性命之理，道德之意皆在是矣。耦之中又有耦焉，而万物之变遂至于无穷"。五行之生万物，是因为"有耦"，即有对，而"有耦"则有矛盾也有和谐。五行在构成纷繁复杂的万物时，亦构成人的形体，赋予人以生命和意识。"天播五行于万灵，人固备而有之"（《临川先生文集·原过》）。

五行之运动变化，为相克相生。"其相生也，所以相继也；其相克也，所以相治也。语器也以相治，故序六府以相克；语时也以相继，故序盛德所在以相生。"（《洪范传》）阴阳的变化，是新陈代谢。"阴阳代谢，四时往来，日月盈虚，与时偕行"（《道德真经集注》引）。"有阴有阳，新故相除者，天也。有处有辨，新故相除者，人也。"（《杨龟山先生集·字说辨》引《字说》）在阴阳五行运行变化方面，王安石的新解是"五材"之说，就是对五行运动变化的具体分析，如木之材为变，所谓变，就是灼之而为火，朽烂而为土。

王安石对阴阳灾异之说，持反对的态度。他认为，日月之蚀、阴阳进退，都是阴阳自然的消长而已。天也不能违背，与人事无干。在解释《洪范》"念用庶征"时，他讲，人君确实是辅相天地以治理万物的人。天地万物如果失其常态，人君戒慎恐惧、修德自省，也是相宜的。但是，如果认为天有某种变化乃是因人君之过失而导致的，或者认为灾异是天事而完全与我无关，也都有问题。从前者之说则"蔽而葸"，从后者之说则"固而怠"，不蔽塞不畏惧、不固执不怠惰的态度，也是以天变为可惧，但并不认为天之有某种变化必定是因为我所做的某事而起，只是以天下之正理考察自己的过失而已。熙宁七年（1074年）夏四月天久旱，神宗不悦，王安石言水旱经常会有，尧、汤所不免；八年冬十月有地震和旱灾及彗星出于东方，神宗下诏让臣僚直言朝政阙失，王安石直言阴阳灾变之说不可信。"天文之变无穷，人事之变无已，上下傅会，或远或近，岂无偶合。此其所以不足信也。"（《续资治通鉴长编》卷二六九）旧党攻击王安石的"天变不足畏"等"三不足"之论，也非虚语。

王安石新学虽非宋明理学之主流派，言理学者多不言之，或将其作为理学的反面教材，现在的宋明理学史著作也还不讲；但王安石所提之问题，所开之新学风，实对道学影响甚巨。全祖望在《宋元儒学案序录》中说"荆公《淮南杂说》初出，见者以为《孟子》"，此亦实情。晁公武《郡斋读书志·后志二》有言："宋兴，文物盛矣，然不知道德性命之理。安石奋乎百世之下，追尧舜三代，通乎昼夜阴阳所不能测而入于神。初著《杂说》数万言，世谓其言与孟轲相上下。于是天下之士，始原道德之意，窥性命之端。"陆九渊称王安石"扫俗学之凡陋，振弊法之因循"，似非过誉。理学与新学之是非，王安石之学是否如朱熹所言"见道理不透彻"，非此处所宜讨论。述新学之影响，也只是为了说明王安石的阴阳五行思想对当时和后世的影响。

周敦颐"推明阴阳五行之理"，张载与程氏兄弟踵而继之，在论阴阳五行方面，"原于理而究于诚"，即由天道而推及人道，又由人道而推及天道，并强调推明天道的理路总体上已牢固确立。宋室南渡，朱熹继二程正传，集道学之大成。然而在当时，朱熹则不免于群讥众排。在当时的一些人如林栗、沈继祖等人眼里，朱熹就是"剽张载、程颐之余论"。林栗弹劾朱熹之奏状，言论极为刻毒："熹本无学术，徒窃张载、程颐之绪余，为浮诞宗主，谓之道学，私自推尊，所至辄携门生数十人，习为春秋、战国之态，绳以治世之法，则乱人之首也。"（《续资治通鉴》卷一五一）在这种情况下，朱熹也就只能杜门读书，只作残年饭饱之计了。不过，朱熹的理论确实是在张载、二程（特别是程颐）理论基础上的综合，然而朱熹"致广大，尽精微"的哲学体系却非张载、二程所能比。就阴阳五行学说而言，到了朱熹这里，方才从理论上梳理得清楚、细密；所谓"原于理而究于诚"也只是在朱熹思想中才有完整的阐释。

第二节　朱熹的阴阳五行思想

朱熹（1130—1200），字元晦，又字仲晦，号晦庵，60岁后称晦翁，晚号遁翁，又号云谷老人、沧州病叟等。朱熹早年无所不学，禅、道、文章、《楚辞》、诗、兵法皆所留心，后师事程颐三传弟子李侗，始只看圣贤言语。朱熹于庆元二年（1196年）被褫夺职务免去俸禄，次年朝廷立"伪学逆党籍"，遭党禁。朱熹去世27年后，宋理宗追赠朱熹太师、追封信国公，又过了十多年，令学宫列之于从祀孔子之列。朱熹著作宏富，《四书章句集注》《周易本义》等列于学官，为元明清之官方正统学说。

朱熹的阴阳五行思想，是其理学思想的重要组成部分。他在《大学或问》中解答天理流行化育万物时有言："天道流行，发育万物。其所以为造化者，阴阳五行而已。而所谓阴阳五行者，又必有是理而后有是气。及其生物，则又必因是气之聚而后有是形。故人物之生，必得是理，然后有以为健顺仁义礼智之性；必得是气，然后有以为魂魄五脏百骸之身。"（《朱子全书·四书或问》）朱熹又言："自下推而上去，五行只是二气，二气又只是一理，自上推而下来，只是此一个理，万物分之以为体，万物之中，又各具一理。所谓'乾道变化，各正性命'，然总又只是一个理。"（《朱子语类》卷九十四）这两段话，可以视为朱熹论阴阳五行的纲领。因而，我们可以按照这两段话的逻辑，来梳理朱子的阴阳五行思想。

朱熹认为，"宇宙之间，一理而已"。理是天下万物的"所以然之故"和"所当然之则"，就是宇宙万物和伦理道德的根源，是宇宙万物和社会人事的当然法则。形而上之理，或称太极、道，是一个纯然绝对、洁净空阔的世界，是事物赖以存在的原因和根据。理无形，不可见，也不生灭。在未有天地之先，此理就存在，而"万一山河、大地都陷了，毕竟理却只在这里"（《朱子语类》卷一）。理总起来是一个理（太极），而一理之中实涵万理。"惟其理有许多，故物亦有许多。"（《朱子语类》卷九十四）因而，事事物物都有理，而总括天地万物之理，便是太极。

宇宙之间，有理有气，理是形而上之道，是万物生成之本，气是形而下之器，是万物生成的工具或质料。朱子举扇子为例。扇子是个器物，有了扇子，便有扇子如何做、如何用的道理，这个道理便是形而上的理。做扇子需要用竹木纸布之类，做扇子所用的材料便是形而下之气。气是理的安顿、挂搭、附着的方所。气是理所生，"太极生阴阳，理生气也"（《太极图说》注引，《周子全书》卷一）。因此从生成上讲，理在气先；从逻辑的层次上讲，理本气末。但两者又是并立互存的关系，"阴阳既生，则太极在其中，理复在气之内也"（同上）。因此讲理先气后只是挑明理为本，从现实关系上讲，两者并存，形而上之理，必寓于形而下之气。理、气二者虽不相离，但也不相杂。"理在气中，如一个明珠在水里。理在清底气中，如珠在那清底水里面，透底都明；理在浊底气中，如珠在那浊底水里面，外面更不见光明处。"（《朱子语类》卷四）以"明珠在水里"来讲理在气中，复论理在不同情况的表现，就是说明理不因气而改变自性，理既在气中，也独立于气外。因此，从根本上讲，气是理所生，是理产生物的工具，理也因气而可知见，但理气并不相杂。

形而上的理，是通过形而下的气而后可知，而后能生万物。"理不可见，因阴阳而后知，理搭在阴阳上，如人跨马相似，才生五行，便被气质拘定……而太极无不在也。"（《朱子语类》卷九十四）万事万物，都是由气而生。气分阴阳，阴阳生五行，所以产生了许多事物，而这些事物都是有形有质，所以各自有其规定性，但理没有这种规定性，而是无所不在。

阴阳是气。朱子言："阴阳虽是两个字，然却只是一气之消息，一进一退，一消一长。进处便是阳，退处便是阴；长处便是阳，消处便是阴。只是这一气之消长，做出古今天地间无限事来。"（《朱子语类》卷七十四）气之进退消长或者说动静，在朱熹看来，是因太极中动静之理，故气因此理而有实际的动静。他认为：太极是形而上者，是理，太极不是动静；气是形而下者，气才有动静。然而从本体言，太极含动静；从流行言，太极有动静。气有动静，所以自然分成阴阳，其动者为阳，静者为阴。阴阳二气相感，化生万物。

天地万物，都由阴阳二气化生，也都有阴阳两端。"天地之间，别有甚事？只是阴与阳两个字，看是甚么物事，都离不得。只就身上体看，才开眼，不是阴，便是阳，密拶拶在这里，都不着得别物事。"（《朱子语类》卷六十五）任何事物都有阴阳，都可以就阴阳论。阴阳无物不有，无处不在，"天地间只有一个阴阳"，"包罗天地，也是这阴阳"。不管有形无形，触目之间，动静语默，都是阴阳。

阴阳两端，既对待又统一，是对立统一的关系。阴阳相互对待，表示两种性质相反的事物或现象。乾健为阳，坤顺为阴；先为阳，后为阴；义为阳，利为阴；善为阳，恶为阴……"阳常居左，而以生育长养为功，其类则为刚、为明、为公、为义，而凡君子之道属焉。阴常居右，而以夷伤惨杀为事，其类则为柔、为暗、为私、为利，而凡小人之道属焉。"（《傅伯拱字序》）阴阳又不可分离，相生相成，互相渗透，互相转化，所谓阳中有阴，阴中有阳。阴阳之中各有阴阳，"统言阴阳，只是两端，而阴中自分阴阳，阳中亦有阴阳。……人身气属阳，而气有阴阳；血属阴，而血有阴阳"。（《朱子语类》卷九十四）

阴阳无端，动静无始，阳变阴合，而生五行。"阳变阴合，而生水、火、木、金、土。阴阳气也，生此五行之质。天地生物，五行独先。地即是土，土便包含许多金木之类。天地之间，何事而非五行？五行阴阳七者滚合，便是生物底材料。五行顺布，四时行焉。金木水火，分属春夏秋冬，土则寄旺四季。"阴阳是气，而五行是质。所谓"质"，是材质、形质、质料。朱子说："以人身言之，呼吸之气便是阴阳，躯体血肉便是五行，其性便是理。"又说："其气便是春夏秋冬，其物便是金木水火土，其理便是仁义礼智信。"（《朱子语类》卷九十四）因而，阴阳与五行不能混同，气自是气，质自是质。

阴阳五行有气、质之分，但也不可断为两截，五行是由阴阳而来，也包含阴阳。"五行虽是质，他又有五行之气做这物事，方得。然却是阴阳二气截做这五个，不是阴阳外别有五行。如十干甲乙，甲便是阳，乙便是阴。"（《朱子语类》卷一）五行也是气，然而与阴阳相比，是比较有形可见的、相对稳定和成形的、粗重的。然而，五行既源自阴阳，也相互为阴阳，各自为阴阳。如甲乙木，丙丁火；春属木，夏属火。年月日时没有不是五行之气的。因而，阴阳五行生成万物，万物之形态、禀赋、功能、性质等等各不相同。

阴阳变合生五行而成万物，有先后之别。阳变阴合，初生的是水火。水火是气，流动闪烁，其体尚虚，而成形犹未定。然后生木金，就有了确定的形状。水火是自生，而木金则资于土而生。"天地始初混沌未分时，想只有水火二者，水之滓脚便成地。今登高而望，群山皆为波浪之状，便是水泛如此。只不知因什么时凝了，初间极软，后来方凝得硬。""水之极浊便成地，火之极清便成风霆雷电日星之属。"（《朱子语类》卷一）"盖五星皆是地上木火土金水之气，上结而成。"（《朱子语类》卷二）天体（五星、日月等）的起源，地质的变迁，都是五行质料的造作。人也不例外，"只是一个阴阳五行之气，滚在天地中，精英者为人，渣滓者为物"（《朱子语类》卷十四）。

朱熹认为，人是得二气五行之精英，物得其渣滓，然而并不是先付精英与人，后付渣滓与物。"生气流行，一滚而出，初不道付其全气与人，减下一等与物也，但禀受随其所得。物固昏塞矣，而昏塞之中，亦有轻重者。"（《朱子语类》卷九十四）人也有得清、浊之不同，"有得清者，有得浊者，贵贱寿夭皆然，故有参错不齐如此。圣贤在上，则其气中和；不然，则其气偏行。故有得其气清，聪明而无福禄者；亦有得其气浊，有福禄而无知者，皆其气数使然"（《朱子语类》卷一）。人禀气而生，阴阳五行之气不同，则其人之禀赋、能力、命运之类皆不同。从人性上说，人都是禀天地之理以为性，所以是善；但人受天地之气以为形，所以气质之性则有善有恶。

朱熹认为，人性是理，理无不善，而人有善有不善，是因为气禀不同。"人之性皆善，然而有生下来善底，有生下来便恶底，此是气禀不同。且如天地之运，万端而无穷，其可见者，日月清明气候和正之时，人生而禀此气，则为清明浑厚之气，须做个好人；若是日月

第七章　阴阳五行的理学思辨

153

昏暗，寒暑反常，皆是天地之戾气，人若禀此气，则为不好底人，何疑。"（《朱子语类》卷四）人之善恶，缘于气禀，人有各种各样不同的形貌、性格、气质、心理、道德也是因为气禀，气禀有万殊，所以人也有万殊。人的禀气虽然有万般不同，但也有规律可循，这规律就是所得阴阳五行之气的情况。如以人心言：得木气重一些的，恻隐之心通常会多一些，而羞恶、辞让、是非之心则是塞而不发；得金气重一些的，羞恶之心通常多一些，而恻隐、辞让、是非之心则是塞而不发。人出生的年月日时，所得阴阳五行之气，皆是缘出于天，是为天命，因而朱子肯定天命，当然也肯定算命。

朱熹认为，"命"是天之所赋，是理之发用。命字也有不同意思，"天命谓性"的命是讲所禀之理，而"性也有命焉""死生有命"之命，则是兼气而言。无论是兼乎气而言，还是纯乎理而言，命都离不开气。仁义礼智信是天命，而死生、祸福、贵贱、寿夭也是天命，都是气之所禀。气有节候，也就是数，而此数是定数。"人之禀气，富贵、贫贱、长短，皆有定数寓其中。禀得盛者，其中有许多物事，其来无穷。亦无（有）盛而短者。若木生于山，取之，或贵而为栋梁，或贱而为厕料，皆其生时所禀气数如此定了。"气数前定，因而可以推测得知。算命，也就是推阴阳五行交际之气。"气须从人身上过来。今以五行枝干推算人命，与夫地理家推择山林向背，皆是此理。然又有异处。如磁窑中器物，闻说千百件中，或有一件红色大段好者，此是异禀。惟人亦然。瞽、鲧之生舜、禹，亦犹是也。"（《朱子语类》卷四）算命、堪舆等等术数，其依据也就是阴阳五行交际运会有其定数。

朱熹将阴阳五行与天地造化联系起来，用阴阳五行讲天地造化，阐明了天地万物本身有其客观的意义，这一意义是不依赖个体而存在的，是永恒之天理。天理的客观性也表明，无论个体是否愿意，服从理是个体的义务。天理的核心内容，是儒家伦理。因而，朱熹的天理论和阴阳五行论，从根本上讲是对儒家伦理的本体论和宇宙生成论的阐释。同时，朱熹以理为核心的阴阳五行论，在某种程度上也为术数、方技的合理性做了更加严密的论证。阴阳五行是理的显现，人通过格物致知而把握了阴阳五行，也就把握了阴阳五行之理，如果将格物致知置换为方技、术数也是顺理成章的。再者，天地造化借由阴阳五行，那么以阴阳五行为根基的术数、方技也是模象天地造化。因此，朱熹相信占筮，对算命、风水也予以肯定。朱熹仕途受阻，筮占以决，得"'遁'之'家人'（或谓'同人'）"，乃焚稿而更号"遁翁"。就此而言，朱子实际上也是将占筮等术数作为把握世界的意义和自身命运的方式之一。因此，后来王廷相等人批判术数之类异端邪术时，连同朱子等人一起批判。

第三节　陆九渊和王守仁的阴阳五行论

朱熹的学说，陆九渊颇不以为然。他说："朱元晦泰山乔岳，可惜学不见道，枉费精神，遂自担阁。奈何？"（《陆九渊集·语录上》）陆九渊（1139—1193），字子静，江西抚州金溪人，中年以后在贵溪象山（应天山）讲学，自号象山居士，后人尊为象山先生。陆九渊37岁时，与朱熹会于江西信州（今上饶市铅山县）鹅湖寺，有"教人"之辩；50岁时，与朱熹围绕《太极图说》而有无极之辩。由于这两场辩论，后之宗朱与宗陆者遂如冰炭水火。时至元代，朱、陆两家之学始见合流。明清之际，黄宗羲则称朱、陆"二先生同植纲常，同扶名教，同宗孔孟"（《宋元学案·象山学案》案语），更重视两者思想本质的共同性了。

陆九渊自述与朱熹辩论《太极图说》的经过，说是由其兄陆九韶启其端。陆九韶认为《太极图说》的"无极而太极"是老氏之学，与《通书》不类。《通书》讲太极而不讲无极，《易大传》也只讲太极而不讲无极，所以太极之上加无极二字，是蔽于老氏之学。陆九韶曾将这种看法当面和朱熹说过，继而又写信讲。朱熹对这种观点大不以为然。陆九渊赞成其兄之观点，遂再三写信与朱子辩论。

陆九渊与朱熹辩论无极问题，核心则是关于道器、理气的问题，是阴阳是否为形而上者的问题。按朱氏的观点，阴阳不是道，也不是形而上者，而是形而下者。陆九渊则认为，阴阳就是道。他在给朱熹的第二封论辩信中说："至如直以阴阳为形器而不得为道，此尤不敢闻命。《易》之为道，一阴一阳而已，先后、始终、动静、晦明、上下、进退、往来、阖辟、盈虚、消长、尊卑、贵贱、表里、隐显、向背、顺逆、存亡、得丧、出入、行藏，何适而非一阴一阳哉？奇偶相寻，变化无穷，故曰：'其为道也屡迁，变动不居，周流六虚，上下无常，刚柔相易，不可为典要，惟变所适。'"（《陆九渊集》卷二）阴阳是形而上者，否定了朱熹理与气、太极与阴阳、道与器的形而上与形而下的区别，亦即把太极与阴阳相等同，"故太极而为阴阳，阴阳即太极也"。对此，朱熹写信辩之说："至于《大传》既曰'形而上者谓之道'矣，而又曰'一阴一阳之谓道'，此岂真以阴阳为形而上者哉！正所以见一阴一阳虽属形器，然其所以一阴而一阳者，是乃道体之所为也。"（《朱文公文集》卷三十六）太极、道是所以阴阳者，是阴阳的本体，朱熹坚持了道（太极）为形而上，阴阳（气、器）为形而下的观点。如果"直以阴阳为形而上者，则又昧于道器之分矣"。因此，朱熹把道（太极、理）规定为既在无物之前，阴阳之外，而又立于有物之后，行乎阴阳之中的精神实体。从道在阴阳之外看，道是形而上者，阴阳是形而下者；从道（太极）行乎阴阳之中看，道（太极）不等于阴阳，而是所以阴阳者。陆九渊认为，朱熹之蔽在于把道与器、太极与阴阳、理与气对立起来，其实两者是统一的，并统一于心世界，心即理，心成为万物的本原。

陆九渊认为，太极就是阴阳，阴阳就是五行。"太极判而为阴阳，阴阳播而为五行。天一生水，地六成之；地二生火，天七成之；天三生木，地八成之；地四生金，天九成之；天五生土，地十成之。五奇天数，阳也；五偶地数，阴也。阴阳奇偶相与配合，而五行生成备矣。故太极判而为阴阳，阴阳即太极也。阴阳播而为五行，五行即阴阳也。塞宇宙之间，何往而非五行？水火金木土谷，谓之六府。土爰稼穑，谷即土也，以其民命所系，别为一府，总之则五行也。"（《陆九渊集》卷二十三）太极剖判而为阴阳，阴阳播散而为五行，三者名义上有别，而实为一体，天地之间，都是阴阳，也都是五行。若依此论，则阴阳是道，而五行也是道。因而，可以说此道此理充塞宇宙。人生天地之间，禀阴阳之和，抱五行之秀，故为最灵，而人之心含蕴天地之万理。

陆九渊所言之理，即充塞宇宙而为宇宙万物之本根和法则的道，与朱熹是相同的；所谓阴阳播而为五行，也与朱说相同。两者相同的地方，大抵是当时人们的共同认识，也可以说是公共知识吧。两人不同的地方在于：朱子认为理是客观的，虽然朱子也讲"心即理"，但实是讲从心上来把握理；而陆九渊认为"心即理"，则是以心为伦理实体，而理则是主体性的。所以他说："心之体甚大，若能尽我之心，便与天同，为学只是理会此。"（《陆九渊集》卷三十五）用陆学的纲领性口号来说，便是"宇宙便是吾心，吾心即是宇宙"。陆九渊虽然讲心即理，重视个人道德修养，但对事天、敬天、畏天亦不是完全不重视。他说《春秋》书灾异，也是要让人君明晓灾异之生，实际上是自己的责任。"汉儒专门之学，流为术数，推类求验，旁引曲取，徇流忘源，古道榛塞。"（《陆九渊集》卷二十三）后来的人觉得汉儒牵强附会，反而滋生了怠忽的过失。不过，陆九渊认为，祸福之生，都在人之一心。人心正，无不是福；人心若邪，无不是祸。

王守仁作《象山文集序》，推崇象山之学。"圣人之学，心学也。尧舜禹之相授受曰：'人心惟危，道心惟微，惟精惟一，允执厥中。'此心学之源也。中也者，道心之谓也。道心精一之谓仁，所谓中也。"圣人精一之学，孟子死而不得其传。到了宋代，周敦颐、程颢重新开始追寻孔孟之宗旨，精一之学复明于世。象山陆氏，虽然纯粹平和不及周、程二子，而简易直截，"真有以接孟氏之传"。阳明心学，也与陆氏之学一脉相承。

王守仁（1472—1529），字伯安，浙江余姚人。因筑室阳明洞，学者尊为阳明先生。早年泛滥于辞章，后出入释、老之学，及34岁贬谪贵州龙场驿，悟格致之道，是学凡三变而至于道。悟道之后，先与学者论知行合一，后多教学者静坐，最后单提"致良知"之说，是所谓教凡三变。

王守仁自揭良知之说以后，专以"致良知"教人。他说："只致良知，虽千经万典，异端曲学，如执权衡，天下轻重莫逃焉，更不必支分句析，以知解接人也。"（《王文成公全书》卷二十六）只要搞清楚弄明白良知之说，阴阳五行之类自可迎刃而解。他反对程朱分理与心为两截，也认为理与气、太极与阴阳毋须分形而上与形而下为二。他在《答陆原静书》中说："真阴之精，即真阳之气之母。真阳之气，即真阴之精之父。阴根阳，阳根阴，亦非有二也。"阴阳互为父母，互为其根，是一而不是二。

王守仁对周敦颐"静极而动"之说，指出其意是从"太极动而生阳，静而生阴"之说来，但认为理解"太极动而生阳，静而生阴"时不能拘泥于文字，否则就有问题。他说："太极生生之理，妙用无息，而常体不易。太极之生生，即阴阳之生生。就其生生之中，指其妙用无息者而谓之动，谓之阳之生，非谓动而后生阳也。就其生生之中，指其常体不易者而谓之静，谓之阴之生，非谓静而后生阴也。若果静而后生阴，动而后生阳，则是阴阳动静，截然各自为一物矣。阴阳一气也，一气屈伸而为阴阳；动静一理也，一理隐显而为动静。春夏可以为阳为动，而未尝无阴与静也；秋冬可以为阴为静，而未尝无阳与动也。春夏此不息，秋冬此不息，皆可谓之阳、谓之动也；春夏此常体，秋冬此常体，皆可谓之阴、谓之静也。"（《答陆原静书》又）动静阴阳之说，并非如周敦颐所说的太极动而生阳，静而生阴。如果按周氏所说，就是把阴阳动静截然分为二端，而事实则不然。

王守仁认为，"动静无端，阴阳无始"，不可以用言语来穷尽，而只在于"知道者默而识之"。默而识之的关键，也就是致良知。致良知，就能洞晓天地之理。"古之君子，洞物情之向背而握其机，察阴阳之消长以乘其运，是以动必有成，而吉无不利。"（《王文成公全书》卷二十一）王守仁不是认为阴阳五行不重要，而是认为良知才是关键。"人者，天地万物之心也。心者，天地万物之主也。心即天，言心则天地万物皆举之矣。"（《王文成公全书》卷六）天地、鬼神、万物这些自古存在的东西，如果没有我的灵明，也就不存在，即对我没有任何意义。因此，对阴阳五行之类，自然不必条分而缕析。当然，对于图书之学、阴阳五行之说，王守仁也并非无见。观其33岁主持山东乡试时所作试录，于"河出图，洛出书，圣人则之"也别有所见。

第四节　王廷相和王夫之的阴阳五行思想

王阳明倡致良知之说，天下靡然相从。朱子之学的正统正宗地位，虽未被撼动，但明代思想学术，自此而分。《明史·儒林传》

所谓："宗守仁者，曰姚江之学，别立宗旨，显与朱子背驰，门徒遍天下，流传逾百年"。然而，批评王学者，也大有人在。罗钦顺（1465—1547，字允升，号整庵）致书王阳明，疑王氏格物之说，王作书答之。后又作书，认为"今以良知为天理，乃欲'致吾心之良知于事物'，则道理全是人安排出，事物无复有本然之则矣（《明儒学案》卷十七）"。但此书未及寄出，阳明已经下世。其时，批评"讲求良知"之学者，还有王廷相。不过，王廷相既批评阳明学，也批评朱子学，而论阴阳五行也有自身的创见。

王廷相（1474—1544），字子衡，号浚川，河南仪封（今河南兰考东）人。善诗文，为明"前七子"之一，著述较多，有《慎言》《雅述》等，后人将其著作集为《王氏家藏集》。王廷相与当时的关学名家吕柟等有交往，任监察御史时出按陕西，其学实受关学之影响而远绍张载。张载以气为宇宙本体，王廷相也以气为本。《慎言·道体》中有言："有虚即有气，虚不离气，气不离虚，无所始，无所终之妙也。不可知其所至，故曰太极；不可以为象，故曰太虚，非曰阴阳之外有极有虚也。"这段话，如果杂在张载著作中，实在也是难以分别。

王廷相认为，元气就是道体。所谓"元气"是无形之气，有形之气谓之生气。作为道体的元气，与张载所言作为气之本体的太虚，实是异名同实。《雅述》中讲："天地之先，元气而已矣。元气之上无物，故元气为道之本。"这是从时间性上讲，无形之气在天地之先，也在道之先，所以是道之本。"气者造化之本，有浑浑者，有生生者，皆道之体也。生则有灭，故有始有终，浑然者充塞宇宙，无迹无执，不见其始，安知其终？世儒止知气化而不知气本，皆于道远。"（《慎言·道体》）世间其他儒者讲"气化"和王氏讲"气本"的区别在于，气化于气之上还要加个理，气本则是以气为本根。理与气的关系，王氏与朱子的看法截然相反，他认为："气，物之原也。理，气之具也。器，气之成也。"（《慎言·道体》）理依附于气，有气方有理，而不是气依附于理，有理斯有气。

元气是道体，所以有气就有道，气有变化，道也就要有变化。"气即道，道即气，不得以离合论者。或谓气有变，道一而不变，是道自道，气自气，岐然二物，非一贯之妙也。且夫道莫大于天地之化，日月星辰有薄食彗孛，雷霆风雨有震击飘忽，山川海渎有崩亏竭溢，草木昆虫有荣枯生化，群然变而不常矣，况人事之盛衰得丧，杳无定端，乃谓道一而不变，得乎？气有常有不常，则道有变有不变，一而不变，不足以该之也。"（《雅述》）日月星辰、山川河海、草木昆虫等等都有变化，而人类事务之变化无端，因而所谓道一而不变，是不足以涵盖天下事物的。道随气而变，理也如此。王氏认为，气一则理一，气万则理万，如果只讲理一，则失之偏颇。道、理皆随气而变，气本始一源，就是一个气，然而气之变化，万端殊方，天地万物各有其形也各有其理，所以万物不齐，"物之不齐，物之情也"。万物不齐，于数而言，就有奇偶之变：有的只能为一，如君、父；有的只能为二，如天地、阴阳、牝牡、昼夜；有的只能为三，如天地人三才；有的只能为四，如四时；有的只能为五，如五行。如此等等。术数之家必以二分、四分来论，如邵雍对天地人物之道，必以四而分之，实是胶固不化，无视万物之情实。

天地之间，一气生生，而气之体，则为阴阳，所谓"阴阳也者，气之体也"（《慎言·道体》）。王氏所谓"气之体"的"体"和元气为道体的"体"，其意思基本上是一样的，可理解为本原，即构成事物之根本实体；只是前者有时也可理解为形质或组成部分，这也是因为王氏所讲的阴阳，在不同情况下意义不同。"阴阳在形气，其义有四：以形言之，天地、男女、牝牡之类也；以气言之，寒暑、昼夜、呼吸之类也；总言之，凡属气者皆阳也，凡属形者皆阴也；极言之，凡有形体以至氤氲芴苍之气可象者皆阴也，所以变化、运动、升降、飞扬之不可见者皆阳也。"（《慎言·道体》）以形来说，阴阳为天地、男女等可见的具有相对性质的事物；以气而言，阴阳为寒暑、呼吸等可描绘的相反的事物；从总体上看，阴与阳属于形与气的类型；从终极上看，有象形的为阴，运动变化等看不见的为阳。所谓阴阳为气，为气之体，是兼气、形两者而为言。

有太虚之气就有阴阳，有阴阳则万物化生。"阴阳之精，一化而为水火，再化而为土，万物莫不藉以生之，而其种则本于元气之固有，非水火土所得而专也。"（《慎言·道体》）天地万物都借由阴阳而生，而阴阳又都存在于万物之中。这样，阴阳与万物便是一种相即不离的关系，亦即造化者与造化之功用的关系，或本体与表现、本质与现象的关系。这里所言的"种"，即种子之义。种子说源出于佛教，朱子将其改造为"理"，以理为万物的种子，而王氏所谓的种乃是气，事实上也可以说是气的具体规定性或者说特殊性。阴阳生物，也有其顺次：依五行论，则为火、水，然后有土，最后则是木金；依天地万物论，是先有天，而后有地。诸如此类。

阴阳生物，不仅有序，而且有规则。阴阳不能相离，相离则不能成物。阴阳相合而成物，也有偏胜之义，而所偏者就所成之物而言则恒为其主。"阴不离于阳，阳不离于阴，曰道。故阴阳之合，有宾主偏胜之义，而偏胜者恒主之，无非道之形体也。"比如日偏阳、星偏阴之类。另一方面，这种主从关系也是变化的。"日出而苍凉，夜阴之积未遽消，光不甚于旁达也。日中而暄热，昼阳之积盛，光复炽于下射也。"（《慎言·乾运》）阴阳成物，虽有偏胜，而以中和为尚。"过阴过阳则不和而成育，过柔过刚则不和而成道。故化之太和者，天地之中也。"（《慎言·问成性》）无过不及的中和原则，其实也是儒家的基本原则之一。

按所谓五行生成有序之论，五行并非同时而生，因而并不是天地造化的根本。"五行之性，火有气而无质，当作最先；水有质而不结，次之；土有体而不坚，再次之；木体坚而易化，再次之；金体固而不铄，当以为终。虽五行生成先后之序，亦不外此。"（《慎言·五行》）五行生成有先后，所以不能说五行是造化之本，也不能说五行就是阴阳。既然五行生成之序是先有火水，那么所谓五行生克之说也就难以成立。

王廷相认为，五行家所谓的五行生克，是异端邪术，古今之大惑，莫甚于此。他认为五行生成有序，火水在前，金则是水土与火三精凝结而成，"五行家曰'金生水'，自今观之，厥类悬绝不侔，厥理颠倒失次，安有生水之理？夫木以火为气，以水为滋，以土为宅，此天然至道。五行家曰'水生木'，无土，将附木于何所？水多，火灭，土绝，木且死矣，夫安能生？"（《答顾华玉杂论》）这里，有王氏自己的五行生成顺序论，如对金生水的批评；也有现实的经验论，如对水生木的批评。

王廷相认为，上古时候讲五行，是关于材用的，只是后世才附会出五行为造化之本的异说。"上世论五行以材用，取其养民之义也，故曰天地之生财也，本不过五。圣人节五行，则治不荒。后世以五行论造化，戾于古人之论远矣，诞矣！"（《慎言·道体》）他说以五行论造化，最初是小儒异端言之，后来是大儒大贤信之，足以坏人心之正，乱六经之言。对于《礼记·礼运》的"播五行于四时，和而后月生也"之说，他说月之生和月之盈缺，都是由月离太阳的远近而造成的，与五行没有关系。对于五行配四时以论盛衰，他认为极其荒谬。总而言之，这些都是五行家的谬论。这些谬论，起于末世（按现在之说也就是战国之时），而有以五行附会脏腑、四时、星纬、地理。下至唐代，有以附会生命之术。及至宋儒，又附会于阴阳造化，由渐而极。王氏所批评的宋儒，矛头指向是周敦颐、邵雍、二程和朱熹。他认为周敦颐主静之说流于禅，邵雍假四时定局、排甲子死数非天道人事之自然。二程、朱熹认为天地之先只有理，是老、庄道生天地之说的改头换面。尤其是朱熹，对阴阳、卜筮、风水、星命无不信惑。

王廷相批评邵雍的象数之学，认为极其有害于圣人之道。"《易》虽有数，圣人不论数而论理，要诸尽人事耳，故曰'得其义则象数在其中'。自邵子以数论天地人物之变，弃人为而尚定命，以故后学论数纷纭，废置人事，别为异端，害道甚矣。"（《雅述》）王廷相作《太极辩》《汉儒河图洛书辩》《数辩》等指陈图学、象数之学之非，认为图书之学，茫然无征，而以象数论天地造化，是颠倒了元气、天地万物和象数之间的关系，也颠倒了象数与器物之间的关系。有气而后有天地，有天地而后有人，有人而后有文字，文字作而后有数、有纪。因此，用象数来把握世界、预决吉凶是本末倒置。

王廷相对地理风水之术的批判，其理论的依据是气本论，也是从历史说起，并指出其现实的危害。他认为，地理风水之术，从《周礼》中族葬都是在北郭之外就能够得知，三代以上没有这种理论。后世之人，如唐代的吕才、宋代的司马光、张栻等都以为荒谬而不相信，唯独朱子酷以为然。《葬书》上说"乘生气也"，儒者也都认为有道理。何况死者气已经散为清风，身体已经化为枯腐，跟生者有什么关系呢？如果讲死者能福荫子孙，岂不是荒唐谬悠而无着落的说法吗？更何况子孙之中，富贫、贵贱、寿夭、善恶各各不同。如果说善地能福荫子孙，为什么又有这些不同呢？如果认为风水能致人福禄，那么世间之人什么事情都可以不做了，就听风水好了。然而这是不可能的。他讲，除了风水之外，世间的术士还用子平星数范围《皇

极》，论人的贵贱、寿夭，人生唯一，但是摄以为生的却又是如此之多，搞得俗人小儒既信这个又信那个，渺无定向。不过，子平星数之类的危害还不算大。风水之害最大了，"使人盗葬强瘗，斗争诉讼，死亡罪戾，无处无之，岂非遗祸于世乎？崇信以为人望，文公大儒，不得辞其责矣。"（《雅述》）王氏对朱熹的指责，可能有点过，但也表明一个情况，朱子学之流行，实有助于风水之类的术数的流行。

王廷相主张张载的气论，但当时处于正统地位的是程朱理学，而风行天下的则是阳明心学。逮及明清之际，天崩地解，学者言天地造化，多取张载的气本论。中年时起基本秉持心学立场的刘宗周及其弟子黄宗羲，学贯古今而基本倾向朱学的黄道周，也都以为盈天地之间一气而已。其时，以张载之学为正学而主张气本论的是王夫之。

王夫之（1619—1692），字而农，号薑斋，湖南衡阳人，晚年居衡阳石船山，学者称为船山先生。他著作宏富，有《读四书大全说》《张子正蒙注》《尚书引义》《周易外传》《读通鉴论》等。王夫之的父亲王朝聘"宗濂洛正传"，王夫之幼承家学，而后则"希张横渠之正学"。他对周、程、朱、陆、王皆有批评，尤以陆、王之学为异端，而独尊张载之学，可以说是以气学为基础而总结性地批判发展了宋明理学。

王夫之认为，天地间有理有气，这与程、朱是一致的。但他认为理只能是气之理，气与理之间以气为本，这是与程、朱相异之处。"程子言'天，理也'，既以理言天，则是亦以天为理矣。以天为理，而天固非离乎气而得名者也，则理即气之理，而后天为理之义始成。浸其不然，而舍气言理，则不得以天为理矣。"他认为，讲心、性、天、理都不能离开气而言。"程子统心、性、天于一理，于以破异端妄以在人之几为心性而以'未始有'为天者，则正矣。若其精思而实得之，极深研几而显示之，则横渠之说尤为著明。盖言心言性，言天言理，俱必在气上说，若无气处则俱无也。"（《读四书大全说》卷十）简言之，程氏之说是对的，对破除异端之说也是有功的，但没有说到实处，没有张载研究得透彻，说得清楚。

天即是气，而气之二体便是阴阳，天是阴阳五行之总名。天以阴阳化生万物，就是用阴阳五行之体，就像人用耳听、用目视、用手持、用足立、用心思一样。"拆着便叫作阴阳五行，有二殊，又有五位；合着便叫作天。犹合耳目手足心思即是人，不成耳目手足心思之外，更有用耳目手足者。则岂阴阳五行之外，别有用阴阳五行者乎？"（《读四书大全说》卷二）因而，所谓天借阴阳五行以生成万物是错的，天就是阴阳五行，阴阳五行也就是天。

阴阳是天，也就是道。"阴阳与道为体，道建阴阳以居"，离了阴阳就没有所谓道，离了道也没阴阳。"是故于阴而道在，于阳而道在，于阴阳之乘时而道在，于阴阳之定位而道在……道不行而阴阳废，阴阳不具而道亦亡。言道者亦要于是而已。"道与阴阳相依不离，阴阳的乘时、定位、为善等均有道在，道与阴阳相与而行，相与而具。道与阴阳相分不杂，"道之于阴阳也，则心之于人也"，"阴归于阴，阳归于阳，而道在其中"，阴阳归阴阳，道归道，道与阴阳毕竟不是一个东西，而是两个东西。因而，既要承认道与阴阳相依不离的统一性，亦要承认两者相分不杂的对待性。若仅执一面，便是有所偏而陷于佛、道之论。阴阳与道分离而相别之论，"于阴于阳而皆非道，而道且游于其虚，于是而老氏之说起矣"；阴阳与道抟聚而合一之论，"以阴以阳而皆非道，而道统为摄，于是而释氏之说起矣"（《周易外传》卷五）。如果把阴阳与道割裂开来，就会为释、老之说打开方便之门。

天之道，按《中庸》之论，便是"诚"，所谓"诚者，天之道"。王夫之认为，诚是一个极顶字，没有一字可以代释，也没有一句话可以来形容。"尽天地只是个诚，尽圣贤学问只是个思诚。"（《读四书大全说》卷九）阴阳五行的运行变化，也就是一个诚。"诚者则天之道也。二气之运行，健诚乎健，而顺诚乎顺；五行之变化，生诚乎生，而成诚乎成。"这里所谓诚，是真实无妄、真实无伪之义，也可以说是客观的规律。"诚也者实也，实有之固有之也。无有弗然，而非他有耀也。犹夫水之固润固下，火之固炎固上也。无所待而然，无不然者以相杂，尽其所可致，而莫之能御也。"（《尚书引义》卷四）这就是说，阴阳五行的运行是客观的，是真实无妄的。

阴阳之间，是"相反相仇"而"互以相成"的对立统一关系。"以气化言之，阴阳各成其象，则相为对，刚柔、寒温、生杀，必相反而相为仇；乃其究也，互以相成，无终相敌之理。"这也就是张载所谓"仇必和而解"之意。这种相反相仇和相辅相成的关系，乃是来源于阴阳之间的相"感"。"阴阳合于太和，而性情不能不异。惟异生感，故交相欣合于既感之后，而法象以著。"（《张子正蒙注》卷一）天下万事万物之生成变化，也都来源于阴阳相感。"天下者，万事万物之富有，而皆原天道自然之化，阴阳相感。"（《张子正蒙注》卷六）阴阳相感，而生万物，其本然的状态，则为"太和"，也就是"和"之最高状态。"未有形器之先，本无不和，既有形器之后，其和不失。"（《张子正蒙注》卷一）因而，可以说崇尚和、讲求和合，是儒家一贯之道。

阴阳二气充满天地，天之象、地之形，都在气的范围之内。阴阳或者说天生万物，而其所用者则为五行，五行也是民之所资以为用者。他认为，天化或者说气化，没有尽于五者，也难说能用五者统其同或别其异，而只是人用以厚生、利用、正德之大者，也就是说人生天地之间，不能离开这五者。如："有木而后有车，有土而后有器，车器生于木土，为所生者为之始。"（《周易外传》卷一）五行可以说就是五种物质元素，而作为物质元素则是不灭的，"车薪之火，一烈已尽，而为焰，为烟，为烬，木者仍归木，水者仍归水，土者仍归土，特希微而人不见尔"（《张子正蒙注》卷一）。五行不灭，其用不穷，讲五行的意义也就仅止于此。

天地之间只是理与气，理无形而气则有象，有象则有数，所以象数乃是天理，与道为体，是"道之成而可见者"（《周易外传》卷五）。道不是没有"定则"（即定律、规则）而为物之所遵循，所以象数不是偶然的；然而，道并没有"成心"（即前定目的）而期望于事物，所以象数不是必然的。因而，祯祥、妖孽必然有，可以据蓍、龟而先见。象数之学的兴起，就是"据其显者以为征，迎其微者以为兆"（《读四书大全说》卷三），取其必然之理。但是象数之学，实是推测之小道。善为术数、精于测度者，都是借鬼神之诚明而知之，并非是自身之才能果真如神。因而，《火珠林》之钱卜，以及奇门、太乙之类，都是"缩天地之大德，而观之于一隙"（《周易外传》卷五），都是惑乱天地之数而不足取。这些都还是惑乱于天地之数，而未惑乱于天地正理。如果以五行言事数之类，则是惑乱天地之理的诬妄之事了。

王夫之认为，五行对于人事功用至洪，所以推为九畴的初一，就是要让天子圣人以此为先。但是，"若夫比之拟之，推其显者而隐之，舍其为功为效者而神之，略其真体实用而以形似者强配而合之，此小儒之破道，小道之乱德，邪德之诬天，君子之所必黜也，王者之所必诛也"（《尚书引义》卷四）。所谓"比之拟之"之类，就是据形式的相似相近而以五行配四时、配元亨利贞之类。凡是用这种配合来讲天人之际的，都是诬妄。王夫之所批评的以元、亨、利、贞配木、火、金、水，其实是朱熹所主张的。朱熹说："太极、阴阳、五行，只将元亨利贞看甚好。"（《朱子语类》卷九十四）王氏所指斥的以貌、言、视、听、思配五行，实际上由来已久。其所抨击的京房之配卦气、医者之配五藏、道教黄冠以配神气魂魄，也非一日所形成。不过，王氏认为，这些破道乱德的始作俑者乃是刘向、刘歆父子。二百多年后，梁启超批判阴阳五行说，也认为刘向是应负罪责的人之一。

赘语：

鸦片战争之后，西方自然科学和现代医学东传华土，谭嗣同、严复、章太炎、梁启超等人乃以西方科学为据而批评阴阳五行之论。梁启超更认为物理实学（自然科学）的缺乏乃是中国学术思想不发达的重要原因，而阴阳五行之说实有与焉。梁氏认为，中国没有物理实学，"惟有阴阳五行之僻论，跋扈于学界，语及物性，则缘附以为辞。怪诞支离，不可穷诘。驯至堪舆日者诸左道，迄今犹铭刻于全国人脑识之中。此亦数千年学术堕落之一原因也"[1]。中国学术思想之堕落，是否与阴阳五行相关，很难证实。然而，"五行是中国人的思想律，是中国人对于宇宙系统的信仰；二千余年来，它有极强固的势力"[2]。这，是于史有征的。

当代中国公民是不能不知道阴阳五行的，否则就是缺乏科学素质。2016年，科技部、中央宣传部印发《中国公民科学素质基准》，其中第9个基准点为："知道阴阳五行、天人合一、格物致知等中国传统哲学思想观念，是中国古代朴素的唯物论和整体系统的方法论，并具有现实意义。"

---

① 梁启超.论中国学术思想变迁之大势 [M]// 饮冰室文集点校：第一集.昆明：云南教育出版社，2001：237.

② 顾颉刚.五德终始说下的政治和历史 [M]// 顾颉刚.古史辨：第 5 册.上海：上海古籍出版社，1982：404.

下篇

阴阳家在其产生之初就与术数有关联。阴阳五行理论在其历史的展开过程中也与术数、方技密切相关。

中国古代社会中各种术数的主要理论依据就是阴阳五行，而天人一体、四时干支等都依附于阴阳五行。阴阳五行沟通天、地、人，使得宇宙在人们心目中成为全息统一的宇宙。人们通过对某种已知信息的把握，加以精确的推算，就能预知某种未知的状况。如通过对某人的生辰年、月、日、时（已知）的推算，就能预知此人一生的命运（未知）。这其中的根基都是阴阳消长五行生克。

术数、方技都以阴阳五行为主要理论依据，因此不讲术数就很难说清阴阳五行理论的合理性与荒谬性，也难以揭示阴阳家的全貌。中国传统社会中术数方技众多，不能一一论及。本篇选择星占、风水、相人和算命等几种具有代表性的术数，希图由一斑而窥全豹。之所以选择以上四种，是因为星占代表着人们对天象的认识，而风水、相人和算命则代表人们对居住环境即地象和人自身即人象的认识。

第八章　星占之术

　　星占或占星，主要是占日月、五星、二十八宿，以断人事之吉凶和举事之宜忌，属于天文范畴。《尚书》《左传》皆有关于日月星辰异常变化的记载，《史记》有《天官书》，《汉书·艺文志》列有"天文二十一家，四百四十五卷"。古人认为，人的行为与日月星辰相感应，日月星辰的非常态变化与人间的政治事务相俯仰，故对占星候气之类非常重视。

第一节　天文学与星占术

　　天文学是人类最古老的学问之一。人类从具有自我意识之时起，就试图认识自然、把握自然，而与人类生存关系最密切的自然，是头上的太阳，所以原始民族都有对太阳的崇拜。在天上伴随着太阳的，还有月亮和星辰。日月星辰的分布、运行和变化对心智刚刚开化的原始人来说，既显得崇高和神秘，又对判断时间、季节、方向十分重要，所以天象观察就成为人类最早的有意识的观察自然的方式。

　　在我国，新石器时代的岩画和彩陶上，已经有了天象观察的图案。传说在四五千年前的帝尧时期已经出现了专门掌握天象观测的官员——"羲和"。殷墟甲骨的卜辞中有世界最早的日食记录和新星记录，说明我们的祖先在天象观测方面积累了丰富的经验，已能准确地分辨正常天象和异常天象。至于《尚书》《诗经》《春秋》《左传》《国语》等先秦史籍中，有关的天象记录就更多了。

明末清初著名学者顾炎武在《日知录》中说："三代以上，人人皆知天文。'七月流火'，农夫之辞也；'三星在天'，妇人之语也；'月离于毕'，戍卒之作也；'龙尾伏辰'，儿童之谣也。"按照顾炎武的观点，在《诗经》的时代——周代，天文学知识已相当普及，天文学已相当成熟了。

天文学与阴阳观念的产生和发展，与阴阳家都有极密切的关系。《汉书·艺文志》认为，阴阳家出于羲和之官，主要职责是历象日月星辰，敬授民时。尽管"诸子出于王官说"遭到后来许多学者的反对，但阴阳家与天文学的关系是难以否认的。在世界各民族历史中，尤其在我国古代，天文和星占是一回事。星占家即天文学家，也可视为最早的实践的阴阳家。此其一。其二，天象观测与阴阳观念有密切关系。阴阳观念本身就是从观察太阳的向背产生的，而按照后来的观点，天地分阴阳，日月也是阴阳。其三，天地阴阳的运行即时间之流的量度之学称为历法，而历法是古天文学的一部分，是天象观测的目的之一，又是天文观测的工具之一；与阴阳五行观念不可分的天干、地支符号，最早也是用于历法的记年、记月、记日中。

一、"察时变"与"见吉凶"

古天文学的主要任务是"察时变"和"见吉凶"。天文一词，最早见于《周易》贲卦的彖辞："观乎天文，以察时变"。天文即天象，这是说，仰观天象，根据日月星辰运行的次序，以观察四时寒暑的变化。这是天文学的基本任务之一。天文学同时还有一项更重要的任务，就是根据天象的变化来判断和预测人间政事的成败、吉凶。如

《汉书·艺文志》所谓："天文者，序二十八宿，步五星日月，以纪吉凶之象，圣王所以参政也"。其实，这两项任务是一体两面，日月星辰、四时寒暑的运行正常有序就是吉，反常无序就是凶，都是政治事务的依据。

天命论的观念、天人感应的观念在中国古人的心中根深蒂固。天象的异常变化，彗星、流星雨、日食、月食等等，给人带来神秘感和恐惧感，自然会使人把天象的变化与人间的吉凶祸福联系起来。天，是有人格、有意志的天，既然有意志、有人格，当然就有"天意"。天下的君王是秉承天命来治理国家、管理百姓的。天要传达天意，君王要上知天意，天上人间的沟通交流的媒介就是天象。《周易·系辞》中说"天垂象，见吉凶"，这是古代中国文化传统中的重要信念。

通过观察星象来察知天意，预测国家军政大事及人事变化以趋吉避凶，这种学问和技术就是星占学；懂得这门技术，并进行实际操作的人，就是星占学家，或星占术士。在古代，星占学就是天文学，星占学家就是天文学家。天文学或星占学是一身二任的；通过观察星象和时序的变化而授民以时，为生产和经济服务；通过观察和记录吉凶之象，为政治和君王服务。

从现代自然科学的眼光看，天文现象和人的活动并没有实质性的关系，天象的异常变化和社会政治历史并没有多少关联。但是，这种现代的科学观点，并不适用于古代社会。古代社会中的天文学和现实社会政治实际上关系非常密切。天文学对朝代的兴衰、帝王将相的存亡产生过重大影响，这也是人类文明的奇特现象。

二、星区的划分

古人在长期的观察星象的过程中，逐渐熟悉了星的分布位置，并且不断地为它们命名。最晚到汉代，古人观察到的星辰大抵都已有了名称。相传战国时期的甘德和石申就有专门的著作，后人集为《甘石星经》。到三国时期，吴国太史令陈卓便编出含有一千四百六十四颗恒星，分为二百八十三宫的星图。后来也有人介绍全天星宿的名称、位置和区域划分，这种划分也可以称之为星区的划分。占星术所涉及的星区主要有：

1. 三垣——紫微、太微、天市

三垣是三个星区，垣是墙的意思。因星区中星的位置和形状如墙垣而命名。三垣分别为紫微、太微、天市。

紫微垣为中垣，以北斗星为中心成屏藩状，包括东西两藩共十五颗星。紫微是皇宫的意思，在天上诸宿中成为中枢，又称中宫，对应于人间，则为帝王的天象。

太微垣是上垣，在紫微垣的东北角，有十颗星。太微是政府的意思，所属各星也以官命名。

天市垣是下垣，在紫微垣的东南方，有二十三颗星。天市被认为是天子率诸侯巡察都市的意思，所属各星就用地方诸侯国命名。

总之，三垣是对北极附近星宿的分区，而命名的方式基本上是将人间帝王和统治机构搬到天上。

2. 四象二十八宿

二十八宿是沿赤道和黄道而划分的二十八个星区。这些星区是作为观察日、月、五星的运行标志而划分的。它们好像日、月的行宫或驿站，所以用宿或舍命名。

二十八宿又分为四组，每组七宿。四组分别配以东、西、南、北四个方位，青、红、白、黑四种颜色。又想象成龙、鸟、虎、玄武四种动物，称之为四象。东方七星宿是角、亢、氐、房、心、尾、箕，南方七星宿是井、鬼、柳、星、张、翼、轸，西方七星宿是奎、娄、胃、昂、毕、觜、参，北方七星宿是斗、牛、女、虚、危、室、壁。

3. 五星

五星是指金、木、水、火、土五大行星。由于这五大行星在夜空中比其他星体都亮，而且相对位置总是处在不断变化之中，所以古人很早就认识了它们。此外，古人将恒定不动之星称为经星，如二十八宿。相对而言，行星则是沿着一定的轨道在不停地动行，所以又叫纬星。五星又被称为五纬。

木星居东方，名岁星。火星居南方，它的光度变化大，运行的状态复杂，足以惑人，所以叫荧惑。金星居西方，是最耀眼的，所以叫太白。水星居北方，离太阳最近，不到一辰（30度），所以又叫辰星。土星居中央，名镇星或填星。

4. 七曜（七政）

五星加上日、月，叫做七曜，或称七政。古人认为这七颗星是最亮的，所以叫七曜，曜就是明亮的意思。之所以又称之为政，是来自《尚书大传》的说法，这种说法认为，"七政者，谓春、秋、冬、夏、天文、地理、人道所以为政也。"《玉海·天文上》引《尚书大传》则作："七者得失，在君之政，故谓之七政。"

三、与天象对应的分野理论

古人认为天人之间是互相感应的，人的行为会上感于天。但是，天人感应首先碰到的一个问题是：天下如此之大，东西南北，郡国州县繁多，天空出现怪异的星象，不可能天下同遭凶兆。这便需要在天上星象与地上州县之间确立一种对应关系，这便是所谓的分野。通过这种分野理论，天象的变化就可在地上找出具体的对应地点。

《晋书·张华传》记载了依靠分野理论，能够通过天象，具体确定地上的一间屋子的故事。故事的大意是：西晋初年，东吴尚未灭亡，二十八宿的斗、牛两宿同时有紫气，方术之士认为这是东吴还很强盛的征兆（斗、牛两星正好对应吴越），但是张华却不以为然。不久东吴被灭，紫气却更加鲜明。张华听说豫章人雷焕精通天文星占，便向他请教。雷焕说那是宝剑之精上彻于天，具体地点是在豫章郡丰城县。张华就任命雷焕为丰城县令。雷焕到任后，立刻在县监狱的房基下深挖四丈，得一石函，内有双剑。双剑一名之"龙泉"，一名之"太阿"。这天晚上，斗、牛间的紫气就消失了。这个故事，将天地间对应精确到一座房屋的范围之内，可谓将分野理论运用得神乎其神。

分野主要有两个系统，一个是二十八宿系统，一个是十二星次系统。二十八宿系统又分别配以列国和州郡。现依《晋书·天文志》，分别用表格标出，以便了解。

表 8-1 　　　　　　　　　二十八宿分配列国表

星宿	角亢	氐房心	尾箕	斗牛	女虚危	室壁	奎娄	胃昴毕	觜参	井鬼	柳星张	翼轸
列国	郑	宋	燕	吴越	齐	卫	鲁	赵	魏晋	秦	周	楚

表 8-2 　　　　　　　　　二十八宿分配州郡表

星宿	角亢	氐房心	尾箕	斗牛	女虚危	室壁	奎娄	胃昴毕	觜参	井鬼	柳星张	翼轸
州郡	兖州	豫州	幽州	扬州	青州	并州	徐州	冀州	益州	雍州	三河	荆州

表 8-3 　　　　　　　　　十二星次配列国表

星次	星纪	玄枵	诹訾	降娄	大梁	实沈	鹑首	鹑火	鹑尾	寿星	大火	析木
列国	吴越	齐	卫	鲁	赵	魏晋	秦	周	楚	郑	宋	燕

古人便是凭借每一星宿所分配的地上相应地区，来推断天上星象的变化所对应的是哪个地区的祸福。我们来看《史记·宋微子世家》以及《论衡·变虚》中所提到的一次星占。这次星占，是在宋景公时，涉及分野的理论，但别有深意存焉。

宋景公时，火星停留于心宿，即所谓"荧惑守心"。景公惧怕，将星占家子韦召来，问他："荧惑在心，是什么原因呢？"子韦说："荧惑，表示天罚。心宿，是宋国的分野，这个祸害会波及君王。不过，也可移至宰相。"景公说："宰相是我令他在治理国家，嫁祸于他，不是祥兆。"子韦又说："可以嫁祸于民。"景公说："百姓都死光了，我还成什么国王？还是我一个人死了算了。"子韦说："可以转嫁给年景。"景公说："百姓饥饿，必死无疑。为人君者欲杀其百姓来救活自己，还有谁把我当国君呢？这是我的命数尽了，您不要讲了。"子韦听了景公这些话，拜倒在地，向景公致贺，说"天之位高而耳贱"，就是天之地位虽高但一定会听下面的人的话。景公三次不肯将天罚转嫁别处，有此仁心，必得天的三次奖赏。子韦大胆地预言：当天夜里火星会自动地移到三宿之外，景公的寿命也会延长二十一年。结果，这天夜里，火星真的移出了三宿。

这个故事，道德色彩十分的浓厚，超出我们的想象。核心的意思，说来也简单，就是国君要是能担当祸患，必感动上天。这里的理论，除了道德的感应论，就是分野理论。宋景公便是根据荧惑在心，心刚好对应地上的宋国，而断定自己可能有凶事。这是分野理论的典型应用。

根据分野理论，可以预测人间事务的变化，而决定自己的前途，这样的事史书也有很多记载。《史记·张耳陈馀列传》就记载了甘公如何利用分野理论，来帮助张耳决定自己的政治前途。"张耳败走，念诸侯无可归者……甘公曰：'汉王之入关，五星聚东井，东井者秦分也，先至必霸。楚虽强，后必属汉。'故耳走汉。"东井是二十八宿之一，对应分野是秦地（关中）。刘邦初入关，五星聚于东井，是王者之象。秦汉之际，群雄逐鹿中原，谁能最终问鼎，实难断定。楚汉相争，楚王势大。至于二三流的角色如张耳，怎样利用有限的政治资本，投机得当，也是一件不容易的事。甘公精通星占学，从其姓氏来看，星占学可能是其家学。他利用分野理论，断定汉王必将雄霸天下，要张耳投奔汉王。可见，分野理论在星占学中占有重要地位，是确定星区地域、沟通天人的不可或缺的手段。

四、星占的方法

从一些权威性的星占学书籍以及中国星占实践来看，星占的方法可主要划分为日月占、行星占、恒星占、彗星占四种。

1．日月占

这是古代星占学的一个大的方面。日月占又可细分为日占和月占两个大的方面。

日占通常在两种情况下进行：一是日食，二是太阳发生其他异常变化。古代星占学认为日食是非常凶险的征兆，而在二十八星宿中不同的星宿位置发生日食，又有不同的意义。按照分野理论，不同的时间发生的日食与一定的地域相联系，预示不同地区可能发生的凶事。日食虽有不同的意义，但主要是下凌上的征兆，如臣侵君、后妃等皇亲国戚威权害国。

日占的另一种依据是太阳在运行过程中自身发生一些变化，具体说来有日光明、日无光、日中见乌、日中有杂气等具有星占学意义的现象，并且都是灾异之兆，但其重要性无法与日食相提并论。其具体所示之征兆，依具体情况而定。

月占，就是根据月亮的变化来断占。古代认为月亮同样具有重大的星占学意义。《晋书·天文志》认为："月为太阴之精，以之配日，女主之象；以之比德，刑罚之义；列之朝廷，诸侯大臣之类。"如果说日占主要是讲国君和国家所可能遇到的问题，而月占则主要是女主和大臣之事。

月占可以分别根据月食等三种情形进行。月食，是不吉利的天象，不过其危害意义远远比不上日食。所以，春秋星占，只记日食而不记载月食。月占的第二种依据，是月自身所呈现的许多反常现象。《晋书·天文志》认为："女主外戚擅权，则（月）或进或退。月变色，将有殃；月昼明，奸邪并作，君臣争明，女主失行，阴国兵强，中国饥，天下谋僭（指各地割据为王）。数月重见，国以乱亡。"

月占的第三种依据，也是月占最重要的部分，是月球在星空运行时与恒星、行星的相互关系而呈现出的天象。月球每天相对于恒星背景移动13度多，这就会产生月亮逼近甚至掩蔽某些恒星、行星的天象，这类现象经常可以见到，它成为古人进行星占学预言的大好题材。如《开元占经》中所列举的"月与列星相犯""月犯列宿"的占辞。并且认为，月与五星相犯蚀，君主死，将相死。

2. 行星占

关于行星的星占无疑是中国古代星占学中最重要的部分。行星占可分别根据行星自身的亮度、形状变化和行星运行的位置等四种情况进行。

第一种情况是依据行星的亮度、颜色、大小和形状的变化。其中行星颜色呈太白、始白或黄，是难得的好兆头。

第二种情况是依据行星经过或接近的星宿、星宫。如：岁星在角，天下大病；荧惑守角，忠臣诛，国政危；土星犯左角，大战，一日军死。

第三种情况是依据行星自身的运行情况。如果政治得当，则行星会按照历法所推测的那样运行；反之，行星就会乱行。

第四种情况是依据诸行星之间的相互位置，而给出不同的星占学的意义。如：太白触土星，发大兵，相互残杀；五星若合，就要改朝换代。

3. 恒星占

与日、月和五大行星相比，恒星在星占学上的意义要简单得多。恒星占主要是以恒星本身为对象的占法。它所考察的是恒星本身所呈现的现象，以及由此而起的附会与联想。

恒星占主要针对二十八宿星以及三垣中的主要恒星。特别是紫微垣中的北斗七星，更具有较为丰富的星占学的意义。比如，天枢：正星，主阳德，天子之象也；天璇：法星，主阴刑，女主之位也；天玑：令星，主中祸；天权：伐星，主天理，伐无道；玉衡：杀星，主中央，助四旁，杀有罪；开阳：危星，主天仓五谷；摇光：部星，主兵。

4. 彗星占

彗星根据其形状，有孛、拂、扫、彗等不同的名称，但所主凶灾大体是一样的。孛星现，意味着天下兵起，臣下谋君，必有亡国，不出三年。拂星现，乱兵大起，君主失地。扫星现，扫除凶秽，臣弑君，必有灭国。彗星现，君臣失政浊乱，国破民殃，主饥旱疾疫，又主水灾等。

除了以上的星占方法以外，还有流星占、客星占、瑞星占、妖星占、云占、气占、风占、虹占等多种。

第二节　先秦的"传天数者"

古代的天文观测可能起源极早，《尚书·尧典》就载有系统的天文学材料。《尧典》所载的主管天文历象的官员是羲和。尧命羲和虔敬地观察日月星辰的运行变化，把所得的节令知识传授给百姓。依此推测的话，古代的天文学是和农业生产及人民生活息息相关的。《尧典》的这一段话虽然现在理解起来有很多困难，后人的附会也多，羲和是一人，还是羲与和二人，或是指羲仲、羲叔、和仲、和叔四人也难以肯定，但所说的事情却并不神秘。然而，我们也不能否定羲和还有依据天象来推断人事吉凶的职责。按照《史记·天官书》所言，他们必然是承担了判断人事吉凶的职责。这样的天官，其实就是星官，也就是"传天数者"，《天官书》中列举了不少："昔之传天数者：高辛之前，重、黎；于唐、虞，羲、和；有夏，昆吾；殷商，巫咸；周室，史佚、苌弘；于宋，子韦；郑则裨灶；在齐，甘公；楚，唐昧；赵，尹皋；魏，石申。"司马迁称这些人是传达天意的人，尊敬之情，跃然纸上。重、黎绝地天通之事，《国语·楚语》有载，但星占之事渺茫难征；羲、和或羲和之事，复杂难理，《吕氏春秋·勿躬》谓"羲和作占日，常仪作占月"，是将其当作占日的始祖了。因而，我们只选择巫咸等人略作介绍。

一、巫咸

司马迁开出的"传天数者"的名单中，说巫咸是殷商时代的人。《吕氏春秋·勿躬》中说"巫彭作医，巫咸作筮"，认为巫咸是卜筮的第一人；《楚辞》中有"巫咸将夕降兮"，王逸注释说这个巫咸是古代神巫。这几个巫咸是不是一个人，很难说。可能巫是职业或职官之称，而咸是其名，如果是这样的话，那巫咸就不会只有一个，很可能是高明之巫的统称。我们能肯定的只有两点：一是关于巫咸的传说可以追溯到上古时代；二是巫咸是上古的神巫。因为史料记载的巫咸，要么是作筮，要么是祷于山河，要么是作医，这些都是古代巫的专门职责。

太史公说巫咸是商代的星象家，这个观点很值得玩味。司马迁列出了一个十四人的"昔之传天数者"的名单，并且司马迁称自己也是传天数的星象家，不至于信口开河。巫咸以上五位，从重、黎到昆吾，基本上是神话传说中的人物，没有什么真凭实据可以考证。巫咸以下从史佚到石申的八人，皆是春秋战国时期的人，都有一些可信赖的证据以考证。巫咸就是这种介乎神话传说和真实人物之间的人。因而没有必要太过于执着考证巫咸的确切生平，而可以将其当作上古时代的巫师的象征和代表。这个阶层给后人留下了代表他们经验和智慧的星象学，从而影响了整个星占术的发展。

据后代史书记载，巫咸有星象著作流传于世。如《开元占经》中就大量引用巫咸的星象作品，内容涉及天占、日占、月占、五星占、二十八宿占、流星占、杂星占、客星占、妖星占、彗星占等，若分类辑录出来，应是一部完整的《巫咸星象占》。巫咸的星象学与战国时期的甘德、石申的星象学，被称为我国古代星象学的三大流派，影响十分深远。

二、梓慎

梓慎是鲁国的大夫，生活在鲁襄公、鲁昭公时期。据《左传》记载，鲁昭公十七年（公元前525年）的冬天，孛星（彗星的一种）出现在大火星旁，它的光芒西达银河。鲁国的大夫申须说，扫帚星是除旧布新的，天象发生的变化象征着吉凶，现在扫帚星扫过大火星，等到大火星再出现时，一定会布散成灾，诸侯国恐怕会发生火灾了。

梓慎听了很赞同，并专门做了更为具体的占断。他说，我去年已经看到这颗彗星，这是大火的征兆。去年彗星随着大火星出没，今年大火星出现，而彗星更加明亮，可见它与大火星相处很久了，肯定要发生火灾。大火星的出现，夏历是三月、商历是四月、周历是五月，夏代历数与天象相适，如果发生大火，遭殃的恐怕是宋国、卫国、陈国和郑国。

梓慎分析，宋国是大火星的分野，所以火灾会发生在宋国。陈国是太皞氏的土地，属木，木生火，陈国也将发生火灾。郑国是祝融氏的地盘，祝融氏是掌火的，像火的房舍一样，必然会发生火灾。彗星的星光达至银河，银河是水的象征，卫国的星宿是大水，水是火的配偶，所以卫国也将发生火灾。

关于发生火灾的具体时间，梓慎占断为丙子日到壬午日之间。因为丙、午属火，壬、子属水，水火相配。如果这次大火星隐没了，而彗星也伏藏了起来，那么火灾必然会在壬午日发生。至于月份，梓慎占断在次年大火星再度出现的周历五月。

第二年五月，大火星开始在黄昏出现，丙子（初七）这天开始刮风。梓慎说，这是融风，属木，木生火，这是火灾的开始，七天后火灾就要发生了。到壬午（十三日），风势达到极点。这时梓慎登上仓库的房顶观察，并说宋国、卫国、陈国和郑国都发生火灾了。几天后，几个国家的使者果然来报告，说发生了火灾。

《左传》记载，梓慎在鲁襄公二十八年（公元前545年），也进行过一次星占。那年春天，鲁国出现反常的无冰现象。梓慎推断，当年宋国和郑国要发生饥荒。因为当年的岁星应运行到十二次的星纪位置上，而实际却超前到了玄枵的位置，预示人间要发生灾害。按星宿分野看，发生灾害的地区应是宋、郑两国。玄枵的名称就预示着是一次灾荒。因为在玄枵之次的女、虚、危三宿中，虚为中间，这就是虚中之意，即中间空虚。枵则是耗，预示着储备消耗已空，虚中表示土地空虚而无收成。国家消耗已空，土地没有收成，就是饥荒。根据《左传》所书，宋、郑两国当年果然发生了饥荒。

梓慎灵验的星占术，在史书中有明确的记载，对后世影响很大。尤其是预言大火的那一次（按历史顺序来说是在关于春天无冰之事后），牵涉很多国家和子产等知名人物。其时，郑国的裨灶也预言将要发生大的火灾。

三、裨灶

裨灶是与梓慎同时代的郑国星象家，是司马迁《天官书》所列的十四个"传天数者"之一，当然也是星占学大家。

裨灶对鲁昭公时彗星出现在大火星旁，也占断郑国将有大火降临，因此向郑国执政者子产提出，要用瓘斝玉瓒之类的玉器祭神，来禳除郑国的火灾。但子产拒绝了裨灶的提议。结果，关于火灾的预言真的应验了。

波及郑、宋、卫、陈的那场大火之后，裨灶又向子产提议，要求用玉器祭神，并且警告说，如不听从建议，郑国还会发生大火。子产不相信裨灶的话，不给他瓘斝之类的宝器。郑国有很多人都劝子产，子大叔甚至说，宝器是用来保护人民的，若有火灾，几乎会亡国，玉器能够免除亡国之灾，你有什么舍不得的。可是子产也有他的理由。子产的答话非常有名："天道远，人道迩，非所及也，何以知之？灶焉知天道？是亦多言矣，岂不或信？"（《左传·昭公十八年》）天道遥远，人道很近，两者不相干，如何知道天道和人道的关系。裨灶怎么能知天道？这个人话很多，总会有偶尔言中的时候。子产始终没有允许裨灶用玉器来祭神，而裨灶所说的第二次火灾也没有发生。因此，人们还是相信子产的观点。

对于鲁襄公二十八年春鲁国无冰，"岁在星纪，而淫于玄枵"这一星象，梓慎的结论是宋国、郑国将发生饥荒，而裨灶的占断则是周天子和楚王都将死去。裨灶的分析是，岁星超前走到玄枵之次，其害应在与之相对的鹑火之次。这在星象学上叫作对冲，受冲的位置将要受害。按照星象的分野，鹑火之次对应于周的地区，因此，害在周国。而岁星是君主之星，岁星不在其应有的位置，而客居第二年的星次，象征周天子将不在其位，即是死去。其次岁星越到明年的位置，在北方的玄枵，灾祸将发生在南方的鹑火，是"以害鸟帑"，鸟是南方朱鸟，帑是鸟尾。从分野上说，鹑火为周，鹑尾为楚，所以灾祸将落在周楚两个君王身上。裨灶的占断很灵，当年十一月，周天子驾崩，十二月，楚康王也随他而去了。这是历史记载的裨灶的星占术探索和实践。然而，此事也颇有意思，同一种天象，两位星象家的结论却完全不同，而预言的事都发生了。难道真是如子产所说，预测多了，还不能偶尔中一次吗？

第三节　星占术的成熟与泛滥

星占术成熟的一个重要标志，就是星占术与五行学说的融合。用五行相生相克的原理来解释、分析星象，是星占学的一大进步，表明星占学无论是内容上还是形式上，都系统化、体系化了。

一、五星占——星占术的成熟

星占学与五行学说的融合，据流传下来的材料考证，应该是在汉代，所以星占术的成熟也可以推定是在汉代。《史记·天官书》中有所谓"天则有日月，地则有阴阳。天有五星，地有五行。天则有列宿，地则有州域"。这种五星与五行对应的观点，可能在太史公时代已经颇为人知。

在1973年长沙马王堆三号汉墓出土的帛书中，有一篇被命名为《五星占》。此书的全文，经整理后发布在科学出版社1978年出版的《中国天文学史文集》。《五星占》的成书年代，据其所记录的五大行星运行的情况，有的学者考证为公元前170年左右，可以说是迄今为止能够看到的最早的行星星占学书。此前史书上所载的《甘石星经》之类，早已经散佚了。这本书经整理，分为九章，前五章依次分论五大行星的星占学意义。其中将五星与五方、五行、五帝等做了严格的对应。可以说，这部著作是星占学说与五行学说相结合的明证。

在名称上，古代星占中的五星是辰星、太白、荧惑、岁星、填星（或称镇星），在《五星占》中被称为水星、金星、火星、木星、土星。这样古代的五星便获得金、木、水、火、土的名称。在《五星占》中，五星不仅获得了五行的名称，而且与五方、五行、五帝对应起来，获得了五行的内容。如表8-4所示。

表8-4　　　　　　　　五星、五行、五方、五帝对应表

五星	五行	五方	五帝
岁星	木	东	大昊
太白	金	西	少昊
荧惑	火	南	炎帝
辰星	水	北	颛顼
填星（镇星）	土	中	黄帝

《史记·天官书》又将五星与四季对应起来，到了《汉书·天文志》中，这类对应又扩大到伦理道德概念上，将五星与五常、五事、五色对应起来，使得五星获得了越来越广泛、越来越多层次的意义。星占不但同四季、五方联系起来，而且还同颜色、道德联系起来，加之五行相生相克的原理，使得星占能在社会生活的各个层面上发挥作用，这正标志着星占学的成熟。这种具有广泛意义的五星，可用表8-5说明。

表 8-5　　　　　　　　　　　　五星与五行等对应表

五星	五行	五方	五帝	五常	五事	五色	四季
岁星	木	东	大昊	仁	貌	青	春
太白	金	西	少昊	义	言	白	秋
荧惑	火	南	炎帝	礼	视	红	夏
辰星	水	北	颛顼	智	听	黑	冬
填星（镇星）	土	中	黄帝	信	心	黄	季夏

正是因为五星占的完善和成熟，使其在国家政治生活中发挥了重要的作用。《五星占》所记载的是政治、军事国家大事，而所讲的主要为一些原则，如："将军在野，必视明星之所在。明星前，与之前；后，与之后。"《汉书》中记载了两个故事，可以说明星占在当时的重要地位。

汉宣帝神爵元年（公元前61年），老将赵充国受命率军攻打西羌。不久，宣帝便派增援，并下诏书要赵充国率军长驱直入，理由是："今五星出东方，中国大利，蛮夷大败。太白出高，用兵深入敢战者吉，弗敢战者凶。将军急装，因天时，诛不义，万下必全，勿复有疑。"汉宣帝就是用星占学的道理来指挥前线将士，并要他们不要怀疑。一方面说明汉宣帝虔信星占术，另一方面，也说明整个社会都相信星占术，否则汉宣帝决不可能用星占术去指挥军事。

《汉书》记载的另一个故事是，王莽篡夺西汉政权后，倒行逆施，弄得内外交困、上下怨恨，众叛亲离。其亲信卫将军王涉，被方术士西门君惠的星占术所迷惑，欲与大司马董忠、国师公刘歆等筹划发动军事政变，劫持王莽，向起义军队投降。本来立即动手，应是万无一失的，可是刘歆是星占学的大师，他认为应该等到"太白星出，乃可"。结果延误时机，后因叛徒告密，事泄，王涉和刘歆自杀身亡，董忠也为王莽所杀。刘歆这样的经学大师，也如此相信星占，在重大的性命攸关的问题上，只信星象，而罔顾现实之紧急，说明了星占学在当时的巨大影响和广泛流行。

二、天人感应和阴阳五行

先秦时期，人们有意识地将星象运行与人事联系起来，有一种天人相照应的意思。但是，在当时，理论可能还不完备。如《左传》所载的梓慎关于火灾的预测，很难说其前后的理论是一贯的。至于子产所问的天道和人道的关系，也未见有明确的解释。到了汉代，天人感应的理论出来，就有了一贯的解释了。

天人感应理论的产生与儒学大师董仲舒的努力是分不开的。他把星转斗移、四时更序等自然现象视为天的意志，春生夏长，秋收冬藏，是天喜怒哀乐的表现。他认为人间的一切都是上天安排好的，体现了天的意志，人们必须敬天顺天，如果违背天意，就要受到天的惩罚。

董仲舒还用天人感应说重新解释五行生克，视五行生克学说为天的意志的表现。因而，在他的独尊儒术之建议为汉武帝采纳时，他的天人感应学说也成为星象学家乃至星占士种种演绎的理论支柱。正是因为有了这样一个理论支柱，汉代的天文星象学背离了为农业、牧业生产服务的宗旨，转而利用星象变化去占验人事吉凶祸福，出现了用星占术来预测人事的职业术士。

自董仲舒后，天人感应与阴阳五行成了星占学的两大理论支柱，这两者之间的融合使星占术广泛流行起来。张璠的《汉纪》和陈寿的《三国志》都记载有太史令王立给汉献帝讲天命之事，可见星象和五行之结合的情况。

据载，"天子败于曹阳，欲浮河东下。侍中太史令王立曰：'自去春太白犯镇星于牛斗，过天津，荧惑又逆行守北河，不可犯也。'由是天子遂不北渡河，将自轵关东出。立又谓宗正刘艾曰：'前太白守天关，与荧惑会。金火交会，革命之象也。汉祚终矣，晋、魏必有兴者。'立后数言于帝曰：'天命有去就，五行不常盛，代火者土也，承汉者魏也，能安天下者曹姓也，唯委任曹氏而已。'"王立的话，一是表明星占术在当时的政治军事等方面的重大决策过程中所起的巨大作用。他短短的几句话，就让汉献帝改变了主意。二是把天人感应同五行生克糅在了一起。天命观、天人感应、阴阳五行等糅合在一起，不仅可以用来推测人的吉凶祸福，而且还可以用以这些观念支撑起来的星占术测出朝代的兴衰与更迭。

三、迷信星占术的王莽

自从天命观、阴阳五行、天人感应理论在星占术中密切结合起来，成为星占术的理论支柱后，星占术的影响力达到了前所未有的地步，许许多多的人都迷信星占术，许许多多的事都需要星占术来加以解决。王莽便是迷信星占术的人。

王莽（公元前45—公元23）出身于当时权倾朝野的王氏家族，早孤，家贫，尚节俭、勤身博学。公元前8年，凭当朝王太后的支持，出任大司马，开始掌握朝政大权。王莽迷信天命，认为汉朝的长期统治已趋衰落，必然会为新的王朝所替代。因为五行相生相克，汉代的五行为火，颜色为赤，种种星占表明火在被土吞没，汉政权也在被替代。公元9年，王莽宣布汉朝已亡，改朝为新，自己登上皇位。

王莽一生相信星象预示着人事的吉凶祸福，迷信星占术。为了在内外交困中战胜敌人，王莽铸造了一个模拟北斗的"威斗"，出入时不离身旁。因为在星占学中，北斗七星是最引人注目的星体，有一种说法是"斗为帝车，运于中央，临制四乡"，认为北斗七星中每一颗星的明亮与否，都与朝廷上一位官员是否合适有关。北斗七星保持正常位置，则是吉祥的标志。《汉书·王莽传》载："是岁（公元17年）八月，莽亲之南郊，铸作威斗。威斗者，以五石铜为之，若北斗，长二尺五寸，欲以厌胜众兵。既成，令司命负之，莽出在前，入在御旁。"

王莽不仅铸造一个威斗相伴左右，而且笃信星命。当他末日来临，讨伐他的军队已攻入首都长安时，皇宫已着火，他来到尚未起火的未央宫，要负责天文的官员在他旁边操纵着星占仪器栻盘（因为白天看不见星，便用栻盘推算）时时向他报告北斗七星作周日拱极运动的情况，以便随时调整就坐的方向，使之与斗柄所指的方向一致。经过两天巷战，他逃往渐台，仍不忘带着他的威斗。然而，威斗、符命都无济于事，王莽也终被敌人剁成碎尸。这就是一个最信星占术的帝王的结局。

四、襄楷的预言

东汉王朝历经开国的强盛，至桓灵二帝，已有一百多年的历史，当时宦官弄权，皇帝无能，政事荒谬，国势日渐衰微，星占家襄楷指出东汉将要灭亡。

襄楷精通儒家经典，又擅长星占术。他在平原县做个小官员，隐匿才能，不显露其才志。他每晚都要到山顶上去观察星象，看到东汉有亡国之兆，心中害怕大规模的社会动乱，于是抱着西汉京房那样的"明知必死也要言"的豪情，上书桓帝，历数星象异变中的星占学意义，劝皇帝重振朝纲，免走亡国之路。

襄楷说，皇天无言，以文象设教。他屡观天象，见太微星宫内竟有金星、火星侵入其中，据此卜卦，天子有凶兆。金星、火星又侵入房、心二星间（金星主杀，火星主灾；房、心二星之间是日月运行之天道），这是皇室后继无人的灾难，主国运衰微。这些分析，襄楷是从星象来讲的。

襄楷又说，前年各地又出现诸多异兆。冬天大寒，竟然冻死了竹林和松柏。他的老师说，柏树伤、竹林枯，不出三年，天子有难。今年春夏，寒霜萧杀，冰雹成灾，暴雨雷电大作，这是国家刑罚苛酷的预兆，是上天震怒示警。今年黄河变清，这又是一大异兆。自春秋以来，黄河未有清流之时。大河是国家诸侯之征兆：清流，属阳气；浊流，属阴气；大河当浊而反清者，阴欲为阳，臣欲为帝。虽然京房在《易传》中讲："河水清，天下平"，但是综合分析，天垂异象，地有凶兆，人有疬疫，三者并凶而河独清，就像春秋时的麒麟不当见而见，孔子认为是道穷的凶兆一样，我朝将有诸侯割地之患。望陛下静心思之改过。

襄楷还说，朝廷任用奸佞，宦官执权，气焰逼人，又拒谏诛贤，用刑太深未有如今日之甚，所以上天出现各种怪异的星象，来警告皇帝，如不改正，"不有大丧，必有畔逆"，将大祸临头了。

襄楷上书之后，汉桓帝不但不思悔过，反而令尚书省奏襄楷背经叛道，诽谤朝廷，所谓"假借星宿，伪托神灵，造合私意，诬上罔事"（《后汉书·襄楷传》）。三十年后，襄楷所言果然应验。

五、瞿昙悉达与《开元占经》

瞿昙悉达本是印度后裔，其祖父瞿昙逸为婆罗门僧人，其父瞿昙罗以后四代，连续在唐代中央政府的天文机构任太史令或太史监等天文官，出身于这样研究天文星象的家庭，悉达自然而然地成为一个著名的星象家。

我们今天之所以能了解古代在天文星占方面的书籍及其他资料，

很大程度上归功于《开元占经》，瞿昙悉达正是这部书的作者。《开元占经》在星象史上占有重要地位，是中国古代星占术发展到晚期的集大成之作。书中保留了中国最古老的恒星位置观测记录及先秦时代的石氏、甘氏、巫咸三家的星象理论，引用的古代星占学著作多达七十多种，而这些著作今天绝大多数已经散佚了。此外，在该书的第九十一卷中，已有干支、刑德、合冲、墓杀及纳音、纳卦的内容，而这些内容都是星命学乃至命理学的基本内容。从中可以看到星象学与命理学的结合，为弄清星象学的历史，提供了重要的材料。

据史书记载，《开元占经》本是奉敕而编，完成于公元718年。书成之后便销声匿迹。到了明朝万历四十五年，有位士人程明善，平时非常喜爱读星象历法书籍，同时又极信佛教，不惜拿出大量钱财，准备修复一尊古佛像，没想到在这尊古佛像中发现了这部一百二十卷的《开元占经》。

六、李淳风与《乙巳占》

李淳风与瞿昙悉达是唐代两位最著名的星占家，李淳风著有《玉历通政经》与《乙巳占》等星占学著作。《乙巳占》，被认为是现有中国古代最重要的星占学著作之一。这部书共分十卷，因为上元乙巳之年，十一月甲子朔，冬至夜半，日月如合璧，五星如连珠，故以为名。此书"杂采黄帝、巫咸、甘氏、石氏、郄萌、韩杨、祖晅、孙僧化、刘表、《天镜》《白虎》《海中》《列宿》《五官》诸占及刘向《洪范》、张衡《灵宪》、《五经图纬》，参以经传，排比成书。始于天象，终于风气，凡分一百篇"（陆心源《重刻〈乙巳占〉序》）。《乙巳占》这部书比其他同类书高出一等的地方，就在于李淳风一方面认为"天垂象，见吉凶"，同时又提出"修善之庆，至德可以禳灾"。说明上天不仅会因政治黑暗而垂象警戒，也可以因统治者的德行而改变天体的运行规律，以此化凶为吉。这一点成为中国古代星占学对政治的指导、告诫所依从的主要原则之一。当然，这种原则由来已久，司马迁在《天官书》中就讲"日变修德，月变省刑，星变结和"，还讲"太上修德，其次修政，其次修救，其次修禳，正下无之"。不过，当灾变已经发生，如何修德禳灾，《乙巳占》有其独到的地方。

李淳风星占理论颇多建树，而且还是星占学实践的高手。据《旧唐书·李淳风传》所载，李淳风对武则天之事早有所料。太宗之世有《秘记》说"唐三世之后，则女主武王代有天下"。太宗对此颇厌恶，曾经密召李淳风，问以其事。李淳风说，他据天象推算，其征兆已成。但是这个人已经出生，还在皇宫之内，不出三十年，当有天下，并诛杀唐氏子孙殆尽。太宗说："疑似者尽杀之，如何？"李淳风说，天所命定的事，必然没有能够禳避的道理。把疑似的人都杀掉，但要当王的人不会死，恐怕多枉及的是无辜之人。而且根据上天之象，这个人已经长大成人，又在宫内，还是陛下的眷属。三十年之后，此人又当衰老，衰老则仁慈，虽然受命成王，但对陛下的子孙，或许不会有太多的损伤。若现在杀掉，肯定会再生，再生之人三十年之后正当少壮，少壮则严毒，现在杀之也立刻成仇。如果是这样，她杀戮陛下的子孙，必定没有遗类。太宗听李淳风之言，以为善，就没有诛杀疑似之人。

《旧唐书》所记之事，后来就被传得神乎其神。据说，唐太宗对才人"武媚"十分宠爱。这时，官至司天监的李淳风表示反对。他说："阴盛则阳衰，臣卜得天降祸于亲王，不断女流专权，且不久将即位，其为武姓女子。"太宗听后大笑，但对星占高人李淳风的忠言又不能视同儿戏。因此，便考问李淳风能否预言即将科考的状元名字。李淳风沉思一会儿，答道：本次科举考试的状元为"火犬二人杰"。太宗认为李淳风再神也不可能测出本次考试状元的名字，因而稍感安慰。但科考的结果传来，令太宗惊悸不已，状元为狄仁杰。"火犬"即是"狄"，"二人"就是仁，"火犬二人杰"即为狄仁杰。唐太宗才相信星占术不是儿戏，而是传达天意。随后，太宗听李淳风之言，将武才人逐出宫外，令其削发为尼（事实上，武则天是在唐太宗驾崩之后，依例出家为尼）。三十年后，她果然东山再起，夺了李家江山，自称为帝，她便是历史上著名的武则天。此说与《旧唐书》所载大有出入，故并记之。

李淳风以星占测人事，料事如神，《旧唐书》所谓"每占候吉凶，合若符契"，实在是神之又神了。

第九章　风水之术

　　风水是中国古代占验室舍和葬地吉凶的术数，又称堪舆术、图宅术、相宅术、青鸟术、青囊术、相冢术、地理术等等。《汉书·艺文志》"形法"类列有《山海经》《国朝》《宫宅地形》三种书，而没有关于相墓之书。《四库全书总目提要》的编者据此认为：相宅之书较相墓为古；相墓之术不知起于何时，因据《周官》所记冢人、墓大夫之职，都讲是族葬，表明三代以上葬不择地；《艺文志》以《宫宅地形》与《相人》并列，相墓之术可能从汉代才开始有。

第一节　从卜居到风水术

　　在人类穴居而野处的时代，对自己所居住的地方，也是有所选择，如能躲避风雨和野兽的袭击之类。我们现在并不能够确切地知道原始时期人们选择居住地的依据，但所谓逐水草而居之类的故事都说明大概是以实用的原则为主吧，神启之类的传说或许也是那时的信仰。到了居住地相对稳定，又有了宫室的时代，可能在择地建屋时考虑的因素就多了起来。我们也不妨将此视为最早的风水实践。

一、最早的风水实践——卜居和相地

从古代文化遗址的考古发现来看，旧石器时代和新石器时代的人们，"对于他们居住地区的选择的确是费过许多的精力的，他们在茫茫大地里选择了平原和河谷，作为居住的处所。他们避过了干旱缺水的地区，聚居于河流和湖泊的旁边。……他们不仅循着川流河谷，彼此过从，他们还逐渐扩大居住的地区，向较为困难的地方移殖，使他们的足迹遍布于祖国广大的地区。在悠长的时期内，他们虽然曾经因陋就简，居住于自然的洞穴之中，但他们终于设法营造，有了自己的房屋。氏族或部落的聚居形成了无数的聚落，在一些聚落周围还建筑了围墙和石墙"①。在这个时代，人们选择居住地和营建房舍，可能非常艰辛而惊心动魄，但是具体情况已经不得而知。有一些传世的诗歌还记载有可能是部落时代的选择居住地的情况。

《诗经》中的《大雅·公刘》对公刘率领周部族迁徙，寻找定居地做了生动的描述。我们摘取其中有关的两章：

> 笃公刘，逝彼百泉，瞻彼溥原；乃陟南冈，乃觐于京。京师之野，于时处处，于时庐旅。于时言言，于时语语。
>
> 笃公刘，既溥既长，既景乃冈，相其阴阳，观其流泉，其军三单；度其隰原，彻田为粮，度其夕阳，豳居允荒。

诗的大意是说：忠厚的公刘，看过了泉水，又瞻望平原。他登上南面的山冈，发现了建造京都的好地方。他在山上测影确定方向，山南山北仔细察看，观察水貌，丈量土地，发现豳这个地方，真是广大无边。

---

① 史念海.河山集[M].北京：生活·读书·新知三联书店，1963：24—25.

这是通过实地勘察，寻找最佳的居住地，可称之为"相地"。

周人凡大事都要卜筮，迁都是大事，当然要请示神灵的旨意。《诗经·大雅·绵》中记载了古公亶父用龟甲占卜而得到在岐这个地方可以居住，适宜建造房屋的信息。"古公亶父，来朝走马。率西水浒，至于岐下。爰及姜女，聿来胥宇。周原膴膴，堇荼如饴。爰始爰谋，爰契我龟。曰止曰时，筑室于兹。"古公亶父，清早骑着马，沿着邠西的漆水之涯，到了岐山脚下。于是和他的妻子姜女，一起瞅一瞅房子。周原的土地肥沃，堇葵苦菜像蜜糖一样。于是就开始考虑和谋划，又用龟卜，龟兆显示可以住，时节也适宜，于是就在这里建造房室。

周朝建立后，周公劝成王迁都洛邑（今洛阳）。在建城之前，也郑重其事地进行了龟卜。《尚书·洛诰》记述了此事。周公对成王说："予惟乙卯，朝至于洛师。我卜河朔黎水，我乃卜涧水东、瀍水西，惟洛食。我又卜瀍水东，亦惟洛食。伻来以图及献卜。"周公选择了乙卯那天早上东来洛师，是先选了日子。选择地址更谨慎。先卜了大河以北黎水这块地方，没有得吉兆。于是占卜了涧水之东、瀍水之西这块地方，唯有洛水之地是吉兆。但他还不放心，又卜了瀍水以东之地，仍是洛为吉兆。周公经反复占卜确定下来之后，特派人到镐京把新邑地图和占卜的结果献给成王，由他来做最后的决定。

经营洛邑的是周公、召公两人。实际上在周公占卜之前，召公已进行了占卜。《尚书·召诰》有记载："惟太保先周公相宅。越若来三月，惟丙午朏。越三日戊申，太保朝至于洛，卜宅。厥既得卜，则经营。"太保就是召公。周成王先遣召公到洛邑察看和筹划建都事宜。可见相地、卜居在周代已成了定制。

我们现在见到的有关西周和更早时期的材料，没有关于卜葬的记载。可能是到了春秋战国时代，卜葬之风开始流行。如《礼记·杂记》有云"大夫卜宅与葬日"，《孝经》也说"卜其宅兆，而安措之"。但是，这一时期是否有相墓之术还不得而知。如果卜葬，如《礼记·杂记》所言只是择日的话，还只能说是卜葬而不能说是相墓；因为相墓的核心是选择墓地。

活人住的地方要卜，死人住的地方也要卜，这为以后风水术的产生提供了一个社会需要的前提。卜居、卜葬是为预知吉凶，风水术的根本目的也为测知吉凶，二者形式和途径虽不相同，但目的一致。因此把卜居、卜葬、相宅看作风水术的先声或萌芽，是顺理成章的。

二、西益宅的禁忌

所谓西益宅，即在原来宅地的西边扩充宅地，盖新房。据说很不吉利。据王充在《论衡·四讳篇》中所说，春秋战国时代社会上已流行西益宅的忌讳。

据王充讲，鲁国的哀公想西益宅。他身边的史官认为不吉利，竭力劝阻。哀公见史官阻拦，勃然大怒。但身边的侍卫也一再劝阻，鲁哀公仍然不听，就问太傅宰质雎说："我想西益宅，史官认为不吉利，你看如何呢？"宰质雎回答得很巧妙："我听说天下三大不祥之事，西益宅不在这三大不祥之中"。鲁哀公听了很高兴，以为他不听劝阻有了根据。就又问道："三大不祥是什么呢？"宰质雎说："不行礼义，一不祥也；嗜欲无度，二不祥也；不听规谏，三不祥也。"鲁哀公听后，默然沉思，终于打消了西益宅的念头。

西益宅禁忌实质是把选择新宅地的方向、新宅地和原宅地的相对位置与人事的吉凶祸福联系起来，已经和风水术有些相通之处了。

三、天子气与帝王陵

有人以为汉代出现的"堪舆"就是风水术，风水术在汉代即已正式形成。但这没有充分的根据。《汉书·艺文志》著录有《堪舆金匮》一书，但分类在"五行三十一家"之中，不能说明它是风水术著作。颜师古注谓："许慎云'堪，天道；舆，地道也'。"这种观点也不知何据。

《史记·日者列传》记载，孝武帝时，聚会占家而问之："某日可取（娶）妇乎？"五行家曰："可。"堪舆家曰："不可。"建除家曰："不吉。"丛辰家曰："大凶。"历家曰："小凶。"天人家曰："小吉。"太一家曰："大吉。"辩讼不决，以状闻。制曰："避诸死忌，以五行为主，人取于五行者也。"汉武帝聚合术数家所讨论的，是选择吉日的问题，也看不出堪舆与选择地理环境有什么关系。因此，把汉代的堪舆术称为风水术实在没有什么根据。

虽不能断定秦汉时代风水术已正式诞生，但风水的观念可能在人们心中，至少在帝王心中，已根深蒂固地存在了。因为风水讲"形气"，而此时已经有因形势而求其气之说了。

《史记·高祖本纪》记载，秦始皇常说（当然是听术士说的）："东南有天子气"，并且亲自向东南巡游，想以帝王之尊，去镇压那里的"天子气"。《晋书·元帝纪》也谈到此事："始皇时望气者云：'五百年后，金陵有天子气'。故始皇东游以厌之，改其地曰秣陵，堑北山以绝其势。"这种发现哪里有风水，就往哪里以威势镇压，或改变那里的地理形势加以消除的做法，就是后来风水术的"禳除"。

迷信神仙方士的秦始皇，不能确保自己长生不死，却幻想他的子子孙孙世代为帝，以至万世，因此去镇压五百年后的"金陵王气"，是很自然的。

秦始皇即位之初，便命令术士选择宝地修建陵墓，也是同一观念。据《史记·秦始皇本纪》记载，"始皇初即位，穿治骊山，及并天下，天下徒送诣七十余万人，穿三泉，下铜而致椁，宫观百官奇器珍怪徙藏满之。令匠作机弩矢，有所穿近者辄射之；以水银为百川江河大海，机相灌输；上具天文，下具地理；以人鱼膏为烛，度不灭者久之。"

汉武帝和秦始皇一样，酷好神仙长生不老术，也和秦始皇一样，耗费巨资修建陵墓。汉武帝墓叫茂陵，在陕西兴平县城东，地处北原，面临渭水，处于西汉九陵的最西端，是西汉帝王陵中规模最大的一座。汉武帝即位后的第二年（公元前139年）就动工修建，直到死前方建成，前后历时五十三年，每年用于修建陵墓的费用约占全国年税赋收入的三分之一，耗资之巨，是历代帝王望尘莫及的。

秦皇汉武的陵墓说明认为墓葬能影响后代子孙命运的风水观念在秦汉时期已相当成熟了。

四、盛行的重葬之风

上有所好，下必效焉。秦皇汉武和汉朝历代帝王大兴陵墓的同时，厚葬之风在高级官僚、士大夫及富贵人家和读书人中也悄然兴起，逐渐成了一股社会潮流。

东汉的王符在《潜夫论·浮侈篇》中记录下了当时的情形："京师贵戚，郡县豪家，生不极养，死乃崇丧。或至刻金镂玉，檽梓梗楠，良田造茔，黄壤致藏，多埋珍宝、偶人、车马，造起大冢，广种松柏，庐舍祠堂，崇侈上僭。"在贵戚豪富攀比墓冢的大小高低、墓地的宽窄狭阔、陪葬品的贵贱多少的同时，一定会考虑墓地周围的自然地理环境。王符所谓用良田来建造坟茔，可能就与此相关。于是，择墓之风随着厚葬之风也流行起来。

《后汉书·袁安传》记载，袁安父亲死后，他的母亲让他访求葬地。袁安在路上逢三书生，问他要到哪里去。袁安具说原委，书生给他指了一块葬地，说那块葬地可保袁家世代三公。袁安照着做了，果然世代兴旺发达，从汉代末年至袁绍、袁术，确实是四世三公。这则故事，说明丧葬选择吉地在东汉社会中已广泛流行。

魏晋之时，择葬相墓之风更为盛行，人们对此更加相信。相墓灵验的传说，也越来越神了。据说，三国时孙坚、孙权家族能割据江东，建立吴国，就是因为他们的祖父受到仙人指引，选了一个大吉的葬地。

五、风水术的诞生

东汉是迷信气氛浓厚的时代，谶纬学的盛行，佛教的传入，道教的出现，对各种术数的产生不仅起了推波助澜的作用，而且也为其提供了理论和信仰的支持。同时，阴阳五行学说加速向各个文化领域渗透，给形形色色的术数提供了统一的理论基础和运算工具。

王充的《论衡》引用过当时流行的"图宅术"。黄晖认为，《汉书·艺文志》所著录的《宫宅地形》以及《隋书·经籍志》著录的《宅吉凶论》和《相宅图》，可能就是王充所说的图宅术[1]。不过，从王充的行文推测，《图宅术》可能是当时流行的一部讲相宅的书。其术云："宅有八术，以六甲之名，数而第之，第定名立，宫商殊别。宅有五音，姓有五声。宅不宜其姓，姓与宅相贼，则疾病死亡，犯罪遇祸。"（《论衡·诘术篇》）所谓八术之类，不详所指，黄晖认为王充所批判的这种图宅术是五行纳音之术，这种观点应当是没有问题的。这里所讲的住宅、姓氏、门向的所属五行相合则富贵吉祥，相克则贫贱衰耗，表明古代简单以龟卜相宅之吉凶的方法，已经为以五行生克为运演手段的全新的相宅法所取代了，风水术也正式宣告诞生。

---

① 黄晖.论衡校释[M].北京：中华书局，1990:1027.

第二节　郭璞及《葬经》

魏晋时期，朝野上下笃信风水，风水观念深入人心，社会上出现了一批以相墓闻名的术数家，这是风水术正式形成的标志之一。当时闻名的风水大师有郭璞、管辂、陶侃、韩友等，而尤以郭璞为后世风水术士所崇拜，被奉为风水术的祖师。

一、传奇式的术数家

郭璞（276—324），字景纯，河东闻喜（今山西省闻喜县）人，是两晋时期管辂之后最富传奇色彩的术数家。郭璞于西晋末年避乱至江东，初为宣城太守殷祐的参军，后任著作佐郎，因母丧去职。后在任王敦记室参军期间，因不附王敦谋反，而被杀害。

据《晋书·郭璞传》记载，郭璞少年时即好经术，博学多才，词赋写得很好，冠绝一时，但讷于言论。郭璞热爱阴阳算历，听说有个郭公精于卜筮，就前往求学。郭璞从之就学后，郭公授郭璞《青囊中书》九卷，"由是遂洞五行、天文、卜筮之术。攘灾转祸，通致无方，虽京房、管辂不能过也"。后来他的门人赵载曾经偷窃《青囊书》，还没来得及读，书就被火所焚。

《郭璞传》中详细记录了几件郭璞为人占筮、推算、攘灾转祸的灵验事迹，有些近于神奇怪异，简直叫人难以相信。例如，早年郭璞卜得河东将乱，欲避地东南，抵将军赵固处，欲投拜。当时，赵固的一匹良马死了，正闷闷不乐，拒不接待宾客，故门人不为通报。郭璞问明情况后说："我能使死马复活。"赵固听说后，直奔而出，问道："你真能使我的马活过来吗？"郭璞说："你找强壮的男子二三十个人，每人拿一竹竿，向东走三十里，见小山丘树林里社庙的地方，便用竹竿拍打，会得到个东西。立刻把那个东西拿回来，马就活了。"人们按郭璞说的去做，果然得到一个像猴似的动物，这个东西见到赵固的死马，便在马的鼻项之间呼吸喘气，死马竟然一声长嘶，奋然立起，活了过来。

郭璞不仅为人预测效验如神，而且法术也很神奇。郭璞曾投奔庐江太守胡孟康，胡孟康不信郭璞的预测，不想避乱江南。郭璞想独自离去，但爱上了主人的一个婢女，又舍不得走。就找了三斗小豆，撒在主人宅院的四周。第二天早晨主人见数千个赤衣人围着宅院，走近看，又忽然不见。胡孟康找来郭璞，请他卜卦。郭璞说，这是那个婢女在作怪，可向东南二十里处，把婢女卖掉，卖时，千万不要讲价钱，怪事就会消除。胡孟康听从了。郭璞暗地叫人廉价把婢女买下，又画了一道符投入井中，于是那些红衣人也都自缚其手，一一跳进了井中。主人胡孟康很高兴。郭璞也很高兴，带着他心爱的婢女走了。

《晋书·郭璞传》说郭璞虽然才华横溢，但"性轻易，不修威仪，嗜酒好色，时或过度"。郭璞用幻术拐骗人家婢女，就不仅仅是好色了。

二、郭璞相墓

《郭璞传》大多记录的是郭璞卜筮的故事，关于郭璞相墓，只有两则。一则是郭璞葬母，另一则却带有逗晋明帝玩的意思。

郭璞母亲去世时，郭璞在暨阳（今江苏省江阴县东南）选中了一块墓地，这块地离江水很近，不到一百步。有人认为那不是一个好地方，因为水一涨就会淹没墓地。郭璞说："当即为陆矣。"令人惊异的是，过了不久，大水竟然退去了，墓地周围几十里都成了桑田。

晋明帝司马绍懂得相墓之术，听说郭璞给一家选了葬地，就微服出访，前去察看。见主人要将死者葬在只有皇帝才配埋葬的龙角之地，就问："为何葬在龙角？按照刑律，葬龙角是要满门抄斩的。"墓主人回答说："是郭璞告诉我的，他说葬在这里，不出三年，当致天子。"晋明帝听说此处要出天子，忙追问道："你在这里埋葬，为的就是要出天子吗？"墓主人答道："不是出天子，只不过能导致天子来问一问而已。"晋明帝听后，大为惊异，因为郭璞的预言已经应验了。

《南史·张裕传》也记载了一则郭璞相墓的故事。张裕的曾祖张澄丧父，请郭璞选择葬地。郭璞选择了两处墓地，对张澄说："我为你选定两个吉穴，第一处可以年过百岁，高官厚禄，位至三司，但子孙不兴旺。第二处寿数要减去将近一半，宦途黯淡，官位止于卿校，但是却能世代显贵。你准备选择哪一处？"张澄想都没想，直接挑选了第二处。后来张禄果然宦途不顺，才做到光禄大夫，六十四岁而亡，但子孙却隆盛昌吉。

郭璞可算作中国正史中第一位有名有姓而且事迹详尽的风水术专家了。后世的风水家视他为开山鼻祖，根据即在于此吧。

三、《葬经》其书

在现存卷帙浩繁的风水术著作中，有两本书旧题为郭璞所著，一本为《青囊海角经》，另一本为《葬书》。《青囊海角经》全称为《九天玄女青囊海角经》，内容驳杂，文笔也不统一，正文之下，又有注文，明显非一人所作，学术界疑其书及注俱为明代之后的人伪称郭璞而辑录成篇，不足为论。

《葬书》，又称《郭璞葬书》，后人尊崇其书，易名为《葬经》。《葬书》是否真为郭璞所作，也是值得怀疑的，因为，此书始见于《宋史·艺文志》，而《晋书·郭璞传》列举其著作颇详，未提到《葬书》，《隋书·经籍志》和《旧唐书·经籍志》均无著录，故可能为后世风水术家托名于其祖师而作。

从《葬书》的内容及用语习惯看，说它属于魏晋南北朝的文献还是有很高的可信度的。明代的宋濂、吴沉对《葬书》为郭璞所作，就深信不疑。宋濂在为《葬书》写的序中说："窃尝读之，真确简严，意非景纯不至此，实堪为相地之宗也"；吴沉的序亦云："吾知景纯之书，百世之所不能废也，景纯盖亦传述古人之遗法而笔之乎？呜呼，以景纯之书，明白简易，如此使为子孙者家置而诵之，岂不足以尽送终之礼！"

《葬书》专论阴宅术，提出了一系列风水术最基本的观念和原理。风水一词即出于《葬书》："经曰：气乘风则散，界水则止。古人聚之使不散，行之使有止，故谓之风水。风水之法，得水为上，藏风次之。经曰：浅深得乘，风水自成。夫阴阳之气，噫而为风，升而为云，降而为雨，行乎地中，而为生气。夫土者，气之体，有土斯有气。气者水之母，有气斯有水。"这可看作是对风水的定义，并提出了风水理论的核心观点："生气"说。

《葬书》即以"葬乘生气"为总纲，阐述五行之气的行止与生者之间的福祸关系，它提出的"五气行乎地中，发而生乎万物"，"人受体于父母，本骸得气，遗体受荫"，"气感而应，鬼福及人"等观念，都是风水术的最基本的理论依据。《葬书》提出的"三吉六节说""形势说""五不葬说""四灵说"，也都是风水术的基本理论和基本观点。

四、风水术的理论基础——生气说

中国哲学的"元气说"认为元气分阴阳，阳气上腾为天，阴气下凝为地，阴阳二气相交，化生五行，生化万物，乃至于人。风水术家推衍元气论，建立了生气说。

风水术认为，人气与人气相通，死人气与活人气亦相通。人死下葬，死人之气便与土气相结合，而它若得到土气的滋养，便旺盛，并感应给活着的子孙后代，庇护他们；反之，死人之气得不到地气的滋养便不旺盛，而起不到庇护子孙的作用。并且，地气贫乏之地，可以吸收死人体内之气，使之不能庇护子孙，而给子孙带来灾祸。土气又分外气和内气。内气就是在土地中潜藏的气，外气是指在地面上形成的水流。外气的特点是到处流动，内气的特点是藏止不露。外气一般人容易看得见，内气一般人看不见。

外气和内气统称为生气。生气能够调和阴阳、生发万物。住宅若得生气，主人家便会人丁兴旺，得禄得财；墓穴若得生气滋养，子孙后代也会得到泽及，去灾避祸，财禄有加。

《葬经》认为："百年幻化，离形归真。精神入门，骨骸反根。吉气感应，鬼福及人。"安葬死人，就是为了让死人凭借地里的生气，生气化成五行之气，在地里流行，就可滋养种子使万物萌芽生长。人孕育生长时，也是由父母的精气生成筋骨血肉，由天地精气化为精神，总之是由生气聚成的。所以人死之后，形体归地，而元气独运游于天，因而可感应子孙。人气地气交通论，生气感应论，是阴宅、阳宅乃至整个风水术的理论基础。

五、风水术的两大宗派

郭璞的《葬书》，奠定了后世相墓之术的基础。以此为标志，可以说风水术在魏晋南北朝已经形成，但其真正成熟和得到长足的发展，是在中唐以后。其标志是风水术两大宗派形成，并沿着宗师传授的轨迹流变衍化。

《四库全书总目提要·葬书》引王祎的《青岩丛录》云："后

世之为其术者分为二宗：一曰宗庙之法，始于闽中，其源甚远，至宋王伋乃大行。其为说主于星卦，阳山阳向，阴山阴向，不相乖错，纯取五星八卦以定生克之理。其学浙中传之，而用之者甚鲜。一曰江西之法，肇于赣人杨筠松、曾文迪及赖大有、谢子逸辈，尤精其学。其为说主于形势，原其所起，即其所止，以定位向，专指龙穴砂水之相配，而他拘泥，在所不论。今大江以南无不遵之者。"

所谓的"宗庙之法"即风水术中的理法派或理气派，又谓之方位之法；"江西之法"即形势派，又谓之峦体之法。两派的根本宗旨，都是占测自然环境对人的影响，指导人们趋吉避凶，本无根本区别。其区别仅在方法论和具体占测方法之不同。一般说来前者偏重于数理的推演，后者则偏重于实地的观察。两派都可以在《葬书》中找到理论根据。

第三节　风水术中的形势派

形势派注重地理形势，以地形地貌、水源脉络的起止定位向，以龙、穴、砂、水为基础来判断宅、墓之位置与吉凶，与《汉志》所言形、气实有相关。此派以杨筠松为宗师，三国时管辂相墓已经可见其大略。

一、管辂相墓

形势派之源，可以上溯至郭璞之前的管辂。《三国志·管辂传》记载，管辂途经毋丘俭家的墓地，倚树而叹，说："林木虽茂，无形可久；碑诔虽美，无后可守。玄武藏头，苍龙无足，白虎衔尸，朱雀悲哭。四危以备，法当灭族。不过二载，其应至矣。"后来，毋丘俭起兵造反，兵败被诛，累及一门老少。果然被管辂说中了。

管辂相墓，用的是"四象"说，所谓"玄武藏头，苍龙无足，白虎衔尸，朱雀悲哭"指的是墓地东西南北四方的地形、地貌，管辂结合四象与五行的生克关系以及四象的象征，来断定吉凶，从根本上说，是把地理环境与吉凶祸福联系了起来，这正是形势派的最大特点。

二、形势派的宗师杨筠松

在郭璞的《葬书》中可以发现以地理形势论吉凶的基本理论、基本观点，但后世的风水术家都把杨筠松视作形势派的宗师。

杨筠松的事迹不见于史传。风水术家相传他祖籍窦州（今广东信宜），寓居江西，名益，字叔茂，号筠松，其生活年代大约在唐末或宋初。宋吴景鸾《阴阳天机书表》说唐末兵乱，杨筠松及曾求己偷取了唐玄宗藏于宫中的《阴阳天机书》。胡翰的《葬书序》则记载云："唐文皇帝取其图经入内府，世不复传。及黄巢破长安，国师杨筠松窃奔江西，授弟子三人，其一曰曾智，智授廖禹及其甥赖文进，禹三传而上牢刘子先得之。"明宋濂的《〈葬书〉新注序》也说杨筠松曾供职司天监，在黄巢之乱中窃得宫中秘书，从长安逃到江西，在赣州宁都怀德乡定居下来，传徒授术，著书立说。无论上述记载是否属实，杨筠松的江西之法与《葬书》的渊流颇深，是毫无疑义的。

现流传于世署名杨筠松的风水术著作数量颇多，计有《疑龙经》一卷，《撼龙经》一卷，《青囊奥语》一卷，《葬法倒杖》一卷，《天玉经》四卷，以及《黑囊经》《金钢钻》《三十六龙》等。据《风水祛疑》一书考证，这些著作出于后人伪托者居多，真正可靠的，恐只有《撼龙经》《疑龙经》两种。

三、龙、穴、砂、水

形势派的阴宅理论基点是"本骸得气，遗体受荫"。因此蓄保地气是关键。生气运行地下，必化形而著于外。气旺而吉，则形必佳秀，气衰而凶，形必粗顽。故据形而察气，则可推知吉凶祸福，寻得吉地，避免凶地。

据形知气的理法，可归结为审龙、观砂、察水、定穴四要素。而龙、穴、砂、水则为形势派风水理论的基本概念。

龙，指山脉山势，"地脉之行止起伏曰龙"。即是说，山势起伏逶迤，左摆右摇，似龙之形体。生气在地中运行，其旺盛处表现为山脉，所以龙即生气之所在，龙行气行，龙止气止。气厚则山高，气长则龙长。龙与外气流水亦不可分。龙止气聚之地，则为吉地，可以安坟造宅。寻龙是看风水的第一步。

穴，指山、地气脉的聚结处或隆起处这类地形。穴是藏聚生气的地方。一般说来，山水相交，阴阳融凝之处是好穴，隆地而又避风，干燥，无虫蚁侵害之处为好穴，来龙终止，前面有水，两边有山护卫之处是为好穴。

砂，指龙穴前后左右的地形地貌，即来龙前后左右的山峦或地势隆起处。龙与砂的关系最为密切，无龙，则砂无主，无砂，则龙无应。安坟建宅的吉地，以来龙的前后及左右有砂护卫，君臣相得为上。

水，即地表的水流，水道，主要指平原地区的水流水道。平原地区无山有水，故又称水龙，生气运行地中而无形，充溢而出于地即为水。察水是为了观气，正如山陇觅龙一样。水势以深聚缓和为吉，以激湍冲割为凶。若依水龙定穴、建宅，应取支不取干，并且以干支相合，曲秀生动为吉。

审龙、观砂、察水、定穴有复杂的操作程序和模式，并且主要是用来选择葬地。至于选择阳宅，则别有一套办法。

四、阳宅与纳气

形势派的阳宅术同样也是以生气论为理论基础，认为人居之宫室住宅需要生气充盈，这样才会人丁兴旺，家道昌盛。这就需要纳气。阳宅纳气，一方面需要吸收地下的生气，另一方面需要从门口召气。

吸收地气，与阴宅一样，需要后山前水。后山以为屏障，引来远处地中的生气。前水以为界栏，将远方引来的生气阻滞在院址中。阳宅最好选择在山脚偏上处，院前应有宽平的场地，一保证视野开阔，二保证接受前方来风。宅院左右最好有如双手抱胸状的低山拱卫。还要有茂盛的林木环衬和便利的道路配合。

吸纳外气，要求大门朝南，以利吸纳南方的正阳气。院址最好是方形的，宅与宅间既要整齐、搭配和谐，又要高低有致，进退适中，以成错落美与规整美的和谐搭配。宅舍与入口要形成一定比例，既不拥挤，也不应过分空阔。厕所、厨房要在下风处，以免污染空气。这样，才可保证吸纳外气，利于人居住。

阳宅要吸纳生气，就需讲究建筑环境的和谐优美。形势派的阳宅术对建筑物的选址，特别强调山、木、土、水四个要素，《黄帝宅经》云："宅以形势为身体，以泉水为血脉，以土地为皮肉，以草木为毛发，以舍屋为衣服，以门户为冠带。"这是说山、木、土、水诸因素要合理搭配。

阴宅和阳宅都以山环水抱为吉地，但阴宅要求紧凑小巧，护山要近，绕水在旁，而阳宅要求气势宽大，来龙势大，止龙处宽，水势要大，距离要远，有开阔的视野，以求得日后有发展余地。

形势派风水术对宅院的设计、建筑的结构与布局，也设计了种种模式，其中也不乏科学、合理的内容。

第四节　风水术中的理法派

形势派注重地理形势，而理法派或理气派则以阴阳五行、四象八卦相生相克之理为主，轻形势而重其理。王袆说此派"始于闽中，其源甚远"，具体情况并不清楚。

一、曾文辿与理法派的来源之谜

形势派的宗师为杨筠松，风水术家是都承认的，理法派的宗师是谁，却是历史的悬案。我们不知理法派何时形成体系，始于何人，但后来属于理法派的风水术士却与形势派一样，以杨筠松、曾文辿（或说为其弟曾文迪）为本门派的宗师。曾文辿即前面提到的与杨筠松一起窃取宫中秘籍《天机书》的曾求己之子。曾师从杨筠松，尽得其术，与杨并称于世。

曾文辿，关于他的传说也比较神奇。据《万姓统谱》第57卷载，"曾文辿，雩都人，天文谶纬、黄庭内景之书，靡所不究，而地理尤精。梁贞明间游至袁州府万载县，爱其县北西山之丘，谓其徒曰：'死，葬我于此。'及卒，葬其地。后其徒在豫章忽见之，骇然而归，启其坟墓视之，乃空棺也。人以为尸解云。"如此看来，曾文辿也是传说中神仙一类的人物。

曾文辿著有《青囊序》（或说为曾文迪所著，此从《四库全书总目提要》）。据《四库全书总目提要》，"杨、曾二家《青囊经》一卷"，"为地学理气家之权舆"。曾文辿得杨松筠之术，并以此书传于其弟子陈抟。据宋储泳在《祛疑说》中所记，风水术"又有蜀中一家，谓是希夷先生之传……其学行于东川，为书十篇，卦爻律吕之用，有阴有阳，有消有破，有生有合"。这就是说陈抟开辟了蜀中的理法派。

陈抟在易学、神仙修炼和其他术数方面的高深造诣，使得他承继曾文辿之学，开创了风水术中的理法学派。这一说法也自有其所据。陈抟授其术于江西德兴人吴克诚。吴克诚授其子吴景鸾。

吴景鸾自幼聪慧过人，尽得其父之传，精究有验。宋庆历元年（1041年）被荐至京师做了司天监正。不久，宋仁宗在牛头山兴建陵墓，吴景鸾上表称牛头山"有坤风侧射，厄当国母，离宫坎水直流，祸应至尊下殿"，得罪了皇帝，被捕下狱。宋仁宗死后，吴景鸾获释，犹有后怕，再不敢以预言干涉国事，就装疯卖傻，到白云山洞修行仙道去了。吴景鸾著有《理气心印》《吴公解义》等书，尽将其术传于其女。其后的传人是廖禹，自此以后理法派代不乏人。

如果照此传承世系，理法派亦来源于杨筠松，大约在陈抟的时代形成体系，在宋代得到广泛流传。

理法派的代表性著作有《黄帝宅经》和《阳宅撮要》。《黄帝宅经》依《四库提要》所言，初名《宅经》，后方士托称黄帝。敦煌写经中已有此书之抄本，估计著于唐代。《阳宅撮要》是清人吴鼒所撰。据作者在序中所言，因自己家里迭遭灾变，怀疑是家宅造作失措所致，遂遍搜宅书，而为此书。

二、二十四路图

理法派依据阴阳五行、八卦九宫、河图洛书、天干地支之理，进行复杂的排列组合和逻辑推算，以判定吉凶。它以逻辑演算为主，不注重山川地形和墓穴、住宅的形貌，强调的是住宅或墓地的方位，而方位的符号标记和方位吉凶的确定，完全是推演的结果。

代表理法派之术特点的，是它的"二十四路图"，即以二十四路考寻休咎。二十四路图又称二十四山，指住宅或墓地四周的二十四个方位。二十四路的基础是后天八卦的八个方位：离南、坎北、震东、兑西、艮东北、巽东南、坤西南、乾西北。在这八个方位中，每一个方位再配以干支中的三个方位，即成二十四个方位。

二十四路具体来说，分别为：震东甲位、震东卯位、震东乙位，巽东南辰位、巽东南巽位、巽东南巳位，离南丙位、离南午位、离南丁位，坤西南未位、坤西南坤位、坤西南申位，兑西庚位、兑西西位、兑西辛位，乾西北戌位、乾西北乾位、乾西北亥位，坎北壬位、坎北子位、坎北癸位，艮东北丑位、艮东北艮位、艮东北寅位。

按照八卦原理，二十四路中，乾统领三男，乾、震、坎、艮属于阳位，坤统领三女，坤、巽、离、兑属于阴位。阳以亥为首，巳为尾，阴以巳为首，亥为尾。所有方位都与吉凶有关。八卦、干支、方位、季节、五行都是相符相应的，五行有生克制化之理，这即是方位与吉凶相关的根据。

二十四位又可配上九星。九星亦是术数中广泛应用的吉凶符号。在理法派风水术中，九星指北斗七星加上辅、弼二星，即：贪狼、巨门、禄存、文曲、廉贞、武曲、破军、辅星、弼星。九星与二十四向的相配根据的是八卦与干支相配之理。九星有吉凶之分，吉星所临的方位为吉方，凶星所照的方位为凶方。这样，方位与吉凶的关系就更加复杂，可适应不同的情况了。

这就是理法派风水术的基础。它的繁纷复杂的推演，都是在此基础上建立起来的。

三、建宅的生气和死气

理法派与形势派相比，除了重理和重形势之别，还有就是理法派更注重阳宅。

建阳宅时，很讲究方位禁忌。方位禁忌的推演亦离不开五行与五方的搭配、五行与四季的旺相休囚及五行寄生十二宫等基本理论。

方位禁忌亦利用了形势派的基本概念，即生气和死气。理法派所说的生气，是指在动工修建住宅时带来吉利的方位，相反，死气则为动工建宅时带来凶灾的方位。

据《黄帝宅经》，理法派主张的一年四季各月的生气、死气所在方位可列成表9-1。

表9-1　　　　　　　　　　　　每月生气死气方位

月份	一	二	三	四	五	六	七	八	九	十	十一	十二
所在方位　生气	子癸	丑艮	寅甲	卯乙	辰巽	巳丙	午丁	未坤	申庚	酉辛	戌乾	亥壬
死气	午丁	未坤	申庚	酉辛	戌乾	亥壬	子癸	丑艮	寅甲	卯乙	辰巽	巳丙

将此表与前文所言二十四路图对照，不难发现每月生气、死气的方位的规律：以子月为一月，按地支的顺序排列十二个月（即子为一月，丑为二月……亥为十二月）。每月的生气即是本月所属地支加上二十四路图中左方的一个方位。如一月为子月，则生气在子癸方位。而死气方位则是与生气相冲的方位。前半年为阳，后半年为阴，一至六月与七至十二月的生气、死气方向正好相反。

四、住宅与八卦

用二十四路图加上九星等推演住宅的吉凶，可以推出一些基本的住宅格式来。这是因为二十四路图的组成实质上是一个严密的符号逻辑系统。

二十四路图以八卦的方位为基本的方位。故依住宅的坐向及开门方向分别归属的八卦，可得八种基本的住宅格式：乾宅、离宅、兑宅、坎宅、艮宅、巽宅、坤宅、震宅，可称为"八宅"。

八宅标志了住宅的坐向及开门的方位。如：坎属北，坎宅即坐南向北开门；离属南，离宅即坐北向南开门；震属东，震宅即坐西向东开门；兑属西，兑宅即坐东向西开门。但由于乾、坤、巽、艮四隅卦所属方向的西北、西南、东南、东北，这几个方向的房屋都可在左右两个方向开门，故乾宅又分坐南向北开门、坐东向西开门两种，坤、巽、艮依此类推。

按理法派，八宅又分为两组：震、巽、坎、离为东四宅，乾、坤、艮、兑为西四宅。配上九星九宫等推演，八宅中每一宅内的不同方位又都有吉凶属性，各宅皆不相同。一般说来，凡是吉星方位，无论内院、外院房宜高大，宜开门、居住、安水井等；而凶星方向房宜矮小，宜安厨灶、碾磨、厕所等。

按理法派，不同的住宅格局，适宜不同的人居住，这也有一套繁复的推演方法。其基本理论为，住宅主人生年不同，其所属命宫亦不同。用一定方式（称为"三元法"）从宅主的生年，推出所属命宫，将命宫归属于八卦，即与八宅挂上了钩。八宅分东四宅，西四宅，宅主之命亦分东四命与西四命。如：宅主是东四命生人中的坎命，那么住宅就以坐北向南宅为上上吉，坐南向北宅为上吉等。

无论是住宅本身方位的吉凶宜忌，还是动工修建年、月、日的吉凶宜忌，理法派都有各式各样繁琐的推演方法。但万变不离其宗：它们都离不开八卦九宫、阴阳五行的基本的理论及其符号运演系统。

风水术，尤其是风水术中的理法派，就是阴阳五行理论在人们选择住宅、墓地时的具体运用。因而，在传统社会特别是在唐代以后，阴阳五行不仅左右着人们的思想，也深刻地影响着人们的生活。风水先生勘察地理环境、地理形势，指导人们何处适宜建房，何处可以安坟，何处营造不利，何处结穴不利。风水先生甚至可以告诉你床铺改变位置就可医好痼疾、门楼建高一点可以免却厄运等等，可供人们做出实际的选择。风水术在预测吉凶的同时，总是与人们最基本的日常实践活动结合在一起，这是它不同于其他术数的特点。

古代风水理论有其合理的部分。它注重协调人类生存与生态环境的关系，选择适宜人类休养生息的生态环境。如选择阳宅和修建房屋的理论，格外看重地形、地势、地理、地貌，看重山、水、土质、丘陵、林木等自然环境的和谐统一，追求建筑物与周围环境的浑然一体、自然天成，就有很高的审美和科学价值。但是，传统的风水术和风水理论主要是把地理环境的差异同人们的吉凶祸福、家族的兴衰对应起来，再加上民间风水先生的渲染，使得风水术比其他术数更带有神秘性。

第十章　相人之术

相术，有广义和狭义两种。广义的相术，也称形法，指根据各地的地形地貌特征来确定各种建筑物的建设，同时也包括根据人和六畜的形象外观来判断其贵贱和吉凶。狭义的相术是指通过观察人的头、面、手、足、骨、神等形貌特征，来推测人的贵贱、贫富、吉凶等，也有的书中称之为"相学""相人""看相"等，我们所讲的是狭义的相术。

第一节　相术的起源和发展

相人之术，起源于何时何地，不得而知。有一种看法认为相术起源于巫术和医学，即医相同源。相人之书，《汉书·艺文志》中载有《相人》二十四卷。出土的简帛文献中，据学者介绍，马王堆帛书中的《木人占》有部分相人术的内容①。相人之事，则先秦已有。

一、先秦相术家

史籍里最早明确记载相人之事的，是《左传》。公元前627年，鲁僖公到齐国访问，回国途中，因病身亡。第二年其子文公即位，决定

① 陈松长 . 帛书史话 [M].北京：中国大百科全书出版社，2000：59-61.

举行葬礼，周襄王先期派了名叫叔服的内史出席葬礼。人们都知道内史是周王室中掌管天文、历算、档案的，被人们看成知悉天地鬼神、通晓人的吉凶祸福的人，理所当然会看相。鲁国重臣公孙敖认为机会难得，带两个儿子让叔服看相。叔服看相后说："你的两个儿子都是好相，大儿子会供养你，小儿子会料理你的后事。大儿子下颏丰满，其后代在鲁国必然昌盛。"后来，果然为叔服言中。此事载于《左传·文公元年》。

《左传·文公元年》还记载了关于楚王准备立太子之事，也与相术有关。楚王打算立商臣为太子，征求令尹子上的意见。子上说，"君王的年纪又不大，而且很多内宠，立了太子再加以废弃，会招致祸乱。而且商臣这个人，眼睛像胡蜂，声音像豺狼，性格残忍，不能立为太子。"楚王没有听子上的劝告，商臣后来杀死了楚王。从相面的角度看，当时认为狼声蜂目是凶恶而又不吉的，所以子上判断商臣这个人残忍无情。

《左传·宣公四年》记载有楚令尹子文劝其弟杀子之事，也与相人相关。司马子良生了子越椒，子文看了他的相后说："一定要杀了他！这个小子，是熊虎的外形，豺狼的声音，不杀，必然会灭亡若敖氏家族的，俗话说：'狼子野心'，这小子就是一条狼，难道能够养下去吗？"子良不答应。后若敖氏果因子越为楚王所灭。

《左传·昭公十一年》记载叔向预言单成公将死之事，也与相术有一定的联系。单成公代表周王出访诸侯，在戚地与晋国韩宣子盟会。单成公眼睛望着地下，说话慢吞吞的。叔向当时和韩宣子在一起，叔向说："单子其将死乎！"叔向的依据，就是单成公在盟会之时说话的声音大小、眼睛所看的位置，都不合规矩，断言他身体之气已经保守不住。叔向是晋国老臣，见多识广，他的话往往奇验，这次也一样。过了没多久，单成公就去世了。

《左传》所记载的这些有关相人之事，应当说都已经是很早的了。不过，看相可能并不从叔服、子上、叔向开始，只是在此以前没有文字的明确记载罢了。事实上的相术应该比这更早，原因是《左传》只是将叔服、子上等人列为会相术的人，况且社会上如孙叔敖等人，也知道相人术的存在，可见看相由来已久。

春秋时期，懂得各种方术的人很多，《左传》一书或多或少地记录了他们的事迹，如鲁国的梓慎、郑国的裨灶、晋国的卜偃、宋国的子韦等。最有名的要算范蠡，既擅长治国，又长于发财，对相术也有高深的造诣。范蠡在越王勾践手下出谋划策二十余年，扶助勾践打败吴国，重登王位。这时范蠡改姓换名，经商致富，并写信给越国大夫文种，讲飞鸟尽，良弓藏，狡兔死，走狗烹。他说越王勾践长颈鸟喙，可以和他共患难，不可以和他共安乐。后来文种果然被勾践迫害自杀而死。

姑布子卿也是先秦著名的面相家。传说中孔夫子年近六十，四处兜售其政治谋略，处处碰壁。在宋国，司马桓魋要杀他。逃难之中，孔老夫子与弟子走散了。孔子一个人站在郑国东门外，十分狼狈。这时其弟子子贡听到一个人说：东门外有一个人，额头像尧一样，脖子似皋陶，两肩像子产，仪表堂堂，可惜从腰部到脚底下，比起禹来，要短三寸，站在那里，神情疲惫不堪，活像一只丧家之犬。子贡赶到东城郭下，见到孔子，便把刚才的话据实转述给孔子听。孔子听后哈哈大笑，说："形貌不重要。然而，说我如丧家狗，真是惟妙惟肖呀。"这个故事，《史记·孔子世家》等都有记载，而《韩诗外传》则说相者是姑布子卿，而且是专门来给看相的。

姑布子卿见于史籍的相人之事，载于《史记·赵世家》。有一天姑布子卿遇到赵简子，赵简子便把儿子们都召来，请姑布子卿看看谁能子承父业。姑布子卿一一看过，摇头说没有一个能做将军的。赵简子说："这样赵家不是后继无人了吗？"姑布子卿说："我来时在路上见到一位少年，估计是你的儿子，你带他出来让我看看。"赵简子就把叫毋恤的儿子叫出来，姑布子卿一见便说："这才是真正的将军！"赵简子不信，说毋恤是婢女所生，出身卑贱，怎么能做将军呢？姑布子卿说："这是天意，天意所向，卑贱也可以高贵。"赵简子后来知道毋恤果然是个贤才，便废太子伯鲁，改立毋恤为太子。

这些都是比较典型的相人之事，也能体现这个时期相人的特点。如果分析这个时候的相术，便会发现相师往往结合"事理"进行决断，说明相术对其他方面知识的依赖。到了战国后，根据有关相师看相的记载，才是就相论相。战国时著名的相师唐举，曾相李兑不出百日，就可以掌握赵国的政权，后来果然应验了。燕国人蔡泽找唐举看相，唐举告诉蔡泽，说他鼻梁和眉毛挤在一块，双腿走路时像骑在马上一样，是难得的圣人异相。蔡泽后来果然成了秦国的宰相。唐举成功地看过李兑、蔡泽的相，由于灵验如神，名声大噪，登门请求他看相的人络绎不绝，他便成为看相的权威。后世相士多借用其名，托名的相术著作不下十种。

二、相术在两汉的发展

相术在两汉时期，随着阴阳五行说的普及和天人感应说的盛行，出现了发展的高峰。相术在两汉时期的发展与皇帝刘邦及其大臣极信相术，也有很大的关系。

汉高祖刘邦，沛丰邑中阳里（今江苏沛县）人，出身社会低层，年轻时好酒色，不思劳作，浪荡度日。有位从山东单父迁居到沛县的吕公，与沛县县令要好。下属听说县令设宴欢迎贵宾，都凑钱来贺。当时负责接待的是萧何，定了一条规矩，凡送一千钱的，才得在堂上入席，进奉不满千钱的，坐堂下。刘邦说送一万，昂然登堂入席，实则是身无分文。吕公见了刘邦大吃一惊，站起身来，亲自到门口迎接。席后留下刘邦，说："我从少年时就喜爱相术，几十年中相过的人数也数不清，但没有人比得上你的高贵，如果你不嫌弃的话，我有个女儿愿意许配给你。"这就是后来的吕皇后。《史记·高祖本纪》把刘邦的相貌写得很详细，说他是隆准龙颜、美须髯，左股上有七十二黑子。隆准、龙颜、黑子后来便成为相人术的准则。

在西汉，著名的相师许负给周亚夫看相时说："三年之后，你会封侯，封侯八年，然后做将军、宰相，达到朝廷上的最高地位。再过九年，必然饿死。"周亚夫听后不以为然地说："我父亲的侯爵位，已经由我兄长继承了，我哪来的封侯，就算我兄万一去世，依法应由他儿子继位，又怎么会轮到我？即使我已被封侯，又做了宰相，怎么还会饿死？"许负指着周亚夫的口说："有横纹伸入口内，依相法，必然饿死。"史书上称周亚夫的兄长三年后因罪失去侯爵，朝中大臣推荐周亚夫为侯。又过了六年，匈奴入侵，汉文帝派了几位将军驻防。刘礼进驻霸上，徐厉进驻棘门，周亚夫为将军，进驻细柳。汉文帝到军营慰问，先到霸上和棘门，驰马而入，所有军官都下马迎送。到了周亚夫驻防的细柳，官兵全副武装，纪律森严，皇帝派出的先遣人员，不得进入兵营。军中值班官兵说："将军有令：部队只听将军的命令，虽有皇帝诏书也不行。"一会儿文帝来到，同样不许进去。文帝只好派人拿着诏书说明是到军营劳军。这时周亚夫才传令打开营门，把守营门的将官又说："将军有令，军营中不许驰马！"文帝只得勒住马缰缓缓前行。进去后，周亚夫手持武器向文帝作揖说："臣身穿甲胄，不能行叩拜礼，请以军礼见。"文帝听后深受感动，叹道："这才是真正的将军，霸上、棘门简直是儿戏，如果敌人来了，岂不是要打败仗？周亚夫的军队，谁敢进犯呢？"匈奴退兵后，文帝命周亚夫统率所有军队。景帝时，吴王、楚王造反，亚夫为元帅。在平息叛乱中，却得罪了景帝嫡亲兄弟梁孝王，梁孝王不断地在景帝面前说周亚夫的坏话，不久有人诬告周亚夫，周亚夫因此也被关进牢中，亚夫气极，绝食而死。

汉自武帝始，皇帝及王公大臣，颇好方术，天下方术之士，莫不负策抵掌，顺风而届，士大夫阶层也争相附会，这与相术及其他术数的流行，是大有关系的。

三、王充与相术

王充，东汉时期的思想家，是相信人各有命的人，而人的命运与人的形体是相一致、相契合的。他在《论衡·无形篇》中说："人禀元气于天，各受寿夭之命，以立长短之形。犹陶者用土为簋廉，冶者用铜为桴杆矣。器形已成，不可小大；人体已定，不可减增……体气与形骸相抱。"《论衡·骨相篇》中又说："人命禀于天，则有表候（见）于体，察表候以知命，犹察斗斛以知容矣。表候者，骨法之谓也。"

人禀元气不同，命就不同，决定命的元气凝聚在人的形体骨骼中，察骨体的征兆，就可察出人所禀之命，这是一套对面相合理性的理论解释。王充举例说：黄帝的眉骨突出，有如龙形；颛顼前额像盾牌；帝喾的牙齿相连；帝尧的眉毛有八种色彩；帝舜的每只眼睛有两个瞳仁；大禹耳朵有三个窟窿；成汤的每只胳膊上有两个肘；周文王有四个乳；武王的眼睛生得高，不必抬头就可望到天；周公的脊背弯曲；皋陶的嘴像马嘴；孔子的头顶中间凹、四周高。这十二位圣人都干了一番事业，在王充看来，恐怕都与他们生就的一副奇相有关。

因此，王充认为，只要观察一个人的骨骼形体及皮肤纹路，就能对这个人的命运做出判断，这一点几乎没有不灵验的。了解命运的面相术家，只要观察一下人的形体骨骼，就可以推测人的富贵贫贱，如同人们看不同的器皿，就知道这些器皿不同的作用。王充认为：生就富贵骨相的人，不会遭到贫贱之苦；生就贫贱骨相的人，不会享受到富贵之乐。

王充的理论解释带有很大的代表性，也颇能看出当时人们对相术的认识。

四、相术的定型

魏晋南北朝时期，相术从重骨法开始转向重相貌、重神韵气色。《世说新语·容止》第一条就是写魏武帝曹操在接见匈奴使者时，自以为生得短小，形状不足服人，特命须长四尺，仪表非凡的崔琰代替自己，并让崔琰对匈奴使者说自己即是武帝。而真正的武帝却扮作侍卫，捉刀守在一旁。不料匈奴使者认为这位捉刀人是真英雄，因为曹操形貌虽嫌短小，但精神焕发，神采奕奕，远非常人所能企及。精神比形体重，这是魏晋时期人们思想认识上一个突出的特点，相术也不例外。

六朝时期，在相术著作《相人法》之外，又出现了《相经》。此书虽也散佚，无从窥其全貌，但从人们对其关心的程度看，这部《相经》在六朝时期是颇有影响的。陶弘景为其作序称：人的命运皆有定数，而命运、吉凶、祸福则又可以通过人的形骨气貌这些外在的东西表现出来。刘孝标为《相经》所作的序，在此基础上又对人的形骨气貌与命运的关系做了具体的阐述，认为外形与命运的关系是声与响的关系。从陶、刘之序中，可以看出相术理论在南北朝时已基本成型。

相术理论在南北朝时基本成型，与六朝时盛行的品评人物之风和人的自我发现有关。品评人物之风不仅使人们注意到人物的德行、才能、语言，还使人们注意到人物的外在形象，这种对人的全面观察与品评，恰恰也是相术所需要的。人的自我发现，肯定了个体的文化作用和文化价值，而这是相术的前提。相术尽管是建立在对命运的肯定上，但却认为人的作用和价值并不是外部力量所能改变的。

五、唐宋时期的相师和相书

相术在南北朝时已经基本定型，它的全盛时期在唐宋两朝。这期间产生了流传后世的著名的相师，如乙弗弘礼、袁天纲、李淳风、金梁风等；出现了对后世影响较大的相书，即《麻衣相术》。

乙弗弘礼，新旧《唐书》均有传，其著名事迹则是在隋炀帝尚为晋王时为其相面。据《旧唐书》，"弘礼跪而贺曰：'大王骨法非常，必为万乘之主，诚愿戒之在得。'"炀帝即位之后，召集天下道术之人安置在专门的坊内，仍然令乙弗弘礼统摄。后来炀帝见国家逐渐乱起来，天象错谬，内心担忧恐惧，又让弘礼为其占相。弘礼逡巡不敢答，在炀帝的逼迫之下，才说自己观看相书，凡人的面相如果类似于陛下，会不得善终，但听说圣人不相，知道凡圣是不一样的。从此之后，皇帝便派人监视他，令他不得与他人交谈。

袁天纲（或作"天罡"，新旧《唐书》均作"天纲"，下述诸事依《旧唐书·方伎传》），成都人，做过几任县官，隋炀帝大业元年（605年）到洛阳。当时杜淹、王珪、韦挺都去请他看相，天纲对杜淹说："你'兰台'成就，'学堂宽博'，当以文学受主上恩遇。"后来杜淹在唐高祖时期被唐太宗引用，做天策府兵曹参军，文学馆学士。天纲对王珪说："你'三亭'成就，'天''地'相临，十年后可得五品要职。"王珪在唐太宗时，先任谏议大夫，后为侍中，最后与房玄龄、李靖、魏徵等同秉国政。天纲又对韦挺说："你面似大兽之面，对朋友忠诚，将来必得友人帮助，先做武官。"后来韦挺也做了御史大夫等高官。杜、王、韦三人《唐书》都有传。天纲还对这三人说："二十年后，恐怕你们都会遭到贬谪。不过，时间不会长，又可回到朝廷。"武德初，三人都被流放过，他们在成都与袁天纲重逢，对袁说："袁先生在洛阳所说的，都很灵验。不知今后如何？"袁说："你们的'骨法'比以往更好，今后一定同享荣华。"三年后，即武德九年（626年），杜淹等三人在首都长安听说袁天纲入京，就约定齐去拜访。袁对杜说："你很快就会任三品要职。至于年寿，就不是我能够预先知道的了。王、韦两位稍迟一点，也可得三品官。寿命也会长。不过晚年仕途并不怎么称心如意。尤其是韦公更加不遂心。"杜淹死于贞观二年（628年），距这次谈相，不到两年。王珪因不设家庙，受到弹劾。韦挺晚年由太常卿贬象州刺史，死于贬所。袁天纲的判断，一一见诸事实。

大业十四年（618年），扶风人窦轨，客游德阳，与袁天纲相遇，向袁请教。袁对他说："你额上'伏犀'贯'玉枕'，'辅角'又成。必定会在梁州（今陕西）和益州（今四川）两地建功立业，树立威信。"唐高祖起兵时，窦轨率领一千多人投奔，受到礼遇。高祖要他向关中进军。他先攻下永丰仓，后直捣长安。唐高祖即位后，封轨为秦州总管，后又迁益州道行台右仆射，给予他很大的权力。这时，窦轨特别备礼把袁天纲接到行台官署，待以上宾。天纲对他说："你的'骨法'成就与以往仍然相似，没任何差异，不过，眼睛中有'赤脉'贯穿瞳孔，说话时赤气浮于脸上。如要做了将军，可能杀人多。希望你切记，要小心谨慎，时时告诫自己，不可任意杀人！"后来窦轨没有完全听信袁天纲的话，随意杀人，连外甥夜出，召唤不至，也被杀了。不久，因出了差错，被召到长安。临行前，窦轨问天纲："会调任什么官？"天纲说："你面上'家人坐'未动，'辅角'右边发出光泽，还有喜色。到了京城，最后还回四川。"后果如所料。

武则天还在襁褓之中的时候，袁天纲到她家中，对她母亲说：

"从夫人的骨相来看，必生贵子。"于是，其母把儿子都叫来要天纲一一细看。天纲指着武元庆、武元爽兄弟说："这两个是保家之子，可做到三品官。"又看过韩国夫人（武则天之姊，嫁贺兰越石，则天立为皇后，其姊封韩国夫人）说："这女子也是大贵之相，但不利于夫。"这时，乳母抱武则天来，身穿男孩衣服，天纲一见就说："这位公子神色爽朗、高明，顷刻之间不容易做出决断。叫他下地走几步让我看看。"乳母把则天放在地上扶着座位走了几步，天纲又要他张开眼睛。这时，不觉大吃一惊，说："这位公子眼睛像龙，脖子像凤，贵人之极也。"一边说，一边仍来回反复地看武则天。最后，非常惊奇地说："倘若是女公子，则实在不可窥测，将来一定会做皇帝。"

袁天纲的名气越来越大，传到唐太宗李世民耳里。贞观八年（634年），李世民派人传令召见他。天纲来到九成宫，朝见太宗皇帝。当时岑文本在旁侍立，太宗要天纲给岑文本看相，天纲说："舍人'学堂'成就，眉毛长过双目，文章才华闻名全国；头上生骨，但尚未完全成就，倘若位至三品，恐怕损害年寿。"后来岑文本官至中书令不久，就去世了。就在贞观八年这一年，张行成、马周同去拜访袁天纲，问前途之事。天纲说："马侍御'伏犀'贯脑，兼有'玉枕'，加上背如负物，自是富贵之相。自近代以来，君臣相投合，很少像马公这样的。但公面呈赤色，命门却现出暗色，耳后骨又未隆起，耳无根，依相法，只怕不是享高寿之人。"马周后来做到中书令兼吏部尚书，四十八岁就死了。天纲对张行成说："你面上'五岳四渎'成就，'下亭'丰满，得官虽然较迟，但最后必居宰辅。"行成晚年果然做到尚书右仆射。

这些找袁天纲看过相的人，都是唐代名臣。史书上对他们的事迹均有记载。袁天纲相术之精，大抵不言则已，言必有中，而且还把相法当面说给看相的人听。在袁天纲之后，玄宗朝的著名相师有金梁凤。

金梁凤，新旧《唐书》均有传。金梁凤，"不知何许人也"，唐天宝十三年（754年）客居河西，善于相人，又讲玄象（日月星辰在天所成之象）。当时，哥舒翰做节度使，奉诏入京，祠部郎中裴冕留守，驻在武威。金梁凤对裴冕说："玄象发生变故，半年之内将有兵变之祸，你在那时被任为中丞，如果不做中丞，就会做宰相，留在天子身边，享受大富贵。"裴冕满是疑虑，说："你说的尽是疯话，我哪会达到这个地步呢？"金梁凤告诉他："有一太阳向东京（东都洛阳），有一太阳向蜀川，有一太阳向朔方，这时候你就能得相位。"过了一段时间，安禄山在渔阳起兵造反，攻进洛阳，自称皇帝。哥舒翰奉命出守潼关，不到几个月，他便启奏让裴冕做御史中丞。此时，裴冕又问"三日之兆"。金说，洛阳的太阳过几天就会灭，蜀川的太阳也不会长久，这边的太阳越来越分明，不可说。不久，潼关失守，玄宗逃到四川，肃宗到了灵武。裴冕朝见肃宗，劝肃宗即皇帝位，肃宗即位后便任裴冕为宰相。裴冕把金梁凤所说一一上奏，所以，肃宗任金梁凤为都水使者。

新旧《唐书》之《方技（伎）传》还记载了其他一些相术师，此不具述。《新唐书·方技传》言："凡推步、卜、相、医、巧，皆技也。能以技自显地一世，亦悟之天，非积习致然。然士君子能之，则不迁，不泥，不矜，不神；小人能之，则迁而入诸拘碍，泥而弗通大方，矜以夸众，神以诬人，故前圣不以为教，盖吝之也。"此处论占相之术既可有益于时，如李淳风谏太宗不滥杀；也可以用来惑世诬民，如王远知等人的诡行纪怪。这实在是高明之论。

由唐入宋，出了一位富有传奇性的人物，就是陈抟。据文献记载，陈抟的相术在宋代很出名，当宋太宗立王储之时，就请陈抟为他的几个儿子看相，陈抟认为真宗（即寿王）当为天下主。陈抟认为，从相术上看，真宗当时手下的两位官员将来要做将相，那么，真宗作为主人自然贵不可言，他日必为天下主。此事不见于正史，聊记之而已。

相术，从西汉到隋末在理论上不断发展，到了唐代逐步走向兴盛，至宋代遂臻于鼎盛，主要标志便是相术名著《麻衣相法》的出现和相术在朝野的广泛流行。

《麻衣相法》是中国最重要的相术著作。相传此书为宋初僧人麻衣道者所撰。全书讲的均为相人术。它以人的形体、面貌、声音、骨骼等外在特征为观察评析的对象，将它们同人的吉凶、福祸、贵贱、寿夭、穷达、休咎联系起来，确定了与之相应的各种意义。全书共分四卷：第一卷属总论性质，对人体图例进行解说，确定了人体各部位对应之事；第二卷是相面法，将人的相分作头、额、眉、目、鼻、口、唇、人中、舌、齿、耳等若干部分，分述每一部分与人生命运的联系；第三卷是对人体各部位在相术中的作用的解析，以及如何通过手足看人生命运的吉凶贵贱；第四卷论气色与人命运的关系。此书把人体分解得过于琐碎，论述人体与命运的联系时，杂以阴阳五行、八卦十二宫、五星六曜诸说，颇多自相矛盾处。

除《麻衣相法》之外，还有一部流传颇广的相术著作《太清神鉴》，也在古代相术中有非常重要的地位。

第二节　宋代以后相术的流行

唐宋以前，相术作为一种为主流观念所排斥的方术，只是在一部分术士中流传。唐宋以后，相术在社会上层中盛行，同时也为社会下层所虔信。

一、相术在社会生活中的巨大影响

元朝统治者对相术这种主要流行在汉族群众中的方术，基本上采取了认同的态度。从元太祖铁木真到元世祖忽必烈，所倚重的大臣，如耶律楚材、刘秉忠等人，都是九流百家之书无所不读的人。天文历算、星相卜医，尽皆通晓。耶律楚材师从万松老人，曾称嗣法弟子，于禅学所得至深。此外刘秉忠也做过和尚。

元明以来，相术在社会上层，尤其是对政治生活，产生了极大的影响。明朝开国皇帝朱元璋很了解江湖方术。在辅助朱元璋得江山的人物中，刘基也通晓相术。刘基，字伯温，托称郁离子，浙江青田人。传说中刘伯温掐指一算，能知后五百年的事。流行几个世纪的相术预言诗《烧饼歌》即出自刘伯温之手。

在明朝政治斗争中，相术确实起到了相当大的作用，尤其在明成祖朱棣争夺皇权的关键时刻起到了决定性的作用，而此事则和他的心腹之臣姚广孝有关。姚广孝十四岁出家，在做和尚的同时拜道士席应真为师，习阴阳五行术数之学。有一次，姚广孝在嵩山游览，与袁珙相遇。袁珙看了姚的相后说："怎么这样一个怪和尚，一对三角眼，而且形状活像一只病老虎，好杀成性，将来必然是刘秉忠那样的人。"刘秉忠是帮元世祖得天下的谋臣，早年也做过和尚。朱元璋在皇后马氏去世之后，特地为每个儿子选择一名和尚，为之诵经荐福。姚广孝被推荐给朱元璋的第四个儿子燕王棣，两个人相见，谈得很投机。朱元璋死后，由皇孙朱允炆继位。这时姚广孝劝燕王起兵夺取皇位。燕王怕民心不服，不肯起兵。姚广孝说："我不管什么民心不民心，我只知道天意。"于是将相术师袁珙和卜者金忠推荐给燕王，自此燕王起兵之意更加坚定。

据《明史·方伎传》，燕王为了试一试袁珙相术如何，从卫士中找来几个相貌跟自己差不多的人，自己也夹杂其中，身背弓箭，在酒楼上饮酒取乐。袁珙一进酒楼，马上跪拜在燕王面前说："殿下怎么会来这种场合？"旁边的九个侍卫同时笑袁珙认错了人，可袁珙坚持说没有认错人，最后燕王将袁珙召进王府。袁珙仔细地看了燕王的身形体貌，然后说道："大王龙行虎步，日角插天，肯定是太平天子。到了四十岁，胡须长过肚脐，就可以登上御座。"同时袁珙还给王府中的将校一一相面，认为他们都具有贵相。燕王唯恐消息外露，误了大事，悄悄地将袁珙送走。然后以清除皇帝左右一些乱臣贼子为名，起兵南下，相机夺取了皇位。后接袁珙回京城，亦封太常寺丞，并给予丰厚的赏赐。

二、相师袁珙

唐宋以后最有名的相师，莫过于袁珙。据《明史·方伎传》，袁珙，字廷玉，浙江宁波人。袁珙的高祖袁镛，宋末举进士，曾经在元兵南侵时率全家十七口抗节而死。其父袁士元，做过翰林院检阅官。

史载，袁珙自幼聪颖好学，有一次乘船出海（宁波本来就在海滨）到达洛伽山，遇见一位古怪和尚别古崖，传授他相人术。别古崖要他先练好一双眼睛，每天对着太阳看，看得眼花目眩，稍停片刻，又看。久而久之，面对强烈的太阳光，睁开双眼就习惯了，毫不感到刺激。然后又把赤豆与黑豆撒在暗室里，要他一粒一粒地拾起来，分别盛在不同的碗里。开始分不清楚，到后来一眼就能识别。同时又把红、黄、蓝、白、黑五种颜色的丝线挂在窗口，要他在月光下分辨出不同颜色。这样，经过长期训练，眼光变得锐利无比，然后才教他相术。怪和尚相人的方法，也与一般相上不同。在黑夜里，点上两支蜡烛，就在烛光下相人的形状与气色。并且还要先知道被相的人的出生年、月，作为参考，最后做出判断。

　　袁珙经过严格训练，再加上天资不凡，所以出师之后，便能取得出色成绩。他给人相面，真正是百无一误。因此，他在元代已经成名，江湖上都知道有袁珙这一位神相家。士大夫迎请他看相的越来越多。最令人惊奇的是，袁珙判断那人的生死祸福，往往把什么时间和地点以及事情的变化如何，都说得很具体。别人把他所说的用笔记下来，事后核对，半点不差。

　　元朝时，南台大夫普化帖木儿老远地从福建海道来见袁珙，请他看相。看毕，袁说："你神色严肃，举动生风，是个大贵相。但是'印堂''司空'间有赤气，得官后一百一十四天，就被人把印夺走。那时，你会坚持站在忠义立场，谨守臣节，将来一定名垂后世。希望自爱自勉！"果然，普化帖木儿到浙江接任南台才一百一十四天，张士诚用武力胁迫他交出官印，普化帖木儿最后尽节而死。

　　袁珙见到时任江西按察副使的程徐，对他说："你头上'帝座'这个部位呈现紫黄色，是吉利相。不出一千天，必然有升高官的好消息，而且不止升一次。不过，我看你笑时是一种冷笑，说明你人无情，保不住忠义气节。"一年后，程徐由宪副擢升兵部侍郎，不久又做了尚书。经过两年，他向明投降，被任为吏部侍郎。

　　陶凯为布衣时，也请袁珙看过相。袁说："你面上'五岳'朝揖，但气色未开；'五星'分明，但光泽未现。虽属贵相，却时机未到。要耐心等待。十年后必然以文才出仕，而且不是做本朝的官。官阶可至二品，地点当在荆、扬之间。"后来陶凯做了明朝的礼部尚书、湖广行省参政。

　　明成祖在由哪个儿子做太子这个问题上，心里虽早有成算，但一时拿不定主意，要袁珙去看几个儿子的相。袁珙见过他的儿子朱高炽和朱高炽的儿子朱瞻基，回来向成祖报告说：高炽是天子，瞻基是万岁天子。于是太子问题得到解决。

袁珙相人有一大特点，即能知人的相，也能知人的居心如何。遇到其人有贵相而居心不良时，便启发他做人应当向善良方面发展，最后才得福。

袁珙晚年回到故乡宁波，在住宅周围遍栽柳树，因自号柳庄居士，社会上称他为袁柳庄。

袁珙的儿子名忠彻，自幼得到父亲传授相术。他曾经跟父亲到燕王府做客，燕王宴请北平所有文武官员，暗中嘱咐忠彻给他们看相。忠彻说：都督宋忠方面大耳，但身短气浮；布政使张昺面方五短，但行步如蛇；都指挥谢贵臃肿早肥、气短；都督耿瓛颧骨插入双鬓，色如飞火；金都御史景清身短声雄。依相法，这些人皆不得善终。燕王听后大喜，起兵的决心更大。

明朝以后，开始流传《柳庄相法》，其实这本书并不是出于袁珙父子之手，而是他们的崇拜者所撰写的。

三、清代的相师相术

清代统治的二百多年中，相术也相当流行。传说中平西王吴三桂雄居云南，非常相信相术。他听说昆明城里有个相士给人看相，没有不应验的，便派人去召，可是相士好歹不肯进王府。吴三桂无可奈何，只得微服出访，相士见到他，仔仔细细看过之后，说："你的相贵不可言，只可惜颊下有横纹，没有后嗣。"吴三桂听后，又高兴又愤怒，当时不便发作，回王府后再派人去找相士，相士早已逃之夭夭。从此，吴三桂反清自立为帝的欲望更加强烈。每当对镜顾影，反复端详颊下横纹时，不免郁郁不欢。最后，吴三桂终于兴兵造反，军队打到衡阳时，吴三桂开始称帝，不久便被清兵消灭了。

清代初年，浙江有一个人叫史瞎子，其实他的眼睛并不瞎。此人相术精妙，遇有人请他看相，男子就摸骨，女子就听声音，用这种方法断人吉凶祸福，往往使人惊异。

传说年羹尧的父亲年遐龄，属汉军镶黄旗人，升为都统后入京朝见。听说史瞎子也在北京，便派人请史瞎子来给其儿子看相。年羹尧本是其父与一个丫头的私生子，事情被年遐龄的妻子知道后，将年羹尧的生母赶出家门，孩子改认仆人为父。史瞎子进门时，在门房发现正在玩耍的年羹尧长得骨相非凡，便对遐龄说："我在门房见一个孩子，按相来看，将来一定是一人之下、万人之上的贵相。"年遐龄连忙叫仆人和孩子进来，询问缘故，仆人便抖出真情，年遐龄知道是自己亲生儿子，便收归自己抚养。果然，年羹尧后来做了大将军。

史瞎子还有一件看相的事流传下来。浙江巡抚徐元梦为外孙请了安徽休宁的汪由敦来教书。一天徐元梦请史瞎子来给外孙师徒看相，史说师徒将来都是大官。徐元梦的外孙是贵公子，做大官不足为奇，但汪由敦是个穷秀才，没有人相信他会做大官。人们以为只是相师随口说的一句恭维话而已。这天夜里，史瞎子留在徐府住宿，郑重其事地对汪说："望先生多保重，你未来的功名，会远远超过主人。"汪由敦听后感到吃惊，表示不敢当。史瞎子说："我的话不是随便说说的，你是个穷秀才，讨好你有什么好处？我给自己相命，会在今后有一次灾难，要过很长时间才能解脱。那时，你已经有了很高的官位。说不定替我解脱灾难的就是你。所以拜托你了。"

此事后不久，有人将史瞎子推荐给雍正皇帝，雍正召见他。可是过了几天，竟把史瞎子发配到辽宁，并没有说明他犯了什么罪。直到乾隆即位，举行大赦，凡是被流放的，都可以赦免。汪由敦这时正在朝廷做刑部尚书，大赦的事归他主管。同僚中有人因为史瞎子是奉皇帝诏书发配的，不敢随便发落。汪由敦力主从宽处理，照新颁诏书，给予释放。史瞎子回到北京后，就住在汪家，再不论人间祸福之事。

清末的曾国藩，也是相信命运与相术的人，并深通相术。他在带兵选将时，效法唐代徐绩，就是看这个人是否有福相。

曾国藩相信相术，研究相术，还写下了一些口诀。如："邪正看眼鼻，真假看嘴唇。功名看气概，富贵看精神。主意看指爪，风波看脚筋。若要看条理，全在语言中。"曾国藩还写过一些类似的诗句，如："端庄厚重是贵相，谦卑包容是贵相。事有归着是富相，心存济物是富相。"

曾国藩在相术方面的造诣很高，仅举一例。据说曾国藩在去世之前，在徐州阅兵。将领们前来谒见，其中一人身材魁梧，衣冠整洁，曾国藩对他注视很久。曾氏事后对属下说："我刚才看那个将领，体魄强壮，不是短命的人，如今天下太平，不会有战事发生，但看他的神气，又是一个将死的人。这是为什么呢？"果然不出十天，这位军官就从马上摔下来跌死了。

第三节　几种主要的相术

专门以相术谋生的人，一般分为"挂张"和"抢巾"两类。挂张，即专门挂出人的面相、手相作招牌，以招徕顾客。挂张的人有不同的等级，上等的有自己专门的场所，中等的寄居旅店，下等的摆地摊。抢巾，原是在僻静处等人走过而抢其手中之巾，抢巾者一般是一些没有系统地研究过相学的人，只凭记得的几句口诀糊口，其水平较挂张的下等相士又不如。据连阔如的《江湖丛谈》，江湖上称算卦相面的为"金点"，并有"哑金""嘴子金""戗金""袋子金""老周儿"等分别。

相术的具体内容颇为庞杂，一般流行的相术对从头到脚的部位都有些讲究。大致讲，面相、手相、骨相，在相术中有比较重要的地位，一般看相多为这三大类。

一、面相术

面相术是相术中的一种，在相术发展史上出现较早，是相术中最完整和最重要的一个组成部分。相术中有一个说法："凡欲相人，先视其首，头者五脏之主，百体之宗。"即认为人的颜面在相术中占主要地位，从面相出发再可进而论及全身的其他部位。相面的技术包括看"三停""五官"等。

（1）三停。所谓三停，即将人的面部分为上、中、下三部分，从发际下至眉间为上停，自眉间至鼻准为中停，自人中至下颏为下停。三停象征天、地、人三才，象征着贵、寿、富三种命运。根据相术的规定，吉人天相者是"三停相称"，即天庭要饱满，额部要宽长而丰实，鼻部要高直挺拔，下巴要方而端厚。否则就不能视为"三停相称"，也就是与好的命运无缘。

（2）五官。所谓五官，是面部各主要器官的合称。古代面相术所指的五官是眉、眼、鼻、口、耳。五官是面相的重要组成部分，在面相术中，五官又有一些特殊的名称。其中双眉称为"保寿官"，双眼称为"监察官"，鼻部称为"审辨官"，两耳称为"采听官"，口称为"出纳官"。

从面相术看来，人的五官不仅能显示出这个人的智愚，而且还能显示出一个人的富贵贫贱。五官有一官生得好，就有十年好运，如果五官都生得好，则享受一生的荣华富贵。相法对五官的要求，从总体上讲是讲究"五者欲得清而秀，丰而隆，或一官好，则贵十年，或有缺陷者，及丑恶者，凶"。观察人的五官必须从总体上来看，不能单独割裂开来。

（3）五岳四渎，又合称为河岳，即把中国山岳河流比附到人的面相上。五岳是额为衡岳（南岳衡山），鼻为嵩岳（中岳嵩山），左颧为泰岳（东岳泰山），右颧为华岳（西岳华山），额为恒岳（北岳恒山）。四渎是目为淮河，耳为长江，口为黄河，鼻为济水。按照相术所说的，五岳要丰而隆、高峻而不陷，四渎要生得端直、清大、明净、流畅，这样才算是贵相。

（4）一百二十部位。一百二十部位实为一百二十一个部位，指把人的面部分为一百二十一个部位，由它们分别代表人的贵贱、官禄、寿夭、吉凶、贤愚、贫富、人际关系等状况。最主要的是"中央直下一十三位"，即天中、天庭、司空、中正、印堂、山根、年上、寿上、准头、人中、正口、承浆、地阁十三个部位。其他均为这十三个部位的横列之位，如"天中横列八位""山根横列十位"等等。

此外，在面相部位的区分中还有"九州""八卦""四学堂位""三辅学堂"等，其具体名称所主事项过于琐细繁冗。

人的面部的纹理，在面相中也占有一定的地位。尤其是额头上的纹理，有"五字纹""偃月纹""悬云纹""鹤足纹""蛇行纹""乙字纹""水印纹""井字纹""十字纹""田字纹""山字纹"等诸多名称，它们据说都代表着人的贫贱、富贵、寿夭、吉凶等命运。如王字纹主公侯，十字纹主吉昌，川字纹主忧虑刑丧等。

按照相术的规定，人的面部上的痣所在的部位也较重要。主要是根据长在一百二十一个部位中的哪一个部位来预测：如在印堂心主贵，在两耳轮主富，在耳内主寿，在唇上主吉利，在唇下主破财，在天中主妨父，在天庭主妨母，等等。

气色在面相学上属专门的一类。《太清神鉴》第三卷中说，相气色的方法，必须在天色方晓，刚起时，就帏幄里在纸烛的光亮下辨认，才可能验得吉凶不失。相面前，被相者还不得洗脸敷粉吃药，否则也难以灵验。气色分五色，青、黄、赤、白、黑，据说五正色为"青色如瓜、黄色如蜡、赤色如火、白色如脂、黑色如漆"。《太清神鉴》中对各种颜色有专门的论述，专论气色的部分有《六神气色》《色论》《四季气色形状》，以五色中各个色的出没论吉凶，从气色上来测生死。

除了分部位和分类的面相学外，面相上还有总论的内容，如《玉管照神局》中就把人的面相总分为十种，称"形分十相"：丑相、古相、妍相、清相、伛相、老相、粗相、少相、奇相、直相。在另外的相术著作中，还有其他的一些分法。

二、手相术

手相术是以观察人的手形、手指、指掌关系和掌纹来判断人的命运。其中，尤其重视掌上纹理的观察。

相士给人看手相，按照男左女右的原则。古代相士把八卦引入手相中，将手掌划分为八大块，按八卦方位进行排列，每一卦位赋予一定的意义，令它们有所归属。

第一位为震卦位，是拇指虎口周围的部位，管夫妻关系。要看一个人是否有妻，妻子是否贤惠，与妻子关系如何，是否会离婚，是否会有第三者插足，那么便可以观看震卦位。

第二位为巽卦位，居于食指的根部附近，管一个人的钱财。因此，一个人有钱没钱，钱的多少，钱的来源，便可以从巽位看出来。因为钱财与职业又有些关系，因此，钱财又可以从职业中看出，所以巽位还与职业有关。

第三位为离卦位，在中指与无名指的根部之间，管一个人的社会地位和官运。一个人有无官位，官位大小，在官位中有无危险，可以从这一部位看出来。

第四位为坤卦位，在小指的根部的一小块，主管人的福德如何。通俗地说，一个人有没有福，可以从这个卦位中看出来。

第五位为兑卦位，位于坤卦位的下边，手掌边部的中央位置，管主仆关系。一个人家业大小，命中有无他人服侍，仆人及下属是否忠贞，都可在这一位中反映出来。

第六位为乾卦位，在兑卦的下面，靠近手掌边的下部，主管父母的情况，尤其是父亲的一些情况，可以从这一位看出。具体地说来，便是父亲的身体状况、社会地位、金钱财富状况，父亲的德行品质等等，都可以看出。

第七位为坎卦位，在手掌根部中央正对手腕的位置，是祖业位。古代社会都是家族制，一个人各方面的情况都和家族的遗产有关。

第八位为艮卦位，居于拇指隆起部位的中下部，反映兄弟姐妹的一些情况，大凡兄弟姐妹的身体、财富等情况，艮卦位中都会有所反映。

看手相的第二步是进一步标明手指与手掌的关系、手指和手指间的关系。古代相术认为手掌为虎，手指为龙，二者的关系是龙虎关系。具体地说，手掌应该短，手指应该长，这在相书中叫作"宁可龙吞虎，不可虎食龙"。据说如果一个人指长掌短，便说明此人聪明有智慧，多才多艺，这就上了相。相反地，如果掌长指短，形成虎吞龙的局面，那么多半这人运气不太好。

看完手指与手掌的关系，便可看手指之间的关系。一手五个手指，有长有短，有大有小。如果中指很长，其他四指都相称，便是好的手相。如果小指出奇的长，便说明此人有着享尊贵地位的命运，必定会有奇福。如果除中指外，有两个指头特别长，那也说明这人要接近贵人，会有好运气。另外，有些人除中指外，其他四个指头一般齐，那便说明此人运气不佳。

再来观察十个指头的整个布局，据说它包含了人更多的信息。有的人十指都很纤细，如同玉笋一般，这表示他一生有清福。有的人指节又短又粗，骨节突出，便可判断出此人为粗人，一生都需凭双手劳作创造财富，虽说命运没有什么出奇的改观，但勤奋劳作，也算是下福。再将双手手指合拢。有的人可以合得很紧，几乎看不到缝隙，说明此人颇善积蓄，能藏得住钱财，自然钱财不少。有的人手指合在一起，指间漏风，而且漏洞奇大，这人便不是聚财之人，有钱也会慢慢地花掉，终生难以攒下家业。

相士给人看相，将手握住之后，一下便会有感觉，有的手掌硬如生铁，有的柔软如同棉花，有的凉凉的像蛇一样，有的温暖宽厚。手硬如生铁的人多半破败，一生难有大发，手柔软的多半聪明、高贵，手温暖的人宽厚有福，手冰凉的人多半是些下贱之辈。

相士看手相，在经过前面两道程序后，还要看手中有没有破掉的地方。根据相书介绍：大拇指有破损，说明对祖父不利；第二指长成畸形，或者有残破的地方，便会对父亲造成损害；第三指长成畸形，或者有残破的地方，可能会对母亲产生影响；第四指长成畸形，或者残缺不全，或者歪斜不正，会给妻子带来麻烦；第五指小指残缺不全，或者歪斜不正，会给儿女带来麻烦。

古人根据五指的歪斜，可以诊断此人身上的疾病。具体的对应是：第二指即食指偏，主幼年或青少年时代有眼疾；第三指即中指偏，主中年有脚疾；第四指偏，主晚年有脚疾；第五指偏，主老年有气疾。

看手相第四步是从手相的某一部分预测出人生的某一阶段的命运。这样，手相术便进入比较细微的操作阶段。

首先是将手相与春夏秋冬四时对应起来，并且与东南西北中方位对应起来，然后再与五行学说联系起来，整个系统的意义越来越大。古人认为四时和人体的脏器相联系，也和人某一时的运气和福德相关联。

察看手相第五步便要因人而异。古代相术把人分成五种，即按照金木水火土五行学说将人分成金形人、木形人、水形人、火形人和土形人。按照被相人所属的不同类型对应不同的手形：土形人的手掌要圆厚粗重，木形人手掌要瘦长，金形人的指掌特点是端正方满，水形人的特点是丰满多肉，火形人的指掌多半指大尖红。否则属于不吉利。

看手相第六步是察看掌纹。这才是手相中最关键的部分。古代相术中将人的手掌上最长、最明显的三条纹路称为"三才纹"，即天纹、地纹和人纹。这三才纹对人的命运有重大的影响，所以，给人看相要特别注意三才纹。

天纹，与一个人的贵贱有关系。要看一个人是贵是贱，社会地位的高低，有无官运及官大官小，便可相看天纹，现代相书也称之为感情纹。地纹，与人的寿命有根本的关系，另外，看一个人有没有福德，也可以从地纹中看出来。地纹在现代手相中被称为生命线。人纹，现在称为智慧线，与人的命运、人的学识、金钱等都有联系。在三才纹中，人纹是与人的发展关系最为密切的纹路，简言之，人的个性与智商极大地影响个人的发展。除了三才纹外，还有各种细小的数不清的纹路，古人经过长期观察和总结，将之分为七十二掌纹，是最为全面的掌纹类型。

三、骨相术

骨相术俗称"摸骨法""揣骨法""扪骨法"，是一种通过揣摸人的骨骼来判断其人祸福吉凶、寿夭荣辱等的相术。骨相在中国传统的相术中地位比较重要，而出现的历史较面相、手相为晚。在《北齐书》《北史》《太平广记》中，均有盲姬为人摸骨的记载。宋代的相术中对骨相已有较详细的记载和介绍，认为"凡阅人必详察其骨状"，"贵贱定于骨法。"

骨相术也有自己的一套理论。如：骨沉峻而圆，不欲横而粗；骨寒而缩，非贫即夭；骨耸者夭；骨露者无立；骨软弱或骨坚硬者皆主寿而不乐；骨横者凶；骨轻者贫贱；骨俗者愚浊；骨上有筋者劳苦；

骨孤者无亲；骨圆者有福。如此等等。

头部的骨骼在骨相中占有最主要的地位，《太清神鉴》第五卷中说："人之骨法中贵者，莫不出于头额之骨。"因此，骨相中对头骨部分的论述特别详尽，比如：面上有骨隆起为颧骨，主权势；颧骨相连入耳，称之为玉梁骨，主寿夭；颧骨入鬓，称之为驿马骨；太阳穴有骨名扶桑骨；耳后有骨称之为寿骨，低陷者贫夭；耳上有骨名玉楼骨，主福寿；天中骨起主富贵，缺陷无田地。又如：顶骨尖起者贫，天庭骨耸出者克，日月骨陷露者刑，脑骨毕露者凶，鼻骨横出者恶，两仓骨陷出者贫，眉骨露而无眉无肉者刑妻克子，等等。对于脑后的枕骨，相书上也有各种规定和名称，如"三才枕""五岳枕""双龙枕""车轮枕""连光枕""偃月枕""覆月枕""四方枕""圆月枕""垂露枕"等等，这些枕骨形状不同，所代表的含义也各不相同。

在骨相中，骨与肉的关系也颇为重要。一般的说法是，骨为主、为形、为君，肉为佐、为容、为臣。骨肉相辅为贵，骨露肉薄者，主下贱。还有从阴阳关系来论述骨肉的，如《麻衣神相》说："骨为阳分肉为阴，阳不多分阴不附"；论相肉，明确说："丰不欲有余，瘦不欲不足，有余则阴胜于阳，不足则阳胜于阴。阴阳相胜谓一偏之相。"

四、其他的相术

除了面相、手相和骨相之外，还有形体相、声音相和举止相等。

形体相是相人的形体。按照相术理论，人的形体是神气的载体和表现形式。人是阴阳交合、五行相生相胜的产物。阴阳五行的生成变化决定了人的贵贱富贫，而所有的这一切，都会从人的形体上表现出来。《玉管照神局》引用《截相法》的话说："好头不如好面，好面不如好身。"还有一种说法，即人不在长短，而要身方端正。身躯形体在相术中的重要性可以从一斑窥测。

按形体相术的理论，人的形体，可以为分金、木、水、火、土五种。金不嫌方，木不嫌瘦，水不嫌肥，火不嫌尖，土不嫌浊。但是往往人的形体又不全是某一种，如金形人带木土水者、木形人带金水火土等等。总之，其相生则吉，相克则凶。

在形体相术上，除五行外，尚有用飞禽走兽来对应人的形体，以昭示人的富贵贫贱、吉凶祸福的。具体有狮形、麟形、白虎形、象形、犀形、猿形、玄武形、鳖形、龟形、蛇形、马形、豹形、兔形、山羊形、熊形、猩猩形、野狸形、骆驼形、鹿形、狗形、驴形、獐形、鸾形、凤形、朱雀形、鹦鹉形、鹰形、燕形、鹊形等数十种。不同形体的人，有不同的命运，其吉凶祸福自然也不同。

声音相，是凭人的声音来断其命运或吉凶。人的声音在相术中占有十分重要的地位，与神和气并重。按照《太清神鉴》的说法，大贵之相有三，即声、神、气。声清则神清，神清则气清。声、气、神是最主要的，形状骨骼其次。

声音是与神、气连为一体的，故而相人之声，其神、气也是马上可以掌握的。对声音的要求有三个方面：一是要响亮，二是要润泽，三是要长远。

声音大而清脆，有如金石撞击，此谓响亮；发声心平气和，听者没有干燥的感觉，此谓润泽；声音即出，余音回绕，此谓长远。总而言之，声是内气充足发之于外的一种表现，相术所重视的，正是这种声音。相术上有一种说法：身大音小祸所隐，身小音大福所伏。身大音小，说明人中气不足，身小音大，说明其人气充神旺。

相书对不好听的声音，也有些说法。如：声如破筒者富，如破瓦者贱，如破木者贫，如破竹者苦，如公鹅声音者多破散，如公鸭声音者多下贱，如豺狼者多毒害。

声音如人的形体一样，也有五行之象。金声，和润；木声，高畅；水声，圆急；火声，焦烈；土声，沉厚。声音的五行之象，须与形体的五行之象相配合，相生则吉，相克则凶。假如说话的人声音圆急，属于水，这个人又长得比较瘦长，面孔、皮肤稍带青色，应属木形者，水生木，主吉。如果这个人声音和润，属金，那么金克木，就不吉利了。以此类推，声之五行，宜与形之五行相应。相人声音，必须相形辨声，仔细辨别，否则，差之毫厘，失之千里。

举止相，是相人的行为举止。人的行立坐卧，可以判断人的贵贱穷富。俗话说，一个正正当当的人，应该站有站相，坐有坐相。人的行、立、坐和卧须有一定的姿势。古代人教训后辈时则要求行如一阵风，坐似一口钟，立如一棵松，卧似一张弓。相术对人的举止之判断，则更为细密。

行。贵人之行，如水之流长，身重而脚轻。小人之行，如火炎上，身轻而脚重。大体上说，腰不欲折，头不欲低，发足欲急，起走欲阔，端然而往，不凝滞者，是贵相。

立。人立于地，要像木桩钉在地下，不偏不动。如果站立不稳，绝非贵相。站在地上，头不侧，身不弯，为人正直而有天禄、寿考。

坐。所以安止，欲沉静平正，身不斜不侧，沉如磐石，腰背有如所助。终日不倦，神色欲清者，贵相。若如醉如病如有所思者，皆非善相。

卧。安静、恬然不动者，福寿之人。如狗之蟠者为上相，如龙之曲者为贵人。

相人之术，有与阴阳五行相关者，也有不相关者。相术之形成，大概源于经验之积累，而阴阳五行理论只是为其一助。相术流传两千多年，史籍所载，均为有验之事，也非故神其术。《明史·方伎传》讲袁珙时有言："人不畏义，而畏祸患，（珙）往往因其不善导之于善，从而改行者甚多。"如以此术而导人于善，则不为无功于社会。

第十一章　算命之术

　　算命术，又称推命术、子平术，或称星命之学，简称算命，是用人出生时的星宿位置、运行情况，或按照人的生辰八字来推算人的命运。所谓命运，是一个人一生社会地位、经济状况、寿命等方面的固定格局，是人对之以为无可奈何的某种必然性。命运也可以单独称为"命"，因为"运"是命的一部分，是一个人一生中各个不同时期的境遇。

　　先秦思想家对命有不同的态度，如孔子主张"知命"，孟子主张"立命"，庄子主张"安命"，而墨子则主张"非命"。孔子讲"五十而知天命"，"不知命，无以为君子"，又说"畏天命"，大抵所谓知命实是对自身之使命和将来有实实在在的认知，而此种认知，也不是通过什么神秘的方术或天启，而是在人生经验之积累与对人生之思考。故孔子所谓知命，与后世之按照天星运数推算人的寿禄，根本不是一回事。

　　算命术之产生，在于古人认为人禀星气而生，随星位尊卑而成贵贱之命。人的出生年月日时反映了天星运数，人的出生年月日时的不同也反映了人的尊卑贵贱的命运不同。古代算命术在发展过程中，形成了星占推命术和四柱推命术两大类型。星占推命术，按人出生时星宿在黄道十二宫的位置来算禄命；四柱推命术，按照阴阳五行学说和四柱推算禄命。

第一节　算命术的起源

算命术据传始于战国时期的鬼谷子，然而这种说法难以确证。王充《论衡》有"人生时值星贵贱"之说，且反复申言人初禀自然之气，富贵贫贱之命已定，这也正是后世算命术的基础。因而，或许可以说算命术的起源是在东汉中期之前。

一、传说中的算命祖师爷——鬼谷子

一般的算命术著作，经常将战国时的鬼谷子说成是算命术的祖师爷。最著名的要算李虚中的说法。李虚中在《命书》序中称司马季主居壶山之阳，在一夜大雨之后，风清月明，有一老头子敲门，自称是鬼谷子。季主与之谈论天地起源、河洛之书、箕子九畴、文王八卦，探讨幽微造化，直到初晓。季主因而得到鬼谷子遗文九篇。此后，每言人之祸福、时数、吉凶，有如神仙一样准确。李虚中称自己得到这些遗文，收集各家注释成集。显然，在李虚中笔下，算命术的祖师非鬼谷子莫属。

司马迁《史记》的《苏秦列传》《张仪列传》均言两人师事鬼谷先生，但关于鬼谷先生语焉不详。《日者列传》记宋忠、贾谊见司马季主之事，也只提到司马季主是楚人。后来关于鬼谷子的传说很多，不同的传说不仅连出生地，甚至连时代也不同。一些史料中将鬼谷子说成古之真仙。如《寻异记》中记载，鬼谷子是上古时代的一位真正的仙人。人们都说他从轩辕时代就来到人世，经历了殷商和周朝，曾经和老子西出流沙，到西土修炼。到周代后期才回到中国，住在汉水之滨的鬼谷山上，传授弟子，其中得其真说的有一百多人。

有说鬼谷子是晋平公时候的人，隐居在鬼谷，因此以鬼谷为号。鬼谷先生姓王名利。有时候到青溪山小住，苏秦和张仪跟他学习纵横

之术。苏、张两人倾心于智谋、诈术，鬼谷子十分痛心，几次流泪。苏秦、张仪学成下山时，鬼谷子送他们一只鞋，变成了一只狗，引导他们向北到了秦国。鬼谷子在人间活了几百年，以后不知到什么地方了。

李虚中把鬼谷子说成算命术的祖师，实在是无据可查，可能是古时候的人有着好古的习惯，一切都喜欢假托古人，并且越古越好。《四库全书总目》认为，《命书》所讲的多为宋代的内容和算命之术，因此，《命书》既不是鬼谷子所作，也不是李虚中的作品，而是宋代谈星命之学者托名李虚中所作。托名鬼谷子的书，还有《贵贱定格三世相书》《相掌金龟卦》等。

二、王充与算命术

算命术不可能是由某一个人如鬼谷子开始的，而可能是寻求把握所谓命的过程中，众人逐渐探索和积累而兴起的。算命术的起源，可能是在两汉，算命术的祖师之一是王充。当然，王充讲命虽多，而主要还是讲骨法为主。

王充（27—约97）字仲任，会稽上虞人。王充在哲学上以元气为始基，反对谶纬神学，批判君权神授，主张天地万物都是由元气自然而然产生的。他认为精神依赖于人的生理结构，人死之后生理结构遭到了破坏，精神也就散失了，灵魂不灭和人死后为鬼都是骗人的鬼话。他说："人死血脉竭，竭而精气灭，灭而形体朽，朽而成灰土，何用为鬼？"（《论衡·论死篇》）王充不认为有鬼的存在，也反对感应之说，然而却十分肯定命的存在。

王充所作之《论衡》，说命的有《逢遇》《累害》《命义》《命禄》《初禀》等十篇左右，在宣扬相术和算命术方面，是经典著作，所讲星命，也是开了先河。因而王充甚至可以说是算命术的祖师爷。

王充认为，一个人遭遇的好与坏，皆由命定。命中注定他富贵，即使强迫他贫贱，他还是要富贵。所以命贵的人，虽然处在下贱的地位，但日后自然会达到高位；命贱的人，即使在高位，也会走向没落。"凡人遇偶（逢吉）及遭累害，皆由命也。有死生寿夭之命，亦有贵贱贫富之命。""命当富贵，虽贫贱之，犹逢福善矣。故命贵，从贱地自达；命贱，从富位自危。"（《论衡·命禄篇》）即使像孔子那样贤哲的人，虽有才德，命里注定，还是不会成功。因为富贵受命禄的决定。所以王充总结说：生与死的来临，这是命中注定。人的命运操纵在上天，在不同的时间表现为凶与吉。命短，虽操行善良，不可能长寿；命长，虽多行恶事，也不能减寿。王充要人们不要做无谓的挣扎，只能等命运的来临。

王充认为，人的命，天注定，而这个命，早在父母交合，怀胎得孕之初，就已决定了。他说："凡人受命，在父母施气之时，已得吉凶矣。"（《论衡·命义篇》）这一说法，为后来人推算怀孕日期而算人命吉凶，奠定了原始的理论基础，也为后来算命术根据出生的年、月、日、时来推算天命开了先河，至少应该说讲生辰八字的算命术是受王充之说法的启发而产生的。

王充认为，人的吉凶，在结胎受气之时已经确定，实因上应天星。他说："众星在天，天有其象，得富贵象则富贵，得贫贱象则贫贱，故曰'在天'。在天如何，天有百官，有众星，天施气而众星布精，天所施气，众星之气在其中矣。人禀气而生，含气而长，得贵则贵，得贱则贱。贵或秩有高下，富或资有多少，皆星位尊卑小大之所授也。"（《论衡·命义篇》）这是现在所见比较明确的命关星象之说。刘盼遂在此段话的按语中讲："《诗·小弁》'天之生我，我辰安在？'郑笺云：'此言我生所值之辰安所在乎？为六物之吉凶。'疏云：'六物，岁、时、日、月、星、辰也。'知人禀星气之说，自西周已然。"此种观点也可备一说。因为郑玄在王充之后，孔颖达则为唐人，恐怕难以他们的笺、疏为据而推及西周已经有星气之说。不过，屈原《离骚》有"摄提贞于孟陬兮，惟庚寅吾以降"，大概战国时期星气、星命的观念已经有了。然而，系统地阐发这种观点的，还当推王充。

在《论衡·物势篇》中，王充重点论述了五行和十二生肖之间的生克关系。王充指出，一个人的身体，包含着五行之气。所以，一个人的行为，包含着五行的特征。寅，其五行是木，属虎；戌，在五行中是土，属犬；丑未也是土，丑属牛，未属羊。木胜土，故犬与牛羊为虎所伏。亥，五行中属水，生肖是猪；巳，属火，生肖是蛇；子也属水，生肖是鼠；午属火，生肖是马。水胜火，所以猪食蛇。火为水所害，故马食鼠屎而腹胀。

王充的命定论、星命之说、父母受气之时吉凶已定的思想和五行论命、生肖相生相克的观点，都为后世之算命术提供了基本的理论依据，特别是人禀星气之说，更是算命术之基础理论。

第二节 算命术的成熟与流行

算命术在魏晋南北朝时期有了进一步的发展。《魏书·孙绍传》记载了一个故事，可见其端倪。有一天，孙绍与其他官员一起去早朝，在东掖门外等候天亮开门。他见到吏部郎中辛雄，就把辛雄拉到外边低声说："这些人不久就都要死了，只有我和你才能继续享受富贵。"果然，不久便发生兵变，其他官员都死了，只有孙绍和辛雄活了下来。孙绍说得这么灵验，一方面是巧合，从另一个角度说明当时算命之风。

晋代干宝著的《搜神记》中，记载了张车子的故事。一个姓周的人，贫而好道，夫妇熬夜耕作，累了，便卧息一会。梦天公过而怜之，要赐给些财物，司命者看命籍说："这人注定贫困，只有张车子，应送钱千万，不过车子尚未出生，先给这个人保管。"夫妇听到天公的话，努力耕种，资财渐至千万。周家有一张姓女佣，与人野合而有身孕。女佣快要生的时候，周家将她赶到车房。女佣生子后，主人去看望她，可怜她的苦难，为她提供衣食。问其儿子姓名，女佣说："在车屋出生，上天托梦告我，取名车子"。周乃醒悟，自己保管的钱，要还给这位张车子。

张车子的故事，常被用来当作人生贫富天定的典故来使用。这也说明命运说在社会中产生越来越大的影响，连这一时期的著名的文人们，诸如葛洪、刘勰等人，也虔信命运。葛洪在《抱朴子·塞难》中说："命之修短，实由所值，受气结胎，各有星宿。"又在《辨问》中引《玉钤经》之结胎受气得列宿之精的说法，并言："为人生本有定命，张车子之说是也。"大概在这个时候，星命之说已经广泛流行，而探讨也较此前深入。正是他们深入的思考和探索，到了唐代，算命术才有了一个大的发展与飞跃，这飞跃除了魏晋南北朝时期士大夫阶层的努力外，还有一些其他的原因。其中，对外交流的扩大，外国星占术的引进，也是唐宋时算命术成熟的一个重要原因。

唐宋之所以形成了成熟的算命术，一是继承了汉代以来的五行观念，二是由于南北朝时印度、西域的婆罗门教、佛教传来中国，连带传来了西方的星占术，中国及西方的星占术的结合，促进了算命术的发展和完善。

按照星象历法推算人命，起于唐代贞元年间，也就是公元785年到公元805年的一段时间里。当时，西域康居国来的一个术士李弼乾，传来了印度婆罗门术《聿斯经》。有了原来固有推崇算命的土壤，再加上外来术数的推波助澜，中国算命术就振翅欲飞了。在唐代算命术飞速发展，并且正式确立体系的过程中，起到关键作用的有李虚中、僧一行、桑道茂等人。其中，以李虚中的贡献最大。

李虚中，魏郡（今河北大名）人，字常容。李虚中并不是一个职业的算命先生，算命术只是他的爱好。他在唐德宗年间，科考顺利，一举中了进士。从此步入仕途，一直做到殿中侍御史。李虚中精研阴阳五行，能够根据一个人出生的年、月、日的天干地支，来推定一个人的贵贱寿夭、吉凶祸福，往往很灵验。唐代著名的文学家韩愈，对李虚中的算命术赞赏不已。《韩昌黎文集·殿中侍御史李君墓志铭》中有这样一段话："殿中侍御史李君名虚中，字常容。……年少长，喜学，学无所不通。最深于五行书。以人之始生年月日所直日辰支干相生胜衰死相王，斟酌推人寿夭、贵贱、利不利；辄先处其年时，百不失一二。其说汪洋奥美，关节开解，万端千绪，参错重出。学者就传其法，初若可取，卒然失之。星官历翁莫能与其校得失。"李虚中的算命术，当其在世时，未必这么神验，但经过韩愈这么一吹捧，后人纷纷以李虚中为算命术的祖师。

李虚中在算命术方面的贡献，按韩愈的说法，就是根据一个人出生的年、月、日的天干地支，来断定一个人的贫贱、富贵、寿夭、吉凶。这可能比此前的算命术更加系统。因为，此前的算命术已经难得其详，可能在方法上是不全面、不成体系的。或只是从某一点来推算，或只是从某一侧面来论断。李虚中从人生时的年、月、日三个方面的天干地支来推算，基本上形成了体系。但李虚中并没有著作流传下来。后世所传李虚中注鬼谷子著《命书》三卷，实是宋人假托。李虚中创立的用一个人出生时的年、月、日的天干地支来推算一个人一生的吉凶祸福的方法，经过宋代初年徐子平的进一步发展和完善，为后来的算命家们所广泛运用。

徐子平，生平事迹无可考，相传徐氏名居易，五代人，与麻衣道人、陈抟、吕洞宾一起隐居在华山。他的著述，据说有《徐氏珞琭子赋注》二卷。《珞琭子三命赋》始见于《宋史·艺文志》，晁公武《郡斋读书志》言其宣和、建炎年间流行于世。晁氏《读书志》并载李仝、东方明撰《珞琭子疏》五卷。《徐氏珞琭子赋注》大抵也是北宋人所作。据此书，徐子平在算命术上的最大贡献，就是把李虚中推算年月日干支的办法，进一步演进为年、月、日、时同时测算的"四柱"法。所谓的四柱法，就是以出生年份的天干地支为第一柱，以月份的天干地支为第二柱，以日期的天干地支为第三柱，以出生时辰的天干地支为第四柱。这样每一柱有天干一字、地支一字，共两个字，四柱天干地支加起来的总字数是八个字。然后再按照这八个字中所蕴含的阴阳五行进行演算，推测一个人一生命运的大致情况。因徐子平精于星学，为后世术士所宗，故称星命之术为"子平术"。

徐子平之术，相传后来传给淮南术士冲虚子，冲虚子传僧道洪，僧道洪传徐大升。徐大升纂辑了一部重要的算命学著作，即《渊海子平》。该书共分五卷，一、二卷论命理、神煞和命式格局，三卷论六亲、女命，四卷论人鉴及十二月建候，五卷为诗诀。内容全面，叙述简要实用，是算命术的一部重要的参考书。但从理论上看，尚嫌粗糙。

徐子平用四柱法推人的命运，加之他又用五行推算，方法更精密。所以到了徐子平，算命术方才成熟和完备。

自徐子平以后，算命术不仅在一般城乡市井流行，在通儒学者中也流行。信奉者、研讨者大有人在。宋代大儒朱熹也相信算命，曾写了一篇《赠徐端叔命序》。其文如下："世以人生年月日时所值支干纳音，推知其人吉凶寿夭穷达者，其术虽若浅近，然学之者亦往往不能造其精微。盖天地所以生物之机，不越乎阴阳五行而已，其屈伸消息，错综变化，固已不可胜穷，而物之所赋，贤愚贵贱之不同，特昏明厚薄毫厘之差耳，而可易知其说哉。徐君尝为儒，则尝知是说矣。其用志之密微而言之多中也固宜。世之君子倘一过而问焉，岂惟足以信徐君之术而振业之，亦足以知夫得于有生之初者，其赋与分量固已如是，富贵荣显，固非贪慕所得致，而贫贱祸患固非巧力所可辞也。"朱熹在这里亦承认人生的贫贱富贵，来自出生时命运所赋，非是人为地能够追求到的。

算命术在明朝达到了一个新的高峰，其流传之盛，前所未有。明代的开国功臣中，不少人精通命理。如宋濂，曾写《禄命辨》，系统总结了中国古代命理学的渊源。在他的带动下，有关命理学的著作，纷纷出世。质量较高的有托名刘基的《滴天髓原注》，沈孝瞻的《子平真诠》、张神峰的《神峰通考命理正宗》。其中以万民英的《三命通会》影响最大。

万民英，明大宁都司人，字育吾，嘉靖进士，历官河南道御史，福建布政司右参议。除了《三命通会》外，还著有《星学大成》等命理著作。《三命通会》总结了八字推命术八百多年的发展历史，比较全面系统。此书的普及度较高，谈星命者几乎家家都藏。《四库提要》称此书"能采撮群言，得其精要"，故为术家所重。

有清一代，算命之风未衰。民国以后，大军阀和大官僚们，包括蒋介石，也相信算命。1927年蒋介石下野，回到浙江老家奉化溪口，特请名僧太虚法师到雪窦寺为他夫人毛氏讲解《心经》。太虚法师精通星象之术，有一天，蒋介石和他大哥蒋介卿一起去雪窦寺漫游，当蒋介卿告知太虚法师，蒋介石的生辰是光绪十三年丁亥九月十五日未时后，太虚就为蒋介石认真地推算起来，不久便向蒋介石祝贺道："今岁流年丁卯不顺，明年交入戊辰，不仅东山再起，还有大喜临门呢！"当时蒋介石听罢，一笑而已。第二年蒋介石非但掌握了大权，而且和美貌聪慧的宋美龄结为连理。这样一来，蒋介石对太虚法师简直是崇拜得五体投地。

社会上层的达官贵人和底层的平民百姓相信算命术，受过现代教育的知识分子也相信和从事算命。当年夏丏尊作《命相家》一文，说他因事到南京去，住在一家饭店，二楼楼梯旁就住着一位星相家，门口写着：青田刘知机星命谈相，原来正是自己十年前的同事刘子岐。寒暄过后，得知刘知机最初在上海挂牌，后来到了南京。谈话间，门忽然开了，进来两位顾客：一个戴呢帽穿长袍，一个着中山装，年纪都未满三十岁。刘知机满面春风地立起身来迎上前去，俨然十足的江湖派。后来刘知机与夏丏尊长谈，夏丏尊问命相是否可信，刘知机解释了为什么会有算命。他说：现在在机关里当科长的，能力不一定会超过科员；一班毕业生中，有的成绩并不怎么突出，倒有出路，有的成绩很好，却没有人过问。这种情况，除了用命相以外，该用什么来加以解释呢？刘知机表示，在命、相、风水和合婚择日中，风水与合婚择日较少有人问津，只有命、相两项生意较好，因为大家都急迫地要求出路，等机会，出路与机会不一定是资格和能力所能决定的，实在是全凭运气。刘知机之成为算命家，从一个侧面说明星象算命的流行，刘知机的解释也从一个侧面说明星象算命为什么会流行。

第三节 算命术的基础理论

算命术自有其一套理论和术语，现代人如果没有得到专门传授，也很难窥其崖略。但是，其基础理论并不复杂，主要还是天干地支、阴阳五行。

一、天干地支

所谓干支，原是借用树木的干和支二字，是古人的记历方法而已。具体如下：十天干，甲、乙、丙、丁、戊、己、庚、辛、壬、癸；十二地支，子、丑、寅、卯、辰、巳、午、未、申、酉、戌、亥。

据说，干支是太古轩辕令大桡所作，十天干是用以名日，十二地支用以名月。当时古人还没有抽象的数字观念，每日给它一个具体名称，即一个数字，数字不能太多，原始时期人类常只算到十，因为他们常用手指计数，手指只有十个，所以便只有从甲到癸十个数字，第一日称为甲日，次日为乙日，三日为丙日，十日过后可以再来一遍，从头算起。

至于月的名称，不能再混用日的名字，所以要另起一套，初时未必是十二个字，后来随着天文观察与记录，人们发现了每年有十二个月，方才决定了十二个字以称十二个月。所以地支十二个字的出现，晚于天干的十个字。其后，又将十天干与十二地支互相配合，以每两个字成为一个数，用以称年，即以天干首字甲、地支首字子合称甲子以代表第一年，其次以乙丑来表示第二年，直到最后的二字即癸亥以表示第六十年，如表11-1所示。

表 11-1　　　　　　　　　　　干支次序表

序号	1	2	3	4	5	6	7	8	9	10
1	甲子	乙丑	丙寅	丁卯	戊辰	己巳	庚午	辛未	壬申	癸酉
2	甲戌	乙亥	丙子	丁丑	戊寅	己卯	庚辰	辛巳	壬午	癸未
3	甲申	乙酉	丙戌	丁亥	戊子	己丑	庚寅	辛卯	壬辰	癸巳
4	甲午	乙未	丙申	丁酉	戊戌	己亥	庚子	辛丑	壬寅	癸卯
5	甲辰	乙巳	丙午	丁未	戊申	己酉	庚戌	辛亥	壬子	癸丑
6	甲寅	乙卯	丙辰	丁巳	戊午	己未	庚申	辛酉	壬戌	癸亥

这样来回一轮六十年称为一个花甲，六十年以后重新算起。

二、阴阳五行

在星命方面，干支和阴阳相配合，将干支分成阴阳两大类。十天干中，五个奇数为阳，五个偶数为阴，十二地支也是这样分配的。甲乙虽然同是代表一种东西即木，但甲代表阳性的木，乙代表阴性的木，子与丑也这样分别。算命因干支的阴阳不同而算法各异。

表 11-2 天干地支阴阳分类表

		天干	地支
阳		甲丙戊庚壬	子寅辰午申戌
阴		乙丁己辛癸	丑卯巳未酉亥

五行和阴阳一样，也是算命术的最基本概念。按照算命术，人的命是由所禀赋的五行决定的，而禀赋的时间是在出生时；所以看命要看一个人所禀赋的五行，便要看这个人出生的年月日时。同时，要知道一个人所禀赋的五行，还应看其出生时自然环境的五行状况。五行状况是随时随地而不同的，故人的禀赋不同，而命也有异。

五行是随时随地而不同的，故代表时间的干支所含的五行也不相同。五行与干支的配合如表11-3所示。

表 11-3 五行与干支配合表

五行	天干	地支
木	甲乙	寅卯辰
火	丙丁	巳午未
土	戊己	辰戌丑未
金	庚辛	申酉戌
水	壬癸	亥子丑

各个干支所代表的五行不同。天干有五行，地支也有五行。但天干所代表的五行要强些，地支所代表的五行要弱些。如：甲乙与寅卯辰不同，甲与乙也不同，甲木是阳性的，乙木是阴性的，是小木。丙火是太阳，丁火是灯光。地支的五行也有分别。第一字初兴，第二字极盛，第三字渐衰。如巳火初升，午火极盛，未火渐衰。严格说来，辰、戌、丑、未五行属土，土为其本气，因有"寄王"之说，故也可以分列于其他四者之中。

五行的相互关系，术家之说颇为繁复，有生、克、刑、冲、害、化等。生：木生火，火生土，土生金，金生水，水生木；克：木克土，土克水，水克火，火克金，金克木；刑（妨害）：子刑卯，卯刑子，寅刑巳，巳刑申，申刑寅，丑刑戌，戌刑未，未刑丑，辰午酉亥自刑；冲（相克相害）：子午相冲，丑未相冲，寅申相冲，卯酉相冲，辰戌相冲，巳亥相冲，又名六冲；害（又名为穿）：子未相害，丑午相害，寅巳相害，卯辰相害，申亥相害，酉戌相害；化：甲与己合化土，乙与庚合化金，丙与辛合化水，丁与壬合化木，戊与癸合化火。

五行之间因有这些相互关系，故各有所宜与所忌，这在算命术上是很重要的观念。命的好坏，便是由其五行的宜忌看出的。算命术对这些关系，编成了一些口诀。这里介绍的是基本的生克制化关系口诀。

被生：金赖土生，土多金埋。土赖火生，火多土焦。火赖木生，木多火炽。木赖水生，水多木漂。水赖金生，金多水浊。意思是说，金宜土，土能生金，但又忌土太多。一个人的命，如是金命，他宜土，但又忌土太多等。

所生：金能生水，水多金沉。水能生木，木多水缩。木能生火，火多木焚。火能生土，土多火晦。土能生金，金多土弱。

被克：金衰遇火，必见销熔。火弱逢水，必为熄灭。水弱逢土，必为淤塞。土衰逢木，必遭倾陷。木弱逢金，必为砍折。意思是说金命的忌火，火命的忌水等。

所克：金能克木，木坚金缺。木能克土，土重木折。土能克水，水多土流。水能克火，火炎水灼。火能克金，金多火熄。这是说金命的虽能克木，但又忌木太多等。

消泄：强金得水，方挫其锋。强水得木，方泄其势。强木得火，方化其顽。强火得土，方止其焰。强土得金，方制其壅。这是说金命太强，反宜用水来消泄它等。

三、四时五方

五行在四时有盛衰的区别，所以五行也要和四时、干支相配合。这种四时、五行、干支的配合关系，也是算命术的基础。

表 11-4　　　　　　　　干支与五行、四时配合表

天干	地支	五行	所旺的季节
甲乙	寅卯辰	木	春
丙丁	巳午未	火	夏
戊己	辰戌丑未	土	季夏（寄王四时）
庚辛	申酉戌	金	秋
壬癸	亥子丑	水	冬

五行在四时有王（旺）、相、休、囚、死之说。在每季，五行之一王即旺盛，其四则依次而有相、休、囚、死的状态。相即次旺，相是取宰相之意，也是次王的意思；休即退休；囚的意思是为他者所囚，势更衰落；死是全灭。四季五行的王、相、休、囚、死如表11-5所示。

表 11-5　　　　　　　　　　　　四季五行旺相休囚死表

季节	当令之王	我生的	生我的	克我的	我克的
春	木王	火相	水休	金囚	土死
夏	火王	土相	木休	水囚	金死
秋	金王	水相	土休	火囚	木死
冬	水王	木相	金休	土囚	火死
四季	土王	金相	火休	木囚	水死

　　表11-5中的意思是，春季是木为王，火是木所生，为次王，称相。水是生木的，木已长成，水应退居第二线了。金是克木的，木正得势，金应被囚。木专门克土，木正势头强劲，土所以被克死。在命理实践中，一个人生在春季，如以木为主，或者说是木命，便是得时，如果以金为主，便会被囚，不得时了。

　　五行在四时之盛衰，复杂一点的是"生旺死绝"十二阶段之说。以天干代表五行，以地支代表月份（寅为正月，丑为十二月），将每个天干当作一种五行，一一和地支的名字对照（如表11-6所示），目的是看这个五行在某月份是盛还是衰。盛衰有十二种状态，即从出生到死亡的过程：（1）长生，即出生；（2）沐浴，为小孩出生洗身；（3）冠带，即成年；（4）临官，年壮或出仕做官；（5）帝旺，极壮盛时能辅助君王；（6）衰，中年以后，盛极而衰；（7）病，更衰；（8）死，死亡；（9）墓，埋入坟墓；（10）绝，生气已尽绝；（11）胎，重新孕育新的胚胎；（12）养，将胚胎养起来。

　　以甲为例，甲对同一纵列的地支，对亥便是长生，意思是甲所代表的木，如在亥月即十月，是在长生即出生的状态。如对卯便是帝旺，意思是旺盛的状态。对申便是绝，即衰败到极点了。这样的说法是根据物质的表征来看的，如草木确是由冬（亥子丑月）初发生，春季（寅卯辰月）长成，夏季（巳午未月）盛极而衰，秋季（申酉戌月）死亡而在土内渐渐孕育新的生命。其他照此类推，也是以物质的状态，来象征人的命运的好坏。

表 11-6　　　　　　　四时五行"生旺死绝"表

五行 时令 状态	五阳干					五阴干			
	甲 木	丙 火	戊 土	庚 金	壬 水	乙 木	丁 火	己 土	辛 金	癸 水
长生	亥	寅	寅	巳	申	午	酉	酉	子	卯
沐浴	子	卯	卯	午	酉	巳	申	申	亥	寅
冠带	丑	辰	辰	未	戌	辰	未	未	戌	丑
临官	寅	巳	巳	申	亥	卯	午	午	酉	子
帝旺	卯	午	午	酉	子	寅	巳	巳	申	亥
衰	辰	未	未	戌	丑	丑	辰	辰	未	戌
病	巳	申	申	亥	寅	子	卯	卯	午	酉
死	午	酉	酉	子	卯	亥	寅	寅	巳	申
墓	未	戌	戌	丑	辰	戌	丑	丑	辰	未
绝	申	亥	亥	寅	巳	酉	子	子	卯	午
胎	酉	子	子	卯	午	申	亥	亥	寅	巳
养	戌	丑	丑	辰	未	未	戌	戌	丑	辰

五行随四季更迭、时间变化而各有消长，表现在命理则是各有所宜、各有所忌。这种五行在四季中的宜忌在不同的典籍中有不同的说法，现据江湖中多用的《穷通宝鉴》等书，将一些主要的内容做一点介绍，以便于更为切实地了解算命术对五行的应用。

1. 木在四时的宜忌

春季之木，尚有余寒。得火温暖，无严冬卷曲之患，有水的滋润，有舒畅之美。但是水多则木湿，缺水木又会干枯，因此必须水火兼有才好。至于得土，土多则必受其损，土薄则多财可许。如遇重金，见火无伤；假如木很强盛，得金则发。

夏季之木，根干叶燥，由卷曲变为正直，喜好水盛来滋润，所忌讳的是火炎以焚烧之。所宜薄土忌厚土，厚土为灾。所恶者重金，少金则是容许的，多金则木必受其制。但若重重见木，叠成树林，终无结果。

秋季之木，形渐凋零。初秋则火气犹在，喜水土以养生。中秋则果实已成，爱强金以切削。霜降后不宜水盛，水盛则木漂。寒露前又宜火炎，火炎则木实。木多有材多之美，土厚无自立之能。

冬季之木，盘伏在地上。要多土加以培养，害怕水盛之形。纵然多金，克伐没有什么灾难。火重现，温暖有功。归根复命时，树干已病安能救助。只忌讳死绝，只宜生旺。

2. 火在四时的宜忌

春季之火，母旺子相，势力并行。喜木生扶，不宜过旺，旺则火炎。欲水既济，又不宜太多水，水多火灭。土多火晦，火盛则亢。可以施功于金，并叠可望富余。

夏季之火，正当旺盛。受制于水，则免自焚之忧。遇木助之，必遭灭亡。遇金必发，得土皆宜。虽然金土皆有利火，无水则金燥土焦。若再火盛，太过必致倾危。

秋季之火，渐息形灭。得木则生，有复明之喜。遇水则克，难逃熄灭之灾。土重掩光，金多则妨火势。火与火互光，亦为有利。

冬季之火，体绝形亡。喜木生而有救，遭遇水克而为殃。为土所制为荣，遇火并互为利。见金则难为财，无金不遭折磨。

3. 土在四时的宜忌

春季之土，其势最孤单，喜火生扶，忌讳为木克削。喜得助力，忌水扬波。得金制约木为最强，金重又盗土气。

夏季之土，其性最燥。得盛水滋润成功，见旺火干燥为害。不助火炎，是土之所忌。金生水足，财禄有余。如出现淤塞不通，土太过又宜为木袭击。

秋季之土，子旺母衰。金盛则盗土气，木盛则形成制隐伏纯良。火重不厌，水泛滥则非吉祥。相互存在能为土助力，至霜降后消失也不妨。

冬季之土，外寒内湿。水旺财丰，金多身贵。火盛有荣，木多无害。再逢土助尤佳，惟喜身强益寿。

4. 金在四时的宜忌

春季之金，寒未尽，贵遇火气为荣，体弱性柔，欲得土生乃妙。水盛则金寒，有用等无用。木盛则金折，至刚反而不刚。来金扶助，最喜。如果无火，失类非良。

夏季之金，尤为柔弱。形质未备，更忌身衰。水盛呈强，火多不妙。遇金则扶持精壮，见木则助鬼伤身。土厚金将被埋没无光，土薄对养生有益。

秋季之金，当权得令。火来锻炼，遂成钟鼎之材。土复资生，反有顽浊之气。见水则精神愈秀，逢木则琢削施威。金助愈刚，过刚则折。

冬季之金，形寒性冷，木多则难施斧凿之功，水盛则不免沉潜之患。土能制水，金体不寒。火来生土，子母成功。喜比肩类聚相扶，欲官印温养为妙。

5. 水在四时的宜忌

春季之水，性滥喜淫。若逢土制，则无横流之害。再逢水助，必有崩堤之忧。喜金生扶，不宜金盛，欲火既济，不欲火炎。见木施功，无土散漫。

夏季之水，外实内虚。时当涸际，欲得比肩。喜金生助体，忌火旺太炎。木盛则耗泄其气，土盛则克制其源。

秋季之水，母旺子相。得金助则清澄，逢土旺则混浊。火多则财盛，太过不宜。木重而身荣，中和为贵。重重见水，增其泛滥之忧。

叠叠逢土，始得清平之象。

　　冬季之水，正应司权。遇火除寒，见土归宿。金多反致无义，木盛是为有情。水太微则喜比为助，水太盛则喜土为堤。

　　土是四季之旺，凡日主土者，须辨其土质厚薄。土重水少则为厚，宜火疏土，木弱者逢水亦佳。土轻木盛为薄，宜金制木，金弱者逢土亦妙。至于火多则土焦，取水为上，金次之。水多则土流，取土为上，火次之。金多则土弱。取火为上，木次之。

　　五行除了与天干地支和四时配合，在算命术中同样也要与五方配合。五行在东、西、南、北、中央各地方也有盛衰不同，而这也是活动之宜忌的依据。

表 11-7　　　　　　　　　　五方与五行、干支配合表

方位	五行	天干	地支
东	木	甲乙	寅卯辰
南	火	丙丁	巳午未
中央	土	戊己	辰戌丑未
西	金	庚辛	申酉戌
北	水	壬癸	亥子丑

　　南方所以属火，因为南方炎热，所以想象其性质属火。北方属水，因北方寒冷，所以想象其性质是水。东方所以属木，或因太阳从东方出来，草木最需要阳光。西方从金或因太阳西落，西方被想象为较冷而不宜草木之地，有金属利器的性质，故属金。五行五方应用于算命术上，可知道一个人的活动应在哪一地方。

四、生肖观念

　　生肖即由出生而类似某种动物的意思。在某一年出生，便像某

一种动物。某一年是看地支的字，地支十二字配合十二种动物。如是子年出生，便是属鼠，丑年生，便是属牛。具体是：子鼠、丑牛、寅虎、卯兔、辰龙、巳蛇、午马、未羊、申猴、酉鸡、戌狗、亥猪。至于子年何以会肖鼠，丑年为什么会肖牛，命理学书籍虽然有解释，却是非常牵强附会。

生肖观念产生很早，春秋战国时便已存在，汉以后更为流行。自算命术盛行后，一个人的生肖成为重要的部分，将人的命运的性质和动物联系了起来。有些生肖甚至有害于个人，如肖虎的人常为别人所畏惧，尤其是肖虎的女人，几乎无人敢娶她为老婆，只有肖龙的男人才敢要她。当然这是一种牵强附会的观念。

第四节　命运方程式

在四柱推命术出现之前，实以星位言禄命为主，唐时尚以五星宫度推休咎。如杜牧《自撰墓志铭》中有："予生于角，星昴毕于角为第八宫，曰病厄宫，亦曰八杀宫，土星在焉，火星继木。星工杨晞曰：'木在张于角为第十一福德宫，木为福德大君子，救于其旁，无虞也。'予曰：'自湖守不周岁，迁舍人，木还福于角，足矣，土火还死于角，宜哉。'"四柱算命术出现之后，则以八字推命为主。如果说生辰八字是一个人命运的方程式，算命者就是要将这个方程式列出来，然后求解。

一、八字推命

命理学家看命，先要排出一个人出生的年、月、日、时的干支。年、月、日、时加起来共四项，徐子平称之为四柱，每柱一个天干一个地支，共八个字，所以又叫做八字。算命排出八字，是最重要的一步。

八字排出以后，再根据八字之间五行生克等变化的关系，就可推论一个人一生的吉凶祸福。四柱式八字分为年柱、月柱、日柱和时柱。

第一，年柱。算命根据的是农历，农历是哪一年出生的，那么这一年的干支便是本人年柱上的干支。比如庚辰龙年出生的，年柱的干支便是庚辰；辛巳蛇年出生的，年柱上的干支便是辛巳，其他的依此类推。

年柱的确定，必须严格划定以农历的立春作为一年的界限。立春以后生，用本年的干支，如是本年立春以前出生的，就只能算作上一年出生的，用上一年的干支。如出生在农历十二月，但是立春后生，就得用下一年的干支。

第二，月柱。月柱即农历出生之月的干支。农历每月的地支是固定的，即以正月为寅，二月为卯，依此类推，十一月为子，十二月为丑。这里用的是建寅，也就是夏正。历史上还有殷正建丑、周正建子，但春秋各国皆用夏正，故夏正为后世所习用。

每年每月的天干并不固定，需要推算。有一首歌诀，是用来推算月干的："甲己之年丙作首，乙庚之岁戊为头，丙辛必定寻庚起，丁壬壬位顺行流。更有戊癸何方觅？甲寅之上好追求。"遇到天干是甲或己的年，正月是丙寅；遇乙或庚之年，正月戊寅。丙或辛年正月为庚寅，丁或壬年正月为壬寅，戊或癸年正月是甲寅。已知正月便可推知余月。

推月的干支和推年的干支一样，必须注意节气，即在本月节令前生的，须用上月干支，在本月最后一节令后生者，便用下月干支。

第三，日柱。即出生之日的干支。干支纪日和干支纪年的方式一样。

第四，时柱。出生时辰的干支是时柱。在干支纪时中，时支是固定的。即以二十四小时配十二地支，每两小时为一地支，由夜间十一时至凌晨一时为子时，一时至三时为丑时，其他照推。时辰的天干不固定，也要进行推算。推算歌诀是："甲己还生甲，乙庚丙作初，丙辛从戊起，丁壬庚子居，戊癸何方发，壬子是真途。"这便是说甲日己日的子时上配甲，即为甲子，乙庚的为丙子，丙辛的是戊子，丁壬的是庚子，戊癸的是壬子，已知子时的天干，由此便可推知其余。

八字的组合，是四个时间点的时间组合，而时间是以干支为符号标志的，干支具有阴阳五行的属性，又与四时五方相对应，因此时间的属性就具有了世界万物对立、和谐、统一的属性。表现为时间的刻度或维度的人生命的起点构成了宇宙之间种种联系的交汇点，也是人生命运演化的集中点。正是这一点，规定了人的"命"。

二、大运、小运、流年和命宫

在命理学家那里，"命运"是被拆开来解释的。其中"命"管人的一生，主要体现在八字里，"运"管人一生中的各个阶段，主要体现在由八字推算出来的各个时间段里。对于一个人来说，这是很重要的。有的人虽然八字好，即命好，可是一辈子不走运，在衣食无愁中碌碌无为地过一辈子；有的人虽然八字一般，命不算好，甚至还有破缺，经常处于逆境之中，但若碰上一两次的大运，也可干出一番事业。照此说法，人的一生就有命好运好、命坏运坏，或先好后坏，或先坏后好等种种不同的情况，这样人的命运也就五花八门、丰富多彩了。

第一，大运。一个人在一生中每一时期的境遇好坏，是所谓大运。一个人不一定生下来就起运，有三岁起运的，也有十岁才开始起运的。推算大运起行的岁数，是从生日起。若是阳年生的男性或是阴年生的女性，则顺数到下一个节气，以三日为一岁。若是阴年生的男性或是阳年生的女性，则逆数到上一个节气，也以三日为一岁。遇有余时，余一时为十天，余一日为四个月。大运也用干支表示，每运二字，各管五年吉凶。大运的干支是根据生月的干支推排的，顺数的由下一字顺排，逆数时由上一字依次逆排。例如生月是乙卯，则顺数的大运是丙辰、丁巳、戊午等，逆数的是甲寅、癸丑、壬子等。如从三岁起运，则三岁到十三岁为一运，如是顺数的，则其运的干支是丙辰，十三岁到二十三岁又为一运，干支为丁巳。依次推到七十三、八十三等，遇到死亡的运方止。

第二，小运。大运之外，还有一种小运。孩子如果还没交上大运，小运可以弥补大运的不足。如果有人八岁开始起运，那八岁以前的吉凶，除了配合流年太岁，还可参看小运。小运的起算方法，公认为醉醒子的小运推法比较好。

醉醒子的方法是，以时辰的干支为基点，男命，阳年出生的顺推，阴年出生的倒推，女命，阴年出生的顺推，阳年出生的倒推。例如庚辰年甲子时生的男命，按照上面阳年生男命从时柱出发顺推的原则，一岁小运乙丑，两岁小运丙寅，三岁小运丁卯，一直接到大运。

小运又叫行年。命理学家们认为，当孩子行运进入大运后，也要结合小运一起观察。大运虽吉，小运不通，不可认为就吉；反过来说，如果大运虽凶，小运吉利，也不可一下子就认为是凶。然而，从习惯上来说，古人对小运并不怎么重视。

第三，流年。所谓的流年比较简单，就是根据农历中的甲子、乙丑、丙寅、丁卯等的年份，哪一年去算命哪一年便是流年。比如，去算命的那一年的干支是丙寅，那么流年就是丙寅。有时，人们想问问当年的吉凶，看命的人就会先看看他出生那天的干支。例如其生日天干是庚，于乙卯年算命，其流年便是流年乙卯，庚金见乙木即遇我所克者，称为正财。故可在命书上加注"流年乙卯，正财主事"。

第四，命宫推法。命宫，古人认为是人命之归宿，是指一个人出生时在东方升起的星座。大运、小运、流年之类，都应以命宫为凭。《三命通会》讲："神无庙无所归，人无室无所栖，命无宫无所主，故有命宫之说，不然流年星辰，为凶为吉，以何凭据？"（《三命通会》卷二）命宫的推法，较简单的是用手掌图（无名指末节近掌侧横纹为子位，中指末节近掌侧横纹是丑位，食指末节近掌侧横纹是寅位，食指末节上端横纹是卯位，顺数一周至小指末节近掌侧横纹为亥位），由掌的子位起正月，逆数上去到所生的月，就那一年所生的时，顺数下来，数到第十二地支时为止，所止的位的字，便是命宫的地支。再按由年循月干之例，推得其天干的一字。这样，命宫的干支也就确定了。命书上有如图11-1所示的地支位数和月份位置的逆向分配法。

巳八月	午七月	未六月	申五月
辰九月			酉四月
卯十月			戌三月
寅十一月	丑十二月	子正月	亥二月

图 11-1　逆向分配法示意图

按图11-1所示推算命宫的地支和用手掌图一样。比如庚辰年十月辰时生，算法是先由图上子位作正月逆推上去，可知十月的地支处在卯位；接着再将卯位作为出生的辰时，开始作顺时针计数，正好停留在十二地支的寅位上面。这样推出来的"寅"，就是地支了。地支推出以后，再推天干，推法和推算八字的方法一样。庚辰年十月辰时生的命宫天干是戊。故庚辰年十月辰时生的命宫就是戊寅，命书所批为"安命戊寅"或"安命寅宫"。寅宫所对之星为天权星，故又称天权宫。依命书所言，则庚辰年十月辰时生的人聪明、能成大器。有的命理学家将命宫略去不推，他们认为推出命宫属于画蛇添足，毫无意义。这虽然无可非议，但终是在讲大运、小运和流年时缺少基准。

三、五行生克的术语和用神

命理学家论命，最为重要的，就是五行论命。五行论命有以年柱为主，结合其他三柱进行推论的；也有以日柱为主，结合是其他三柱进行推论的。以日柱为主，结合其他三柱进行推论的算法最流行。

所谓以日柱为中心，结合其他三柱的五行进行推论，就是在算命时，先把一个人出生的年、月、日、时四柱八字排出，以日柱的天干作为论命的出发点，把四柱的八字都化成五行，然后再根据日柱的天干和周围其他干支五行之间错综复杂的关系，进行具体的分析推论。第一步的工作就是把八字的干支化为五行，用小字或用朱砂笔注在各干支的上面或下面；第二步的工作就是根据日柱中自身天干以及周围各干支的五行关系进行推论。在这种推论中，首先要了解年柱、时柱天干所注的偏财、偏官，月柱天干上所注的比肩等，这些是算命中常见的术语，不懂这些术语，就较难论命了。就五行关系看，都有一个与我同类，还是生我、克我、我生、我克的关系，这些术语正是用来表现五行生克的状态。

算命中所用的关于五行生克制化的术语很多，比较常用的有正印、偏印之类。（1）生我者为正印、偏印。阳母生阴我，阴母生阳我为正印；阳母生阳我，阴母生阴我，是为偏印。（2）我生者为伤官、食神。其中阳我生阴子，阴我生阳子为伤官；阳我生阳子，阴我生阴子，便为食神。（3）克我者为正官、偏官。其中阳干克阴我，阴干克阳我为正官；阴干克阴我，阳干克阳我，是为偏官。（4）我克者为正财、偏财。其中阳我克阴干，阴我克阳干为正财；阳我克阳干，阴我克阴干为偏财。（5）与我同类者为劫财、比肩。其中阴与阳、阳与阴同类为劫财；阳与阳、阴与阴同类为比肩。类似的术语很多，但总的精神是好命要五行生克扶抑得当，如果五行生克太过或不及，都不是好命。

在命理分析中，看准用神，被认为是算命准与不准的关键的一着。在大多数情况下，命理学家把五行中对自身天干起重要辅助作用的五行看作用神，但有时也把一个人的八字总起来做通盘的考虑，如太寒太热，太湿太燥、隔寒不通之类，于是便又有调候、通关的说法。

取用神之法，常见的有三种。（1）以月干上之六亲为用。如月干为印，则印为用神；如月干上为煞，则煞为用神。惟月干上为官，则不能取用。因为月干上之官，乃本身父母官，不可用。（2）视八字的生旺休囚，其最足以救本命格局之偏者为用。如身（日元）太旺者，则取官杀为用；杀太旺者，则取食为用；身太弱者，则取印为用。但月干星官，仍不能取用。（3）专以月令为神。月令并非专指月令，乃指司月令之辰。这些取用神的方法，核心也是要看五行的均衡。

四、八字中有关的星宿神煞

早期的看命法中，就有星宿照命和神煞入命的观念。在一个人的四柱八字中，看星宿神煞大多以代表自身的日柱干支为出发点，再联系年、月、日或大运、流年等其他干支进行观察比照。在古往今来的命理学书籍中，有关神煞的记述极多，但主要也就是吉、凶和有吉有凶三类。依此三类，择要介绍一二，于其中也可以明确认识所谓吉星凶神也是与五行相关。

1. 吉星照命或吉神入命

吉星之最为"天德"。天德也称天德贵人，这是以出生月份的地支，结合出生日期、时辰的干支所反映出来的一种吉星。天德的推算可参照表11-8。

表 11-8　　　　　　　　　天德贵人干支表

出生月份	正月	二月	三月	四月	五月	六月	七月	八月	九月	十月	十一月	十二月
地支	寅	卯	辰	巳	午	未	申	酉	戌	亥	子	丑
出生日干支	壬	巳	壬	丙	寅	甲	戊	寅	甲	乙	己	乙
出生时干支	丁	申	丁	辛	亥	己	癸	亥	己	庚	申	庚

表中显示，寅月出生的人在日或时的天干上碰上壬或丁，就被认为有天德贵人星了。其他依此类推。命里有天德贵人星的人，一生吉利，荣华富贵。

吉星照命中有"月德"。月德是一种以出生月份的地支，结合出生日期天干所反映出来的吉星。具体的算法是：寅午戌月见丙火日，申子辰月见壬水日，亥卯未月见甲木日，巳酉丑月见庚金日。

吉星照命中还有"三奇"。三奇有天上三奇、地上三奇、人中三奇三种情况，但不论哪一奇，都要以年、月、日或月、日、辰的天干挨次排下来才是。歌诀是："天上三奇甲戊庚，地下三奇乙丙丁，人中三奇壬癸辛。"

吉凶照命中还有"天乙贵人"。天乙贵人是以日柱的天干为主，结合其他三柱地支观察。方法是：甲日戊日或庚日出生的人，见八字地支中有丑或未的；乙日己日出生的，见八字的地支中有子或申的；丙日丁日出生的，见八字的地支中有亥或酉的；壬日癸日出生的，见八字的地支中有巳或卯的；辛日出生的，见八字的地支中有寅或午的。遇以上情况就可以认定是有天乙贵人星了。

2. 有吉有凶的星煞

这一类星煞，偏于中性。既不能说完全为吉，也不能说完全为凶，要视具体情况而定。这类星煞中有"魁罡""华盖""驿马"等。

魁罡是一种天冲地击之煞，又分天罡和地罡。凡是日柱碰上戊戌、庚戌的叫天罡；逢上庚辰、壬辰的叫地罡。命中有魁罡星的，主人聪明，文章振华，临事果断，秉权好杀。

华盖是特立独行之星。比如寅、午、戌日出生的人，在年、月、时地支中碰上戌字，便被认为是有了华盖星。命书说，华盖为艺术文章之星，主人必定读书刻苦，做事勤恳。也有说法是，华盖"宜僧道不宜凡俗"。

驿马为走动奔驰之星。比如寅、午、戌日出生的人，在年、月、时地支中逢申的，就可认为是有了驿马。由于申为金，由此扩展开来，凡四柱地支或大运流年碰上巳、酉、丑合金局地支的，也可以是驿马发动的迹象。命里出现驿马有两种情况，就是贵人驿马多升跃，常人驿马多奔波。

3. 凶神恶煞

凶神中有"羊刃"。命书认为，羊刃是个性急躁、刚强凶狠的神，命逢羊刃，禄过则刃生。判定的方法是，从日柱天干出发，凡是阳干甲见卯，丙戊见午，庚见酉，壬见子，其地支必定处在禄后一位的即有羊刃。同样，阴干乙见辰，丁己见未，辛见戌，癸见丑，其地支处在禄后一位的，也可以羊刃视之。命中男多羊刃，妻女有损；女带羊刃，刑夫克子。

凶煞中有"桃花煞"。比如在寅午戌日出生的，碰上卯年、卯月或卯时，就是犯了桃花煞。命书认为这种命的人，多为男女淫欲之征。

凶神恶煞之中有"天罗地网"。火命人逢戌、亥，是为天罗；水、土命人逢辰巳，乃为地网。认为男子多忌天罗，女子多忌地网。有这种命的人必多生执滞，如恶杀必致死亡。

除上述凶神恶煞之外，还有孤辰、孤宿、六甲空亡等等。

五、神趣八法

算命术中看命定格的一大关键是神趣八法。返象、照象、鬼象、伏象、属象、类象、从象、化象，这八法是算命相当重要的方面，而对五行之运用更为深微。

（1）返象，绝处逢生之意。是值身主用神，引至时上一位为绝之乡，称之用而不用，皆是返象。如遇返之太甚者，不祥。命相家说，化成造化，各居于衰墓绝乡，象成杂局，遇合而犹如不遇。其象中性情，平生居止，频迁反复，无成立，心不定。

（2）照象，火土高明之意。如丙日巳午未年月日，遇时上一位卯木，谓之木火相照，甚吉。如壬癸日申子辰生，遇时上一位金，谓之金水相照，大吉。年干有照者，亦吉。

（3）鬼象，干逢杀克之意。如秋金生甲乙日，地支四柱纯金，谓之鬼象。只要鬼生旺运，皆吉，而地支旺则不吉。

（4）伏象，隐而不显之意。是寅午戌三合象，又值五月生，逢壬日而天干无气，丁字透露，壬水又无根，乃取月支午中有丁火，合壬水而伏之。所谓伏象，运至木火之乡皆吉，水旺之乡不利。

（5）属象，五行各属之意。如天干甲乙木，地支亥卯未全者。水火金土同。

（6）类象，合成一家之意。天干地支同为一类。如春天生人，甲乙天干，地支寅卯辰，全无间断破坏，谓之夺东方一片秀气。最怕引至时为死绝之乡，谓之破了秀气。运至死绝，即不吉。如时上年上引之生旺，谓之秀气加临，十分大美。

（7）从象，夫妻相从之意。如甲乙日主无根，地支全金，谓之从金。四柱全土，谓之从土。有秀气者吉，无秀气者凶。或天干有甲己字者不吉；其从火者，火旺运吉，死绝地凶。

（8）化象，阴阳合化之意。如甲乙日生人，在辰戌丑未月，天干有一己字合甲字，谓之甲己化土，喜行火运。如逢甲乙木生旺运，化不成，反为不吉。

总而言之，无论算命的方法怎样变化，无论命理学家采用什么样的方式来剖解人的命运，都离不开阴阳五行这个根，所以人们将命理学家等归为阴阳家一类。这类术数是否可信，仁者见仁，智者见智。宋代庄绰曾言："世之以五行星历论命者多矣，今录贵而凶终者数人。方其盛时，未有能言其未至之灾也。以此知阴阳家不足深泥，唯正己守道为可恃耳。"（《鸡肋编》卷上）对于星命等等，我们固然不能全盘否定，因为它具体的路数既不能证实也难以证伪。但是，我们也不能肯定它就是科学合理的，也不能认为阴阳五行的知识是科学知识。

后记

二十多年前，应陈志良、徐兆仁两位教授之约，我和唐有伯教授合作撰写了《中国阴阳家》，由宗教文化出版社出版。当时，陈志良教授刚及知命之年，而如今墓木已拱，想来令人唏嘘。因为这个缘故，陈先生之弟子张继清女士特约修订再版《中国阴阳家》，虽明知此书问题颇多，也不便推却。

唐有伯教授和我写《中国阴阳家》时，约定不局限于广义或狭义的阴阳家，而是以阴阳家之学术为主，将中国传统的阴阳五行思想做一扼要的梳理。因而，此书虽名为《中国阴阳家》，而有些内容显然超出阴阳家之范畴。同时，因俗称的阴阳家，其术颇杂，而书中只介绍星占、风水、相人、算命四种，并重点分析这四种术数中对阴阳五行的运用，所以对阴阳家之术的介绍也不全面。这次修订，仍保持原来的定位，整体布局也没有做调整。

原书的错误衍漏之处甚多，此次修订主要的工作是理顺文字和改正错误。先由唐有伯兄将全书转换成电子版，然后由我负责全书的修订，包括核对引文、校正文字、重写部分章节等。原书的撰稿情况是：陆玉林，第一至五章、第七章；唐有伯，第六章、第八至十一章。第一至七章的内容是阴阳五行思想，为行文风格的统一，此次修订时由我重写了

第六章。

阴阳五行思想和术数的研究，二十多年来有了长足的进步。在修订过程中，我们也尽可能吸收了新近的研究成果，并对原来的某些观点做了修正。因为时间比较仓促，加之水平有限，书中的错误也是在所难免，敬请读者批评指正。

修订稿在2017年9月初完成，唐有伯教授还没来得及审读，便于9月10日魂归道山。他在上世纪60年代就读于中国人民大学，后被分配到黑龙江，70年代末重回人民大学读研究生，师从苗力田教授，研究西方哲学。他在华中师范大学任教十多年之后，于1992年作为高端人才到湛江师范学院（现岭南师范学院）工作。他在西方哲学研究方面颇有建树，是国内存在主义研究的开拓者之一。他的传统文化素养很深厚，对阴阳家和道家有独到的见解。他到湛江之后，又为地方文化研究付出大量心血，尤其是对岭南先贤陈瑸的研究，编有《陈瑸全集》，并为"陈瑸廉政史迹展览馆"设计展览内容。他年长我二十多岁，是师辈，但我以兄长称之，他也不以为忤。当初撰写此书时，有伯兄贡献良多，平常也给我很多支持和鼓励。唯愿此次修订，没有辜负他的信任。

陆玉林

2019年4月